ILS PARTIRONT
DANS L'IVRESSE

Lucie Aubrac

ILS PARTIRONT DANS L'IVRESSE

Lyon, mai 1943
Londres, février 1944

Éditions du Seuil

RENN PRODUCTIONS
présente

CAROLE BOUQUET   DANIEL AUTEUIL

dans un film de CLAUDE BERRI

Lucie Aubrac

d'après le récit de Lucie Aubrac
"Ils partiront dans l'ivresse"
Éditions du Seuil

avec la participation de PATRICE CHEREAU

ERIC BOUCHER - JEAN-ROGER MILO - HEINO FERCH -
JEAN MARTIN - ANDRZEJ SEWERYN

un film écrit et réalisé par CLAUDE BERRI

Musique originale ....PHILIPPE SARDE
Éditions musicales .... RENN PRODUCTIONS
Image .... VINCENSO MARANO
Son .. PIERRE GAMET, GÉRARD LAMPS, MICHEL KLOCHENDLER
Décors .... OLIVIER RADOT
Costumes .... SYLVIE GAUTRELET
Montage .... HERVÉ DE LUZE
Directeur de production .... PATRICK BORDIER
Producteur exécutif.. PIERRE GRUNSTEIN
Photos du film.. ÉTIENNE GEORGE

Une coproduction :
RENN PRODUCTIONS, T.F.1 FILMS, RHONE-ALPES CINÉMA,
D.A. FILMS, PRICEL
avec la participation du Centre National de la Cinématographie
et de CANAL +, distribué par A.M.L.F.

TEXTE INTÉGRAL

ISBN 2-02-031654-4
(ISBN 2-02-006970-9, 1ʳᵉ édition brochée)
(ISBN 2-02-025992-3, précédente publication poche)

© Éditions du Seuil, septembre 1984

En souvenir d'Hélène et d'Albert
et de toutes les autres victimes
de la Gestapo et de la Milice de Lyon.

Avant-propos

Je suis née dans une famille de vignerons mâconnais.
A cause de mon père, grand blessé de la guerre 14-18, je
fus, très jeune, passionnément pacifiste. Pendant mes
études universitaires à la Sorbonne, de 1931 à 1938, j'ai
été confrontée aux problèmes du fascisme et du racisme,
aussi bien dans un cercle international de jeunesse qu'aux
étudiants communistes. Des jeunes Polonais, Hongrois,
Roumains, Allemands nous racontaient les persécutions
politiques et raciales dans leur pays. Mon premier poste
d'agrégée d'histoire fut le lycée de jeunes filles de Strasbourg. De l'autre côté du Rhin, Hitler avait derrière lui
tout un peuple fanatisé. On savait que dans des camps
étaient réunis les hommes de gauche et les Juifs allemands, sous la garde de SS et de droit commun. On les
appelait déjà « camps de concentration ».
Pendant l'année scolaire 1938-1939, je fis la connaissance d'un jeune ingénieur des Ponts et Chaussées, qui,
sursitaire, faisait son service militaire comme sous-lieutenant du Génie à Strasbourg. Il venait de passer un an au
MIT (Massachusetts Institute of Technology). Je devais,
l'année suivante, aller avec une bourse aux États-Unis,
pour commencer ma thèse. Il fut mon informateur sur la
vie là-bas. Il fut bien plus. Vite amoureux l'un de l'autre,
nous nous étions promis de nous marier à mon retour. La
guerre a éclaté le 3 septembre 1939, et j'ai décidé de ne
pas partir. Le 14 décembre 1939, nous étions mariés. Raymond Samuel est d'origine juive, ses ancêtres sont venus
de Pologne au début du dix-huitième siècle. Ses profes-

seurs de Boston, après la débâcle, alors qu'il venait de s'évader d'un camp de prisonniers de guerre, lui ont offert un poste d'assistant ; moi, j'avais toujours ma bourse. En septembre 1940, nous avons demandé nos visas pour préparer notre départ vers les États-Unis ; puis nous y avons renoncé. Pouvions-nous laisser derrière nous nos familles, nos amis et notre pays occupé ? A partir de cette décision, notre destin était tracé : la participation à la création et au développement d'un Mouvement de Résistance, la vie de tous les jours, professionnelle et clandestine, avec un enfant né en 1941. Nous avons eu l'incroyable chance de rester légaux jusqu'au printemps 1943.

Nous avions à cette période chacun deux vies distinctes et, comme dans la définition géométrique des parallèles, nous faisions notre possible pour qu'elles ne se rencontrent pas. Préserver une apparence de vie normale était l'un de nos soucis. Notre foyer était pour nous un élément d'équilibre et de détente. C'était si rare dans notre monde de clandestins, un couple, une famille, capable d'accueillir des passants furtifs et solitaires. Nous étions Raymond et Lucie Samuel, tout à fait transparents. Officiellement, nous habitions depuis l'automne 1941, à Lyon, avenue Esquirol, une petite villa avec une bonne – Maria – et notre petit garçon. J'étais professeur au lycée de jeunes filles, place Edgar-Quinet. Raymond, ingénieur des Ponts et Chaussées, dirigeait, pour le compte de l'entreprise Chemin, les travaux d'aménagement des pistes de l'aéroport de Bron. En dehors de cet aspect de vie ordinaire et respectable, nous étions des personnages bien différents dans une vie parallèle. En 1943, Raymond pour les contacts résistants était Balmont, puis Aubrac, responsable de l'Armée secrète de « Libération ». En cas de contrôle de police ou d'arrestation, il avait une identité fabriquée : des faux papiers au nom de François Vallet et un domicile mentionné sur sa fausse carte d'identité : un petit logement dans le quartier des canuts en haut de la Croix-Rousse. Depuis des mois, nous trouvions raisonnable d'y accumuler des provisions, malgré l'envie de les manger avec les copains. Il fallait pouvoir tenir, seuls et cachés, en cas de coup dur.

Quant à moi, pour mes camarades résistants, j'étais « Catherine ». Pour les missions avec risques de contrôle policier, j'avais repris ma carte d'identité de jeune fille avec l'adresse de ma chambre d'étudiante conservée à Paris : Mlle Lucie Bernard, rue Rataud, Paris.

Un décret de février 1943 instituant le Service du travail obligatoire a tout à coup modifié les priorités dans les activités de la Résistance. Les défaites allemandes en Russie ont obligé l'état-major d'Hitler à récupérer dans les usines du Reich tous ceux qui pouvaient être soldats. D'où l'idée de remplacer, par des jeunes des pays occupés, la main-d'œuvre allemande mobilisée. Le décret publié conjointement par Vichy et l'occupant n'a pas soulevé l'enthousiasme, et de nombreux jeunes ont quitté précipitamment leur travail, leur domicile, pour échapper au départ forcé en Allemagne.

Une réunion avait eu lieu chez nous, avenue Esquirol, début mars : la Résistance essaierait d'organiser l'accueil, l'encadrement et l'instruction de tous ces réfractaires. Du coup, l'Armée secrète se trouvait en face d'effectifs inespérés. Raymond pour « Libération », Morin-Forestier pour « Combat » avaient envoyé des agents, dans le Jura et en Savoie, étudier les possibilités de réception. Différentes réunions de comptes rendus étaient fixées au 15 mars. Raymond, pour sa part, avait donné rendez-vous à ses adjoints Ravanel et Valrimont dans un appartement prêté par un couple ami, au cinquième étage du 7, rue de l'Hôtel-de-Ville.

Au cours de cette investigation trop rapidement mise sur pied, un agent de liaison, en gare d'Ambérieux, s'était bêtement fait prendre : sur la carte d'identité vierge qui lui avait été fournie, il avait interverti sa date de naissance et la date de délivrance. Le gars ayant parlé, des noms et des adresses étaient tombés dans les mains de la police française. Que d'arrestations entre le 10 et le 15 mars !

11

Une vingtaine de gars agents de liaison et plantons, deux responsables de l'Armée secrète et leurs adjoints.

Raymond avait donc trouvé une souricière au rendez-vous du 15 mars. Valrimont était déjà pris. Peu après, était arrivé Serge Ravanel qui avait tenté aussitôt une évasion spectaculaire. A son coup de sonnette, un policier avait ouvert la porte et l'avait menacé d'un revolver : « Sortez ce que vous avez dans vos poches. » Serge avait obéi, attrapé dans sa veste une petite matraque télescopique, assommé le flic, dévalé les escaliers à toute vitesse, pour se heurter, à mi-chemin, à un policier qui montait. Ils s'étaient empoignés, étaient tombés. Au moment où Serge prenait le dessus, deux autres flics étaient arrivés en renfort. Bien entendu, cela avait été sa fête !

Ravanel avait raté son évasion. Raymond aussi lors de la perquisition à son logis clandestin. Valrimont, pour n'être pas en reste, avait connu le même échec. Du commissariat, il s'était enfui au petit jour, poursuivi par un agent moins endormi qu'il n'en avait l'air. Il avait foncé, tourné dans une petite rue à angle droit : c'était une impasse !...

Commença pour eux l'itinéraire ordinaire : commissariat, dépôt, prison après un rapide interrogatoire d'un juge d'instruction...

Au mois de juin, coup sur coup à la suite de trahisons, la Gestapo réussit deux séries d'arrestations catastrophiques pour la Résistance. A Paris, elle arrête le général Delestraint, chef d'état-major de l'Armée secrète. A Lyon, le 21 juin 1943, Jean Moulin, représentant du général de Gaulle, président du Conseil national de la Résistance, est arrêté par Barbie. Trop tard pour que son œuvre soit compromise. Il est mort sous la torture, mais la relève était assurée. Tandis que se déroulaient ces événements tragiques, la vie continuait avec ses difficultés matérielles, avec les responsabilités et les actions du combat clandestin. La répression était de plus en plus brutale tant grossissaient les forces de police de Vichy et les effectifs de la Gestapo.

J'avais ma place dans la Résistance. Jeune femme passionnément liée à mon mari, j'avais réussi à le libérer en mai de la prison française où il était enfermé depuis le 15 mars. Je mis toute mon ardeur, et mes camarades du Groupe-Franc tout leur courage, à le sauver du poteau d'exécution promis par la Gestapo après son arrestation à Caluire avec Jean Moulin. Je vivais en même temps ma seconde grossesse. Engagée comme je l'étais, il n'était pas question de tenir un véritable journal intime. C'est pourtant la forme que j'ai voulu donner à ce récit qui couvre neuf mois – de mai 1943 à février 1944 – de ma vie de résistante, d'épouse et de mère. J'ai essayé de faire un récit aussi exact que possible dans le temps et dans les faits. Je me suis aidée pour cela de mes propres souvenirs, de ceux de mon mari et des témoignages de nos camarades.

En novembre 1943, en janvier puis février 1944, parmi les nombreux messages – sortes de phrases codes – que la BBC émettait de Londres en direction de la Résistance française, l'un d'eux concernait la famille Aubrac.

Pour des raisons météorologiques, l'avion anglais ne put atterrir en novembre 1943 et en janvier 1944 sur le terrain clandestin où l'attendait l'équipe de réception.

Le 8 février 1944, par une nuit de pleine lune, l'avion était au rendez-vous. La BBC avait répété, à ses trois émissions de la journée :

« Ils partiront dans l'ivresse. »

12 février 1944.

A mon réveil, tout est flou. Les odeurs d'hôpital, des chuchotements... Je soulève la tête puis le buste. Appuyée sur mes coudes, je découvre d'abord une nacelle de fer. Elle est accrochée à des montants à crémaillère. Dedans, un bébé dort la tête en bas, enfin presque ! Notre fille...

« Restez allongée. Votre fille pèse dix livres, c'est le plus gros bébé de la maternité. » J'enregistre machinalement les phrases de l'infirmière, prononcées dans un français scolaire. J'obéis. Le flou s'atténue lentement. J'entends, dans cette chambre, d'autres femmes qui jacassent dans une langue que je ne comprends pas. Je suis à Londres. Nous sommes le 12 février 1944. J'ai trente et un ans. Je m'appelle Lucie Aubrac.

L'infirmière a posé un moment le bébé sur mon lit. Elle déroule le grand châle de laine blanche qui l'enveloppait. Ma fille, toute nue, a lancé en tous sens ses longs membres maladroits, et son visage, sous la peau du crâne couvert de duvet blond, s'est crispé.

« On ne doit pas la traumatiser, a dit l'infirmière en la remettant dans son berceau. Vous lui donnerez le sein demain. »

Je suis épuisée. Le drap tiré jusqu'au menton, je pleure sans faire de bruit. Mon oreiller est inondé. Il faut dissiper ce flou, recoller un à un mes souvenirs. Londres – février

15

1944 –, Catherine pèse dix livres anglaises : à peine quatre kilos finalement !

Je me souviens maintenant : hier soir, Londres a été bombardée au moment du dîner. Les Allemands choisissent les nuits de pleine lune, comme les Anglais pour leurs opérations nocturnes de parachutages ! J'étais avec Jérôme, responsable des maquis, arrivé comme moi par un avion clandestin. Nous avons suivi tout le monde dans les abris. En bas, sur un canapé, j'étais mal. Une douleur me sciait les reins. Le bombardement s'interrompait puis reprenait presque au rythme de mes douleurs. Jérôme se penchait sur moi, aurais-je peur cette fois ?

« Jérôme, je dois partir à l'hôpital, je vais accoucher, je le sens... » Et je pensais à ma valise laissée là-haut dans ma chambre du Savoy. Ma valise avec une layette dedans. Et quelle layette ! Des couches coupées dans de vieux draps, des langes dans une couverture, des brassières taillées dans des pans de chemises en coton... Cette fois, personne n'avait dit « rose pour une fille, bleu pour un garçon ». Dans ma layette à moi, il y avait une brassière jaune que j'avais tricotée et le reste allait du gris au marron en passant par le vert et le rouge.

Oui, dix livres anglaises, ça fait à peu près quatre kilos en France... Je suis mieux réveillée maintenant. Mes voisines de lit, anglaises, continuent leurs bavardages. Je ne pleure plus. Les souvenirs reprennent leur place. Contre l'avis de la jeune femme chargée de la sécurité, j'étais sortie de l'abri pour monter récupérer ma valise. Je serrais dents et poings pour ne pas crier quand la douleur revenait. Le directeur de l'hôtel, alerté par Jérôme, était monté lui aussi avec une bouillotte d'eau chaude, croyant à une indigestion. Puis il avait téléphoné pour avoir une ambulance. « Une chance que le bombardement ne soit pas fini, avait-il dit, elles auraient toutes été mobilisées. »

Il y avait eu la nuit déchirée par les bombes et les pinceaux des projecteurs. Il était onze heures du soir. Le brancard dans l'ambulance, si dur, les rues de Londres défoncées, le cliquetis des éclats de DCA rebondissant sur la carrosserie. Je me souviens que la conductrice avait actionné sa sirène. On approchait de l'hôpital.

« *Shut up, it's the war.* » Fermez-la, c'est la guerre ! La sage-femme supportait mal que je hurle à chaque contraction. Elle voulait m'obliger à rester sur le côté pour accoucher, et je protestais en français.

« Voilà quatre ans qu'on travaille sous les bombes. Un peu de sang-froid, madame, nous n'avons jamais vu une femme comme vous... »

Juste avant, les infirmières m'avaient mis un bracelet d'amiante au poignet, avec mon nom, déshabillée sans ménagement, rasé le pubis et les aisselles, badigeonnée au mercurochrome, imposé un lavement. Ahurie, douloureuse, je ne comprenais rien à leurs questions. Drôle d'anglais !... A genoux sur la table de travail, derrière mon dos, l'une d'elles me bloquait sur le côté droit. Je hurlais, une autre me tenait la jambe gauche en l'air. Elles sont folles !! Une troisième approchait un masque de mon visage. Je le lui arrachais des mains et le plaquais de toutes mes forces sur ma bouche, au moment où je sentais entre mes cuisses un effroyable déchirement. Je ne verrai pas naître mon bébé !

Maintenant, dans cette salle commune, sur mon oreiller mouillé, je pleure à nouveau. Mais sans chagrin ni colère, cette fois. Je pleure paisiblement, un trop-plein qui déborde. Et puis, je sais maintenant : Raymond est en vie et Catherine est née le 12 février 1944 à trois heures et demie du matin. A Londres. J'ai gagné.

Ma première visite est celle du consul de France, M. Gauthier, qui vient à mon chevet enregistrer la naissance. En anglais, il explique aux autres femmes qui je suis et d'où je viens. Une chose les étonne : comment peut-on faire un si gros bébé dans un pays où l'on a si faim ? J'entends le consul leur répondre longuement. Il parle de notre périple dans le Jura, des caches successives, de la sollicitude des paysans français pour une héroïne en cavale. A Londres, maintenant, on parle de moi en disant « l'héroïne ».

« Drôle d'héroïne ! » bougonne la « matrone » un peu plus tard, en me relevant quand je me suis évanouie sur le palier.

La « matrone », c'est la directrice de la maternité ; elle m'accompagnait à l'ascenseur pour m'installer dans une chambre individuelle.

Ma petite fille est vorace, elle tète avec ardeur, grogne comme un petit animal, puis se détache et s'endort.

J'ai la pointe des seins humides, et je commence à avoir des gerçures douloureuses. Dans ma nouvelle chambre, on apporte une grande table recouverte d'une nappe blanche. On installe des bouteilles, des verres, une coupe de biscuits. En fin de matinée, la « matrone » revient, accompagnée d'un petit groupe d'hommes. Raymond est là. J'en reconnais deux autres. François Morin-Forestier, que j'avais fait évader à Lyon en mai 1943, François d'Astier, général d'aviation, dont les deux enfants avaient commencé chez nous, à Lyon, leur apprentissage de résistants. Il sort de sa poche un papier et se met à lire une citation à l'ordre de l'armée. Elle me concerne. Je suis ébahie. Nous n'avions pas l'habitude, en France, de ce genre d'honneur.

On se battait, on gagnait ou on perdait, on se retrouvait en prison ou cachés chez des sympathisants, tout cela « sans cérémonie ». Je mesure subitement, dans ce lit de maternité, ce qui sépare une armée régulière de nos organisations clandestines, avec des chefs acceptés sans grade ni galons, avec un recrutement d'hommes et de femmes de tous âges. Comme je voudrais que les gars de mon Groupe-Franc soient là et mesurent leur gloire à travers cette citation. Ces militaires qui se battent, eux aussi, contre le même ennemi que nous, marquent leur fraternité en me traitant en soldat et me donnent ce qui est pour eux la reconnaissance du mérite militaire : une médaille. Le général est tout ému. Cette lourde médaille au bout de son ruban, il va l'épingler sur ma poitrine. Troublé, habitué

18

aux gros draps des vareuses militaires, il tâtonne sur le léger tissu de ma chemise d'hôpital. Devant les grandes pointes noires de cette médaille, je tremble pour mes seins si vulnérables et gonflés de lait. Raymond m'embrasse. Lui aussi est ému. Il me chuchote un « merci » à l'oreille : le plus beau des cadeaux.

La nuit, je suis réveillée par les sirènes. Je prends ma fille dans mes bras. L'ascenseur est interdit pendant les alertes. Je descends à pied jusqu'à l'abri : sept étages. Il est aménagé avec lits et fauteuils. Je choisis un lit près d'un angle de mur, j'installe le bébé le long de mon flanc et je m'endors. Je suis réveillée par un brouhaha au-dessus de ma tête. Je dormais si bien que je n'ai pas entendu la fin de l'alerte : j'ai peut-être reconquis cette nuit mon statut d'héroïne.

Des bombes au phosphore sont tombées sur l'hôpital, une partie est détruite. Il faut prévoir un nouveau refuge ! Je n'ai donc pas fini ma guerre.

Dans quelques jours, le 20 février 1944, comme convenu avec mes camarades de France, la BBC passera à ses trois émissions quotidiennes un message qu'eux seuls comprendront : « Boubou a une petite sœur Catherine qui est née le 12. »

Comme toutes les mères, je l'ai portée neuf mois – moins deux jours.

Elle a été conçue le 14 mai 1943.

*

Lyon, vendredi 14 mai 1943.

J'ai aperçu Raymond, vers neuf heures et demie, par la fenêtre de ma chambre. Le procureur a signé la mise en liberté provisoire. Depuis longtemps je surveillais la rue, jusqu'alors déserte, bordée de pavillons et de jardinets. Le voilà ! Il tient au bout du bras un baluchon bizarre que je reconnais vite. Noué par les pans et les manches, c'est le pardessus qu'il portait le jour de son arrestation. Je l'attends à la grille. Sitôt la porte fermée, nos premières effusions sont brèves.

« J'ai grand besoin de me laver. »

Une grande bassine d'eau sur la cuisinière, un peu de bois bien sec, une pelletée de charbon : c'est vite chaud. Il se déshabille dans le cabinet de toilette du premier étage et, par la fenêtre, jette ses vêtements dans le jardin.

« Les poux ! A l'hôpital je n'en avais plus, mais on m'a ramené à la prison pour la levée d'écrou. Et puis, mon pardessus était resté au greffe. Il doit être infesté... »

Du bout des doigts, j'étale le pardessus sur la barrière au fond du jardin. Nous l'avions acheté à l'automne 40 grâce à Maurice, le cousin de Raymond, qui est commerçant. C'est un beau et chaud tissu, à grands carreaux en camaïeu bleu et gris, introuvable maintenant. Il est sale, froissé, avec des traînées de plâtre le long du dos et, sur l'épaule gauche, une tache un peu rousse. En regardant de plus près, je vois un trou rond, de part en part du rembourrage de carrure.

Plus tard, dans notre maison, allongés sur le lit, apaisés de notre envie l'un de l'autre, je ne dis rien mais je sais déjà : nous aurons ce deuxième enfant que je souhaitais depuis des mois. Je compte : neuf mois, ça porte à la mi-février.

Raymond parle. Il sait que j'ai vu le trou dans son pardessus.

« Le flic m'a raté. Mais de peu. Quand on m'a emmené pour perquisitionner au domicile de la Croix-Rousse inscrit sur ma carte d'identité, j'avais ma petite idée. J'ai demandé aux deux inspecteurs de la PJ qui m'accompagnaient de s'arrêter avant la maison. Je leur ai dit : "Pour ma réputation, vous comprenez, je ne voudrais pas que la propriétaire refuse de continuer à me louer après m'avoir vu descendre d'un fourgon de police. Si nous arrivons à pied tous les trois, il n'y aura rien de louche." Tu vois, j'accréditais l'idée que je n'avais à me reprocher qu'un peu de marché noir, qui m'avait fait prendre dans cette souricière rue de l'Hôtel-de-Ville. Ils ont souri de mon souci de respectabilité, mais ont accepté. J'avais mes clefs. J'ai ouvert la porte et laissé la clef à l'extérieur dans la serrure. J'ai dit : "Entrez, messieurs, et faites votre travail." Je leur ai ouvert le placard à provisions. Une dizaine de boîtes de sardines, autant de paquets de pâtes et de kilos de sucre, quelques paquets de tabac, du riz, du sel, un peu de chocolat ; mon activité de petit trafiquant se vérifiait.

» Pendant qu'ils fouillaient partout, je leur ai demandé la permission de me laver et de me changer. Ça faisait une semaine que je traînais de commissariats en dépôts... Ils m'ont dit d'accord, en ajoutant que je n'étais pas sorti de l'auberge et que je coucherais le soir même à la prison Saint-Paul. J'ai feint le désarroi, bredouillé, réclamé de pouvoir préparer une petite valise d'affaires de toilette et de linge de corps. Ils se sont regardés en ricanant : "Allez-y !" Ils devaient penser : pauvre idiot, il n'a pas encore compris ce qui lui arrive. J'ai attrapé mes affaires : rasoir, blaireau, bâton de savon à raser, mouchoirs, chaussettes, slips, pour les poser sur la table. Puis, le plus naturellement du monde, j'ai pris une chaise en me dirigeant vers l'entrée : "Il faut que j'attrape ma valise sur le rayon là-haut." Eux, ils ne faisaient même plus attention à moi.

» Alors, j'ai ouvert la porte, je suis sorti et j'ai refermé à clef avant de bondir dans l'escalier. Hélas, ils n'ont pas perdu de temps. Avant que je n'arrive à la rue, ils étaient penchés à la fenêtre, revolver au poing. Ils hurlaient : "Remontez ou on tire !" Je me suis d'abord dit : à cette distance, ils ne vont pas me rater. Puis, j'ai fait un pari : si je sors, ils feront sûrement une deuxième sommation avant de tirer. J'ai foncé dans la rue, en zigzaguant : "Arrêtez-vous, arrêtez-le, à l'assassin !" Ils se sont mis à tirer tous les deux, et une balle a traversé mon pardessus, juste au-dessus de l'épaule. Je crois que ce qui a gêné leur tir, c'est le chauffeur du panier à salade, qui courait derrière moi... J'ai plongé vers les "traboules" que nous avions repérées ensemble et qui, de couloir en couloir, à travers les maisons, permettent d'arriver jusqu'au quai. J'ai poussé une porte au hasard, en courant. Pas de chance ! Une vieille dame s'apprêtait à sortir avec son cabas, je l'ai bousculée si fort qu'elle est tombée. Le temps de la relever, de m'excuser en essayant de la faire taire, je me suis retrouvé devant le pistolet du chauffeur. Il m'a ramené à la maison. J'ai passé un mauvais moment. J'avais une consolation : ils n'avaient rien trouvé. Une tentative de fuite, c'est maigre pour étoffer un dossier. Bien sûr, plus question de se laver, de se changer et d'emporter une valise. Les menottes aux poignets, tout le quartier a pu voir mon réembarquement dans le fourgon. Je savais que tu n'étais pas encore venue ici mais que ça ne tarderait guère et que tu serais informée de ma tentative d'évasion. »

C'est le lendemain que je m'y étais précipitée. Il fallait récupérer les papiers que nous avions cachés. Les règles de sécurité exigeaient qu'on vide, après s'être assuré qu'il n'était pas une souricière, le logement d'un résistant arrêté.

Raymond avait loué le sien à une femme dont le mari était prisonnier de guerre et qui vivait chez ses parents en tirant un revenu de cette location : deux pièces meublées, cuisine. Elle avait fait mille recommandations pour ce mobilier encore neuf après deux ans de mariage. Raymond m'avait présentée comme sa fiancée à qui elle pouvait, s'il s'absentait trop longtemps, faire confiance. Les voisins le connaissaient de vue. A Lyon, où l'on n'est ni curieux ni bavard, le contact est long à établir, mais ces distances sont une garantie de discrétion. Ils appréciaient ce jeune homme poli, courtois, pas bruyant, qui s'absentait souvent. Peut-être était-il voyageur de commerce ? D'ailleurs, ça ne nous regarde pas... (commentaire rapide entre voisines de palier).

Quand, après l'arrestation de Raymond, j'étais arrivée

chez la propriétaire pour avoir une clef et récupérer les papiers – la police n'ayant sûrement rien trouvé –, elle m'avait tout raconté. La maison était encore sens dessus dessous.

« C'est tout de même bizarre, m'avait-elle dit, de risquer sa vie pour une affaire de marché noir et pour un si petit stock ! Ils pouvaient le tuer, vous savez. Ils ont vidé leurs chargeurs. Remarquez, je ne vous demande rien ! avait-elle ajouté avec un sourire.

– Bien sûr, madame, d'ailleurs moins on en sait ces temps-ci, moins on risque d'en raconter. »

Je crois qu'elle avait deviné la vérité.

« C'est la vieille dame bousculée qui nous a mis la puce à l'oreille. Un trafiquant de marché noir ou un assassin, comme ils disaient, ne se serait pas arrêté pour la relever et s'excuser si poliment. Elle ne se pardonne pas d'avoir crié. Elle nous a dit que son petit-fils, après Dunkerque, était resté en Angleterre, mais qu'elle était sûre qu'il était engagé chez de Gaulle. »

Tandis que Raymond et moi nous échangeons au hasard d'une pensée nos réflexions sur ces deux mois de séparation, la matinée avance doucement. Détendu, bien récuré, satisfait, Raymond allume une pipe après avoir bu un café d'orge grillé auquel nous sommes maintenant très habitués. Il n'en revient pas encore d'être ici ce matin. Son avocat avait demandé une liberté provisoire, normale pour une inculpation de marché noir. Raymond savait que le juge d'instruction y était favorable, mais que le procureur s'y opposait. Celui-là, fin limier, tenait cinq jeunes hommes dont il avait la preuve pour deux d'entre eux qu'ils n'étaient pas de simples margoulins. Sa haine du gaullisme, du communisme, son racisme en faisaient un adversaire redoutable pour les résistants, tous des ennemis à abattre.

Tandis que Raymond, épanoui, traîne dans la chambre, feuillette un livre, redresse au mur le cadre où j'ai mis pêle-mêle les meilleures photos de notre petit bonhomme, je le questionne encore et encore. Il en faudra des jours pour assouvir ma curiosité ! Comment ça se passait avec la police et avec le juge ? Qu'est-ce que c'est que cet interrogatoire de la Gestapo dont m'a parlé l'avocat ?

Il a tout son temps, Raymond, pour me répondre, tourner autour de moi, m'embrasser fort en passant, me suivre dans l'escalier, tripoter interminablement son matériel à pipe dans la cuisine où je prépare le déjeuner.

« Notre juge d'instruction a été relativement bienveillant, dit-il, il a retenu un vague délit de marché noir pour trois d'entre nous. Pour Morin-Forestier, arrêté avec sa secrétaire, son planton et ses archives, c'était plus coton ! Il a signé en bloc notre détention, façon de minimiser le cas de Morin. Pourquoi la Gestapo ? Il y a eu sans doute un flic français zélé qui a été au rapport chez les Allemands ! Un jour, un policier allemand et deux inspecteurs français sont arrivés à la prison. Ils ont dit : "La police allemande veut interroger trois détenus." Ils ont donné les noms sous lesquels nous étions inscrits sur le registre d'écrou : Asher, c'est Ravanel ; Kriegel, c'est Valrimont ; et Vallet, c'est moi. Ils ont d'abord emmené Ravanel. Ils l'ont interrogé très longuement. Il avait sur lui, au moment de l'arrestation, des cartes Michelin avec des annotations de lieux d'accueil pour les réfractaires du STO. Nous avons été soulagés et heureux de le voir revenir au bout de trois heures. Puis ça a été notre tour à Valrimont et à moi. Comme pour Serge, les policiers français ont signé la décharge réglementaire auprès de l'administration de la prison, et en route. Dans le bureau du chef de la police allemande, ils étaient trois. Nous avons soutenu nos personnages de trafiquants. Valrimont, qui comprend l'allemand, les a entendus discuter entre eux : "Nous perdons notre temps avec ces types, ils ne sont pas intéressants. On va les renvoyer chez les Français." Une fois de retour dans notre cellule de la prison Saint-Paul, nous avons fait ouf ! »

Je frémis : on a beau savoir qu'il y a collaboration entre

Vichy et Hitler, y être confronté dans la réalité, c'est autre chose. Je jure de m'en souvenir après la guerre. Des policiers français, c'est-à-dire de vrais fonctionnaires et non pas seulement des formations fascistes telles que la Milice, obéissent sur le plan professionnel aux ordres allemands. Ils acceptent de conduire dans les bureaux de la Gestapo des Français qu'ils ont, eux, arrêtés et dont l'affaire est instruite par la justice française. C'est inconcevable !

Il y a des exceptions. Quand Raymond était au petit dépôt, où il est resté presque une semaine avec ses camarades, la police et la justice se moquant pas mal de respecter le délai de garde à vue, un brave agent de service au poste nous avait, à Julien et à moi qui rôdions par là, proposé de nous faire rencontrer les détenus. Au début, méfiants, nous avions cru à un piège. Puis il nous avait convaincus. Nous avions pu ainsi connaître, en gros, les conditions de leur arrestation le 15 mars, rue de l'Hôtel-de-Ville. Il nous avait introduits dans les sous-sols du palais de justice, couloirs sombres, caves humides, mais nous n'avions pas eu le temps de les faire évader avant leur départ pour la prison.

« Devant les Allemands, me dit Raymond, les inspecteurs français étaient de vrais tapis. Ils nous ont accompagnés jusqu'au bureau de la Gestapo, puis sont sortis en saluant. Nous les avons retrouvés ensuite, qui attendaient sagement, en bas, à côté de leur voiture. Les Allemands, nous ayant considérés comme du menu fretin, n'ont désigné personne de chez eux pour le retour à la prison. Quand les inspecteurs nous ont remis au surveillant-chef, je leur ai dit : "Vous pouvez être fiers, vous faites un joli boulot pour des Français !" L'un d'eux a répondu : "Votre copain nous a déjà dit la même chose ce matin. Nous, on obéit aux ordres." »

Sur la table de la cuisine le couvert est mis. Dans les assiettes, l'ordinaire de tous les jours : des pommes de terre en robe de chambre (on perd moins en les épluchant une fois cuites) et une salade de pissenlits. Aujourd'hui, c'est la fête ! Avec une boîte de pâté, un saucisson et une bouteille de moulin-à-vent gardée pour l'occasion. Sous la serviette de Raymond, un petit paquet : il est tout ému en découvrant une nouvelle pipe ; nous ne fêtons pas seulement sa libération qui reste, à ses yeux, incompréhensible, mais surtout un anniversaire qui nous est très cher !

Voilà quatre ans, le 14 mai 1939, à Strasbourg, nous avons ressenti l'un pour l'autre un amour total. Pas seulement un coup de foudre, mais un accord si définitif que nous nous sommes juré, tant que nous vivrons, d'être toujours ensemble les 14 mai.

Attablés en face l'un de l'autre, silencieux, émus et troublés, nous pourrions rester ainsi pour l'éternité. Raymond n'en revient toujours pas d'avoir été libéré, et juste à temps pour notre 14 mai. Il me soupçonne d'y être pour quelque chose. Comment ai-je pu me débrouiller ?

« Puisque vous n'avez pas réussi à vous échapper seuls, nous avons décidé, avec les gars du Groupe-Franc, de vous récupérer. Il n'y a pas tellement de matériel humain de rechange chez nous, et la Résistance avait besoin de vous, de votre compétence et de vos contacts. D'une prison, on ne sort pas facilement. Alors, j'ai voulu recommencer le coup qui avait permis ton évasion de prisonnier de guerre, le 25 août 1940. »

A cette époque, le frère de Raymond, médecin, m'avait procuré des pilules qui devaient lui donner la fièvre. J'avais pu les lui faire passer dans la caserne des Uhlans à Sarrebourg où son régiment était bouclé. Il avait été envoyé à l'hôpital sous contrôle de la Croix-Rouge. Les Allemands respectaient encore la Convention de Genève. Un mur à sauter le soir, et ce fut la liberté dans le bleu de chauffe que je lui avais apporté pour remplacer son uniforme.

« Pour moi, cette fois, le problème consistait à vous faire transférer en bloc de la prison à la section disciplinaire de l'hôpital de l'Antiquaille. Un gardien complaisant vous a remis un médicament qu'il prenait pour des friandises. Vous étiez en civil, donc pas de costume à prévoir. Par contre, il restait à neutraliser la police française qui vous gardait. Nous avons, avec le Groupe-Franc, organisé votre sortie. Le plus plausible : la police allemande vient vous chercher pour un interrogatoire. Mais impossible d'être opérationnel avant le 20 mai, au plus tôt. Question effectif et voitures. Nous savions que vous arriveriez à vous maintenir à l'hôpital en faisant monter le thermomètre au moment de la prise des températures. Serge n'avait pas besoin de simuler avec sa bronchite et sa toux. »

Raymond m'écoute sans un mot.

« Devant cette date si lointaine, je me demandais comment faire pour être réunis le 14 mai. Je me suis dit : cet homme qui hait le gaullisme et la Résistance, ce procureur si féroce, s'il aboie si fort, c'est peut-être parce qu'au fond c'est un trouillard. J'ai trouvé son adresse et j'ai sonné à sa porte avant-hier. J'ai dit à la personne qui m'a ouvert que j'avais une commission personnelle à faire au procureur. Elle m'a regardée d'un drôle d'air ; elle a peut-être cru à une liaison. Il m'a reçue. Je lui ai dit d'une traite : "Vous avez en prison un homme qui s'appelle François Vallet, vous avez par deux fois refusé de signer sa mise en liberté provisoire. Le juge d'instruction a tout de suite compris qu'il valait mieux signer. Vous allez savoir pourquoi. Bien entendu, l'avocat n'est pas au courant. Je représente ici l'autorité du général de Gaulle qui est le chef de Vallet. Si demain, au palais de justice, vous ne signez pas favorablement, si le 14 au matin Vallet n'est pas libre, vous ne verrez pas le soleil se coucher le 14 au soir. J'authentifie ma qualité. Écoutez pour une fois la BBC ce soir. Parmi les messages personnels, vous entendrez celui-là : 'Continuez de gravir les pentes.' Il vous est destiné. Vous avez bien compris : 'Continuez de gravir les pentes.'" Il est resté sans voix, moi je n'ai pas perdu de temps. Avant qu'il ne se reprenne, j'ai ouvert la porte et, pour faire bonne mesure : "A demain, n'est-ce pas ? Et n'oubliez pas notre rendez-vous du 14 !"

» Jusqu'à ce que j'arrive au pont pour traverser la

Saône, je tremblais d'être rattrapée par la police. Tu sais, il suffisait qu'il téléphone au poste de Saint-Jean qui est tout près ; il n'y a pas une cachette sur ce quai surélevé, avec si peu de tramways sur la chaussée.

» Et voilà, tu es là ! »

Raymond est sidéré :

« Et si le message n'était pas passé ?

– C'était pile ou face ; il est passé à une heure, et j'ai toujours de la chance, la preuve !

– Toi, à force de tenter le sort, tu y laisseras des plumes.

– En attendant, tu es là et j'ai rendez-vous à six heures et demie chez maître Fauconnet qui doit déjà être au courant de ta libération. Nous irons tous les deux.

– Si tu crois que ton chantage va le remplir de joie, attends-toi à un bon savon !

– On verra bien ! Pour le moment, nous avons tout un après-midi à nous aimer, à faire des projets. »

Par prudence, nous décidons de nous retrouver devant la porte de l'avocat, en nous y rendant séparément.

Quand nous arrivons chez maître Fauconnet, il n'y a plus de clients. La grande antichambre sombre, avec ses boiseries et ses tentures foncées, ses chaises vides, garde l'odeur de ceux qui, cet après-midi, sont venus consulter. J'aime beaucoup cet homme que je connais depuis seulement deux mois. C'est un Lyonnais, célibataire, catholique et libéral, plein de bon sens, savant juriste et tout à fait hostile à la politique de collaboration.

Notre cousin Maurice, qui connaît tout le monde à Lyon, m'avait recommandée à lui lors de l'arrestation de Raymond, le 15 mars. La première fois que j'étais entrée dans son cabinet, je pensais naïvement qu'il y aurait entre nous complicité spontanée. On ne lui tapait pas sur le ventre aussi vite ! Il était mon aîné d'une dizaine d'années, pas très grand, assez replet, l'œil bleu et le cheveu déjà grisonnant, vêtu d'une manière stricte, une légère déformation de la lèvre supérieure lui donnait l'air sarcastique. Il m'avait reçue assez froidement : « Madame, je ne connais que François Vallet, minable trafiquant de marché noir. Vous voulez bien vous intéresser à sa défense, donc vous réglerez mes honoraires et je vous tiendrai au courant de mes démarches et éventuellement de mes conversations avec lui. »

Parties comme ça, nos rencontres hebdomadaires étaient plutôt formelles ! Et puis j'avais fait quelques réflexions sur les magnifiques reliures de sa bibliothèque, sur sa précieuse collection de tabatières, et puis il y avait eu, avec Raymond, au parloir de la prison, des confidences et des échanges d'informations formulées à demi-mot et qui avaient abouti à une confiance réciproque. Un jour, il avait sorti de la poche de son gilet une alliance et me l'avait donnée en souriant :

« Monsieur Vallet vous demande de la lui conserver. Bien entendu, vous et moi avons déjà oublié cette opération.

– Bien sûr, maître. »

Pas facile à attendrir, ou d'une pudeur et d'une réserve bien lyonnaises ! Je le comprends aujourd'hui quand il nous accueille chaleureusement :

« Asseyez-vous. Comme je suis heureux de vous voir ensemble ! C'est miraculeux. Mais j'avoue que je n'y comprends rien. Avant-hier matin encore, le procureur paraissait fermé à tous mes arguments.

– Quand vous m'avez remis, maître, l'alliance que Raymond avait réussi à vous confier, je vous ai dit : "Je la lui rendrai le 14 mai." Voilà qui est fait. »

Je raconte à nouveau mon intervention et mon bluff auprès du magistrat. Raymond me surveille du coin de l'œil. Je suis beaucoup moins décontractée que ce matin avec lui, d'autant que l'avocat accuse le coup et prend un air de plus en plus réprobateur et distant. Je me sens mal à l'aise, coupable, comme si, dans ce cabinet si correct, j'avais fait un acte incongru ou proféré une série de gros mots.

Subitement, il explose : « Mais ça ne se fait pas, une démarche pareille ! Vous avez menacé un magistrat, c'est grave. Que serait l'indépendance et la sérénité de la justice si tout le monde agissait comme vous ? »

Je me défends tout de même : « Eh bien, ça a été efficace. Votre justice, vous savez bien qu'elle n'est pas celle d'avant 39, et que nous la combattons. D'ailleurs, votre procureur, s'il avait bonne conscience, s'il était tellement serein et indépendant, il n'aurait pas signé ! »

D'un petit meuble bas, il sort trois verres et une bouteille d'Izarra d'une merveilleuse couleur d'or. « N'en parlons plus, buvons à vos retrouvailles, à votre liberté qui sera maintenant difficile à conserver, car vous allez continuer, je suppose ? »

En heurtant mon verre, cet homme honnête me regarde, encore sévère : « Ma chère enfant, ce ne sont pas des procédés légaux ; il faudra faire attention, après la guerre, à ne pas les employer, à ne même pas y penser. »

Comme une gosse pardonnée, j'ai les yeux pleins de larmes.

Nous remontons chez nous sans traîner dans les rues. Il est sept heures et demie du soir. Le soleil est rouge à l'ouest. Le ciel embrasé est à la mesure de notre joie. Nous décidons d'attendre lundi pour faire revenir Maria, notre bonne, que j'ai casée chez mes beaux-parents. Demain matin, samedi, j'ai deux heures de cours. Nous aurons encore un après-midi entier pour nous seuls !

Dimanche 16 mai 1943.

La famille est au complet. Ma belle-sœur est arrivée avec Jean-Pierre, ramené d'Auvergne où elle l'avait conduit chez des amis très chers, après l'arrestation de Raymond le 15 mars.

Il reprend, entre nous deux, sa vie de petit garçon choyé. Pour une femme, plus que pour un homme, à côté de la vie souterraine de la Résistance, des actions plus ou moins dangereuses, il y a le quotidien qu'il faut assumer : une maison à tenir, un mari, un gosse à nourrir, du linge à laver. Raymond me regarde mettre à tremper, dans une bassine d'eau tiédie au soleil, le linge sale de cette fin de semaine.

« Au moins, maintenant, tu n'as plus à faire la lessive pour cinq prisonniers ! »

Quelle lessive ! Je lui raconte mes démêlés avec les paquets de nippes ignobles ramenées de Saint-Paul.

« Vos maillots de corps, vos chemises, vos caleçons, il fallait d'abord les épouiller ! Affreux ! Comment pouviez-vous vivre avec ces poux ? Il y en avait tant, noirs et gros ! Tu sais, un pou ça a la vie drôlement dure ! Même après avoir bouilli, j'en ai retrouvé dans les coutures, transparents, complètement exsangues et qui bougeaient encore. Je finissais par les avoir au fer chaud.

— Ça valait le coup, dit Raymond, tu ne peux pas savoir la jouissance d'enfiler des sous-vêtements propres. Nous étions tranquilles jusqu'au soir, et le cirque recommençait avec les paillasses infestées. Pas le moindre bidon de Fly-Tox, dans cette prison. Tu vois, je n'imaginais pas que les poux seraient ton problème numéro un. J'avais dit aux copains : "Ça va barder avec nos chaussettes, Lucie, avec sa mentalité de suffragette, en a fait le symbole de l'indépendance féminine. Elle est fichue de les jeter." Quand les copains les ont vues revenir, propres, ils se sont moqués de moi.

— Tu ne comprends rien. Les chaussettes étaient à des prisonniers, moi j'étais libre. Pas de dépendance donc. C'était bien naturel que je les lave avec le reste. Non, il y avait quelque chose de totalement répugnant : les mouchoirs. Ah, cette bave d'escargots quand je les brossais sous l'eau courante. Je me suis dit souvent qu'une femme inventerait sûrement après la guerre des mouchoirs en papier qu'on jette après usage. »

Sur mon bureau m'attend un paquet de copies à corriger : la carte des richesses du sous-sol français. Un cours à préparer pour demain avec mes élèves de 3e : l'agriculture en France. Sournoisement, j'expédie en deux petits paragraphes les conditions de sol et de climat et je développe un peu plus ce qui colle avec l'actualité : la rareté de la main-d'œuvre, avec plus d'un million de prisonniers de guerre dont les trois quarts sont paysans. Le matériel agricole qui s'use, les pièces de rechange rares qui s'obtiennent avec des bons, le carburant livré au compte-gouttes, car c'est la denrée la plus précieuse pour l'occupant. Plus longuement encore, j'étudie les ressources agricoles et leurs débouchés : les statistiques d'avant guerre, les surplus de vin, de blé, de viande, la mise en place de l'Office du blé pour aider les paysans à écouler leurs récoltes. J'ai un texte formidable, recopié dans une revue économique de 1938, qui encourage les Français à consommer davantage de pain et de pâtisseries : « Conseils aux mamans : la pâtisserie française, la plus fine du monde, attrayante et variée, est un aliment complet. Faite de belle farine, de beurre, d'œufs et de lait, elle nourrit agréablement vos enfants et aide leur croissance. »

Faire ce cours, le jour où l'on débloque les tickets KC qui donnent droit à 125 grammes de charcuterie pour les travailleurs de force, et K8 qui allouent 250 grammes de sucre supplémentaires aux J1, J2, J3, c'est sûr que les enfants en parleront chez eux !

Ces tickets et ces cartes de rationnement, à retirer chaque mois dans les permanences municipales, sont un vrai casse-tête. Quand et à quoi a-t-on droit ? Sauf à lire les affiches devant les mairies ou aux devantures des magasins, il faut bien se résoudre à consulter un journal. Toute la population est divisée en catégories. Quels dialogues chez les commerçants !

« Vous avez un J3, madame ? (Les J3 sont les adolescents.)

– Non, mais j'ai deux travailleurs de force. » (Ce sont

les femmes enceintes et les gens qui font un travail fatigant.)

Quel travail n'est pas fatigant quand les rutabagas remplacent les pommes de terre, quand il faut être du dernier bien avec le poissonnier pour acheter une tête de carpe sans ticket ?

La décade définit l'attribution d'un litre de vin. Trois litres par mois, et seulement pour les adultes, à condition que le marchand soit approvisionné. Comme il faut rapporter les bouteilles, j'ai toujours dans les porte-bagages de mon vélo six litres vides que je fais remplir au hasard de mes déplacements.

C'est la décade aussi pour avoir du tabac. Tous les dix jours, un paquet de Caporal ou deux paquets de Gauloises, pour les hommes adultes seulement, bien entendu. C'est ce qui donne lieu aux plus gros trafics d'échanges. Un pain, deux litres de vin pour un paquet de cigarettes. Tout se rapetisse avec ces échanges grotesques. Des adultes y mettent la même âpreté, le même sérieux que lorsque, enfants, ils trafiquaient des billes et des bonbons.

Un problème avant de partir pour les courses : est-ce que je peux, sans risque, utiliser les tickets encore valables sur la carte de François Vallet, l'identité que Raymond vient d'abandonner ? Ça fait trois rations pour deux. Quand il était arrivé à Saint-Paul, il avait, bien entendu, remis toutes ses cartes à l'intendance de la prison qui les lui a rendues à la sortie. Moi, j'avais sa vraie carte qui me servait à faire des colis de nourriture que je joignais au linge propre. Puisque Jean-Pierre, en Auvergne, était convenablement nourri, j'avais donc, en plus, ses rations de farine, de sucre, de poudre cacaotée, de lait. « Pendant ces deux mois de prison, je n'ai jamais si bien mangé », m'avait dit chacun d'eux à sa sortie. A côté de l'ordinaire de la prison, l'argent que leur remettaient les avocats leur permettait de « cantiner ». Pauvres achats de produits en vente libre, biscuits de son, pâtes de fruits au sucre de raisin ! Le service social de la Résistance me donnait aussi

quelques conserves qui enrichissaient le petit colis hebdomadaire.

« Tes crêpes au chocolat, m'avait dit Raymond, il n'y
a qu'en prison qu'on peut espérer en manger. » Et toujours
dans le genre humour féroce : « Tu sais, à ce compte-là,
c'est supportable. »

Plaisanteries idiotes !

Lundi 17 mai 1943.

Au lycée, quand j'ouvre mon placard dans la salle des
professeurs, peu de courrier mais deux imprimés pliés que
je reconnais à leur format : ce sont des journaux clandestins. Un numéro de *Combat* et un autre de *Libération*. Je
saurai tout à l'heure, en les lisant aux toilettes, ce qu'ils
contiennent. Pour le moment, je les ramasse tranquillement avec le reste. Si c'est une provocation, on verra bien
que je ne les lis pas. Si c'est une diffusion honnête, cela
signifie qu'il y a d'autres résistantes que moi, ici.

Je m'entends bien avec mes élèves. Nous avons, dans
ma classe de terminale, une complicité de fous rires qui
date du 8 mai. Ce jour-là, conformément à une circulaire
de notre ministre, les professeurs d'histoire devaient, en
faisant l'éloge de Jeanne d'Arc dont l'État célébrait officiellement la fête, le 9, montrer comment le Maréchal en
était « le digne héritier » et combien leurs qualités étaient
identiques. J'avais convoqué deux élèves au tableau partagé en deux par une bande verticale : d'un côté, maréchal
Pétain ; de l'autre, Jeanne d'Arc. Et le jeu avait
commencé : âge – sexe – profession – situations person-
nelles – marié ou célibataire – ennemi ou allié. A mesure
que s'inscrivaient les réponses, toute la classe, en pleurant
de rire, inventait de nouvelles rubriques. Il n'y eut par la
suite aucune réaction des parents. Pourtant, ils n'étaient
pas tous acquis à l'opposition à Vichy, mais je crois que,

pour les jeunes, le lycée est un domaine réservé qui ne regarde pas les parents.

Aujourd'hui, j'ai choisi : « La présidence du maréchal de Mac-Mahon après la défaite de 1870. » Bien entendu, je n'ai pas chaque semaine des occasions aussi merveilleuses de rejoindre l'actualité tout en restant dans mon rôle d'enseignante. Personne ne manque cet après-midi, de ces filles aux noms bibliques ou étrangers, migratrices de Paris ou de plus loin, qui espèrent que Lyon sera leur dernière étape. Quand la femme de charge passe, à la fin de l'heure, avec le cahier d'absences, je suis sereine et signe la page avec empressement. Dans ce lycée lyonnais aux effectifs grossis par l'afflux de réfugiés de zone Nord, le recrutement a changé. Les élèves juives ou étrangères sont plusieurs dans chaque classe. Au début du mois, dans ma 3ᵉ, la petite Lehmann a cessé de venir. Pourquoi ? Personne n'en sait rien. Une de ses compagnes a été chez elle : personne ne répond ; les volets sont fermés ; la boîte aux lettres est pleine de courrier ; la concierge n'a aucune consigne. Toutes les élèves se sont tues après ce compte rendu. Mon cours, ensuite, a du mal à passer.

Je rentre à la maison, le soir, après avoir glissé les journaux trouvés au lycée dans deux boîtes aux lettres de voisins. Pas question de les rapporter chez nous : nous nous sommes donné la règle de pouvoir, à n'importe quel moment, soutenir une perquisition.

Pendant toute la semaine, je vais me partager entre le lycée, la maison et le Groupe-Franc. Nos trois camarades arrêtés avec Raymond le 15 mars sont toujours à l'Antiquaille, et nous devons réussir assez vite à les faire sortir. Deux gars vont repérer les lieux aux heures de visite des malades ordinaires, faire un plan précis des bureaux de l'accueil, de l'administration, du quartier réservé aux détenus. Les chauffeurs organisent une répétition avec les deux voitures : l'arrivée, le stationnement et, surtout, le départ qui doit être rapide et sans obstacle. Nous établissons le plan de circulation dans Lyon pour évacuer nos copains libérés.

Quant à Raymond, l'inactivité commence à lui peser. Il joue avec son fils : ça n'a qu'un temps ! Il a rédigé l'éditorial de politique étrangère pour le journal *Libération*. Pascal Copeau est venu le voir à son retour de Paris où se met en place le Conseil national de la Résistance.

Nos Mouvements, nés à l'automne 1940, en deux ans se sont développés à côté les uns des autres à peu près de la même manière. Organisation des régions, des services : faux papiers, service social, presse clandestine, propagande, renseignement, armée secrète et action ouvrière. Pendant l'hiver 1942-1943, chaque direction de Mouvement contactée par Max, le représentant du général de Gaulle, avait envisagé et plus ou moins réalisé la fusion dans un organisme unique : les Mouvements unis de Résistance, les MUR. Les journaux gardaient leur autonomie, leur nom de baptême : Combat, Libération, Franc-Tireur, *imprimés aux hasards d'une complicité dans une imprimerie quand on avait un stock de ce papier si sévèrement contingenté que nous le volions ou l'achetions au marché noir.*

Max (Jean Moulin) était arrivé en France le 31 décembre 1941. A ce moment, il s'appelait Rex. A Lyon, au début janvier, c'est Raymond qui l'avait reçu pour le compte de notre Mouvement. Ils avaient rendez-vous sous les arcades du théâtre. Dans la petite chambre voisine de l'hôtel de ville où Rex l'emmena, Raymond l'avait vu sortir de sa poche une boîte d'allumettes, en vider le contenu, et la lui tendre avec une loupe. Au fond, une micro-photographie de l'ordre de mission signé « de Gaulle » l'accréditait auprès des Mouvements de Résistance.

« Détruisez cela, lui avait dit Raymond. Pour moi, ce n'est pas une preuve, d'Astier est votre garant. Découvert par la police, ce texte signe votre arrestation et peut-être votre mort. »

Rex, devenu Max, une fois réalisés les MUR, s'appliqua à les convaincre de créer un organisme national qui réu-

nirait les Mouvements de Résistance de toute la France et les partis politiques opposés à Vichy et à Hitler. Ce ne fut pas facile. Il proposa que le Conseil national de la Résistance assure la direction politique de la Résistance. Il obtint que les groupes paramilitaires constituent une seule Armée secrète dirigée par un officier désigné par de Gaulle, et dont l'état-major serait composé des responsables « Armée secrète » des différents Mouvements.

Raymond est passionné par le tour méthodique que prend l'organisation de la Résistance, signe de sa croissance et de sa vigueur. Il accepte la suggestion de Pascal Copeau de remettre au lendemain de l'évasion de l'Antiquaille les décisions qui concernent la reprise de son activité.

La date de cette évasion est fixée au lundi matin 24 mai. Je n'ai pas classe le lundi matin ; je peux donc être dans le coup. Cet après-midi, nous irons en reconnaissance à l'hôpital, noyés parmi les nombreux visiteurs du dimanche, pour une dernière visite de sécurité.

Lundi 24 mai 1943.

Mais qu'est-ce qu'ils foutent ! Nous sommes un peu nerveux. Christophe, l'un des gars du groupe, est au volant de la voiture, à côté de moi, prêt à démarrer dès que Raymond et André Lassagne seront là. L'autre traction conduite par Daniel est plus proche de la grille de l'hôpital. C'est elle qui doit emmener les copains délivrés et le Luxembourgeois en uniforme allemand qui donne un air de vérité à l'expédition.

Je ne doute pas de la réussite, mais j'ai un peu de remords d'avoir laissé Raymond participer à l'affaire. Solidaire de ses trois autres camarades encore détenus, il a voulu absolument être dans le coup.

« Bien, avait dit Ambre, l'un des membres du Groupe-

Franc. Alors, voilà le dernier revolver qui reste, il n'a pas de percuteur, donc il est inutilisable ; tu resteras à l'entrée dans le secrétariat et tu empêcheras les filles de toucher au téléphone. C'est suffisant pour leur faire peur. Toi, André, personne ne te connaît ici, tu montes avec nous. »

André, professeur d'italien au lycée Ampère, est un ami d'enfance et de jeunesse d'un de nos cousins. La trentaine sonnée, bel homme, brun, d'une inaltérable gaîté, il avait toujours quelque bonne histoire à raconter. Il n'avait pas hésité : « Entendu, je ferai le flic, gabardine et feutre mou, gueulant fort ; vous verrez, ce sera parfait. »

Les Groupes-Francs de « Libération » avaient recueilli un Luxembourgeois, soldat dans l'armée allemande, puis déserteur de cette armée. Finement testé, on avait la certitude que ce n'était pas un espion. Son uniforme et sa connaissance de l'allemand en faisaient un précieux complice.

« Les voilà ! »

Tout le monde déboule de l'hôpital, les moteurs tournent, les capots sont dans le bon sens. Serge Ravanel monte, encadré par Raymond et André, et nous démarrons.

D'abord, ce sont de grandes bourrades joyeuses pour nous libérer d'une tension que chacun avait soigneusement dissimulée. Serge Ravanel raconte :

« Ils sont arrivés brutalement dans la chambre, suivis du directeur et d'un infirmier. "Police allemande, habillez-vous vite, interrogatoire." J'ai paniqué un instant, je ne connaissais pas ces trois hommes et celui-là dans son uniforme était trop naturel pour être faux. Alors j'ai dit : "Montrez-moi vos papiers." Ça les a bien fait rigoler ! Le directeur protestait : "Messieurs, ce sont des malades, ils m'ont été remis par les services sanitaires de la prison Saint-Paul. Ils sont sous ma responsabilité, je ne peux ni ne veux les lâcher. D'ailleurs, les deux agents de police qui sont de garde vous le confirmeront." Il se retourne, il n'y avait plus d'agent ! Devant cette irruption, ils avaient prudemment pris le large, peu soucieux de s'interposer ou de couvrir l'événement.

– Alors, dit Serge, pour faire vrai, André, dans l'escalier, m'a botté les fesses et j'ai descendu plus vite que je n'aurais voulu. »

Sur les quais du Rhône, nous lâchons notre Ravanel. C'est le benjamin du trio : vingt ans, juste sorti de Polytechnique, il a le sérieux systématique du jeune matheux qui a travaillé dur pour réussir le concours de l'X. Aussi à l'aise dans le rôle d'ahuri que lorsqu'il assomme un policier qui le menace d'un revolver. Raymond a tassé son chapeau dans une poche de la gabardine qu'il porte sur son bras, et nous partons, bras dessus bras dessous, prendre le tram pour rentrer à la maison.

Chez nous, Jean-Pierre joue tranquillement avec ses cubes. Du dehors, les vitraux arts-déco de la fenêtre de la salle à manger, sertis de plomb noir, semblent ternes. Par ce matin ensoleillé, à l'intérieur, des taches gaies et des couleurs d'arc-en-ciel vibrent sur le parquet. Le petit garçon de deux ans, patiemment, essaie d'y assortir ses cubes. Au bout de quelques minutes, tout est à refaire, le soleil tourne, les couleurs se déplacent, et lui, interminablement, recommence. Notre petit bonhomme, notre joie, nous l'avons voulu et fabriqué après l'évasion de Raymond, prisonnier de guerre. Nous le trouvons le plus bel enfant du monde, et de toutes nos forces nous espérons un deuxième bébé. Moi, je sais que nous l'avons mis en route le 14 mai...

Pascal Copeau, qui surveillait notre retour, arrive avec une bouteille de vin, et de sa belle voix profonde :

« J'étais sûr que ça marcherait, buvons un coup ! Mais, maintenant, il va falloir quitter Lyon quelque temps. La police française ne digérera pas facilement ce camouflet et les Chleus encore moins, il y aura un beau remue-ménage. Filez, le temps que ça se tasse. Allez hop, dix jours de vacances ! »

J'ai mes obligations d'enseignante et je ne peux pas m'absenter du lycée, comme ça, sans crier gare.

« Allons, ce ne sera pas la première fois que, pour une mission, le docteur Riva te découvrira un besoin urgent de repos ! La montagne, ce n'est plus prudent avec le va-et-vient des réfractaires et l'organisation des maquis. D'abord, il n'y a plus de place. Pourquoi pas la mer ? Sur la Méditerranée, du côté de Saint-Aygulf, il n'y a encore que les garnisons italiennes ! »

Sitôt le repas avalé, le gosse à la sieste, je n'ai qu'une envie : être dans des bras qui n'attendent que ma venue. Mais il me faut tout de suite trouver ce médecin.

La chance, comme d'habitude. Ce n'est pas son jour de consultation ; justement, il arrive chez lui, entre deux visites. Il me connaît bien. C'est lui qui examinait mon bébé en 1942. A l'époque, il avait vite compris ce que nous faisions et m'avait apporté – je nourrissais encore – un poupon affamé, que ses parents, Juifs allemands prévenus juste à temps d'une visite de la police de Vichy, n'avaient pu emmener dans leur fuite. Le temps de les retrouver, il fallait nourrir ce bébé qui avait ainsi partagé une semaine mon lait avec Jean-Pierre. C'est ce médecin qui m'avait procuré le médicament pour le transfert à l'hôpital de Raymond et de ses codétenus. Pour moi, qui dois de temps en temps, pendant la période scolaire, partir en mission pour la Résistance, il a mis au point un solide dossier médical. Dans ce dossier, je suis une ancienne tuberculeuse, avec radios convaincantes, fiches de soins, dates et effets du traitement, constatation de guérison. Quatre analyses sans « BK », car on ne peut enseigner si l'on est contagieux. D'après ce dossier, j'ai gardé une anémie et une tendance à la fatigue. Facile à constater : 53 kg pour 1,71 m. J'ai nourri mon fils quatorze mois et j'ai vraiment eu une décalcification que le docteur a très habilement fait diagnostiquer par un confrère. N'empêche qu'en réalité je suis saine, vigoureuse, mais aussi sans le moindre scrupule d'abuser mon administration !

Sur ma lancée, j'apporte le certificat médical qui exige deux semaines de repos, donc de congés, au secrétariat du lycée où le personnel me trouve vraiment mauvaise mine.

Je vais saluer la directrice : « Vous avez nourri trop longtemps, mon petit, vous en supportez les conséquences ;
essayez de vous reposer dans un endroit où vous trouverez
du lait à boire. C'est le meilleur recalcifiant. »

Mardi 25 mai 1943.

Pas question de prendre le train à Perrache, la gare risque d'être encore plus surveillée que de coutume. Sac au
dos, le gosse à la main, nous attrapons de justesse le tramway qui nous emmène à la Mulatière. Là, nous trouvons
à grand-peine à nous caser dans le car qui part pour
Vienne. Tandis que le chauffeur, en maillot de corps,
s'active à attiser le feu de la chaudière à gazogène, nous
nous regardons, complices et tendres. On ne s'embrasse
pas en public, en 1943, sous Vichy ! Mais nos lèvres
esquissent le mouvement d'un baiser : vainqueurs encore
une fois !

A Vienne, le train part pour la Côte. Quelle horreur, ce
train ! Bourré dans les compartiments, les couloirs, les
toilettes, les soufflets, il a accumulé toute la chaleur de
cette journée de juin. Par les fenêtres ouvertes, les escar-
billes, la fumée noire uniformisent tous les voyageurs.
Nous sommes assis sur nos sacs dans le couloir où heureusement personne ne peut circuler. L'enfant, allongé en
travers de nos genoux, sommeille. Personne ne bouge.
Pour aller où d'ailleurs ? Il n'y a pas de wagon-restaurant
dans ce train semi-omnibus. Les WC sont inutilisables, et
chacun veille jalousement sur son bagage : ce n'est pas
commode de reconstituer une garde-robe ou de trouver un
autre casse-croûte quand tout s'obtient avec des tickets.

« Voulez-vous que je prenne votre môme un
moment ? » Un voyageur, assis dans le compartiment voisin, se retrouve avec Jean-Pierre, qui ne s'est pas réveillé,
dans les bras.

A Avignon, contrôle d'identité. Personne ne facilite la progression des flics dans le couloir. Nous sommes en règle, vrais papiers, mon acte de baptême, mon certificat médical, et Raymond a son titre de démobilisation.

« Le gosse dort, dit l'homme. Si je le réveille brusquement, il va gueuler et ennuyer tout le monde. Finissez le wagon pendant que je le réveille en douceur, et je pourrai sortir mes papiers et vous les montrer.

– D'accord. »

Les flics s'éloignent, enjambent valises, sacs, gens assis par terre. Quand ils arrivent au bout du wagon, ils se retournent. L'homme, qui n'a pas réveillé l'enfant, agite au bout de la main, au-dessus de ma tête, un portefeuille. Les policiers hésitent, à la porte du soufflet ; le premier dit quelque chose, l'autre hausse les épaules. Ils ne reviennent pas. Dans le compartiment et le couloir bondé, pas un mot, puis une espèce de soupir de soulagement. Bien sûr, c'est un gars en situation irrégulière : Juif ou STO, ou prisonnier évadé, ou résistant en mission ? En ce moment, il y a des gens bizarres dans les trains !

En juillet 1941, Raymond avait dû porter lui-même une valise de journaux à Grenoble. Par prudence, il l'avait mise dans le filet d'un compartiment voisin. A la gare de Grenoble, plus de valise ; et pourtant, deux jours après, les journaux avaient été distribués. Nous avons su plus tard qu'un cheminot avait récupéré la valise abandonnée dans la salle d'attente par le voleur peu soucieux d'être vu avec un tel chargement.

Pour l'instant, notre merveille dort toujours, il suce son pouce, tandis que de l'autre main il caresse le bouton bien lisse de la veste de l'inconnu. Quand celui-ci se lève pour descendre à Marseille, je prends sa place. Avec précaution, il me donne l'enfant : « Il m'a bien rendu service. »

Rien de plus. Je ne saurai rien de plus sur lui, et lui ne saura jamais que le matin même nous attendions à la sortie d'un hôpital lyonnais trois résistants arrêtés deux mois auparavant. Cette police ! Ces polices plutôt ! Tout le monde en a peur, de l'infirmier de l'Antiquaille aux voyageurs dans le train. Chacun subit leur présence et craint leur toute-puissance. Qu'ils soient en uniforme ou non, personne ne met en doute l'injonction : « Police – vos papiers. » Être en règle ! Qui peut se vanter de l'être complètement ? Heureusement jouent l'astuce, la solidarité. Dans ce train, une victoire de plus : pour quelle activité, pour combien de temps ?

La nuit s'installe, pas moyen de fermer l'œil. Je suis ankylosée par le poids de l'enfant. Il colle le long de mon buste ; sa tête abandonnée, si dure, à chaque instant brutalise mes seins. J'embrasse sans me lasser cette peau neuve si douce.

Raymond somnole, impassible. La cellule lui a donné l'entraînement de l'inconfort et de la promiscuité. Nous roulons tous feux éteints, dans cette courte nuit des plus longs jours de l'été. Une petite loupiote badigeonnée de bleu donne à tout le monde un teint de cadavre. De temps en temps passe par l'interstice entre les rideaux mal tirés la lumière rapide d'une étoile filante. Faire un vœu ? Ce n'est pas une étoile filante, mais une escarbille incandescente qui s'écrase sur les vitres. Est-ce cette lumière de fantôme ? J'ai l'impression de n'avoir jamais connu un train aussi bruyant. Son sifflet est insupportable, le wagon geint, grince, et à chaque joint de dilatation des rails le double choc des roues fait un bang mal synchronisé. J'en suis obsédée, je les compte, j'essaie de deviner leur fréquence. J'en ai marre et j'ai sommeil.

Au petit jour, il fait frisquet, les gens sont laids, sales, abrutis de fatigue. En voyant Raymond dans cet état, je comprends pourquoi, sur les photos anthropométriques, n'importe qui a l'air d'un bandit. Pas rasé, pas coiffé, pour peu que s'y ajoutent des lèvres enflées, un œil tuméfié par quelques brutalités, voilà de quoi faire le portrait du terroriste type : la belle affiche quand l'ennemi à abattre est qualifié à la fois de judéo-marxiste, d'étranger et de gaulliste !

En février, j'avais fait un voyage à Paris puis, de là, à Valenciennes pour notre Mouvement. Je me revois au petit jour, l'hiver, dans le train aux banquettes de bois, seule femme, gelée, au milieu des ouvriers qui allaient prendre leur poste à la mine voisine. Mal nourris, ils avaient tous, malgré leurs âges variés, la même allure : épuisement et misère. Je me demandais même s'il leur restait encore la force de réfléchir. Le wagon était ouvert d'un bout à l'autre. Des bat-flanc à mi-hauteur servaient de dossiers à ces bancs en lattes de bois, mis dos à dos. C'est tout ce que les services allemands laissaient comme matériel roulant pour le transport des mineurs du Nord.

A Saint-Raphaël, nous débarquons au buffet. Avec nos tickets, nous obtenons trois tartines de pain et un café d'orge grillé sucré à la saccharine. J'ai une boîte de lait concentré achetée au marché noir, elle fera pour Jean-Pierre un petit déjeuner convenable. Nous nous nettoyons un peu, Raymond se rase tant bien que mal. Notre petit garçon, que tous nos amis appellent Boubou, est ravi du dépaysement. Il a l'œil vif, il a bien dormi, lui ! Nous allons surprendre ma sœur en convalescence dans un centre d'héliothérapie. Elle connaît les environs et nous indique une petite pension à Carqueiranne.

« Vous verrez, il y aura de la place ; elle est aux trois quarts réquisitionnée par des officiers italiens. Personne ne veut y aller.

– Idiot, bougonne Raymond, c'est se mettre dans la gueule du loup. »

Moi, je suis enchantée.

« Au contraire, c'est un excellent camouflage. Un couple si manifestement amoureux, qui pourrait avoir un doute ? Et un si beau petit garçon. Tu sais bien, sur les bords de la Méditerranée, les enfants sont rois. »

C'est gagné.

La patronne, une de ces Provençales blondes aux yeux bleus, est drôlement contente de ces clients inattendus : des Français, pensez donc ! Les prix sont doux. Elle me montre tout de suite la chambre : un grand lit avec un dessus blanc crocheté à la main. Elle ajoute un lit d'enfant.

Il y a un lavabo. Pas question de douche ou de salle de bains.

« Je vous donnerai un pot d'eau chaude pour la barbe de votre mari. Les cabinets sont au fond du couloir. Je vais vous mettre un petit pot pour l'enfant. »

Il y a un grand jardin, un bassin avec des papyrus, des lapins en cage et, dans un espace grillagé, une poule avec ses poussins. (Ça tourne presque au drame le premier jour. Un poussin a réussi à passer par les mailles du treillage, Jean-Pierre l'attrape et me l'apporte triomphalement, tandis que la poule glousse avec colère. Je remets le poussin un peu groggy de l'autre côté du grillage.)

La mer nous attire tout de suite. L'eau est tiède. La petite crique est déserte. Il y a plus de galets et de graviers que de sable, qu'importe ! Nous sommes étalés au soleil. Raymond, plus blanc que moi après ses deux mois de cellule, est couvert, le soir, de taches de rousseur. « Tu verras, demain elles se rejoindront et je serai tout bronzé. »

En somme, c'est un voyage de noces. Mariés pendant la guerre, en décembre 1939, nous voilà pour la première fois ensemble au bord de la mer. Jamais nous n'avons été aussi heureux. L'organisation de la Résistance, les rendez-vous, les dangers, comme tout cela est loin ! Pas besoin de se forcer pour être le couple insouciant qui n'a rien d'autre à faire que se dorer au soleil, tandis que notre petit bonhomme s'émerveille de tout, du mouvement des vagues, des coquillages, de ces cailloux polis et si brillants quand l'eau les découvre. Nous bêtifions avec lui, lui faisons répéter des mots nouveaux : bonjour la mer, bonjour les vagues. Mais ça bute sur coquillage, ça glisse vers fromage, et nous rions, heureux.

Pas question de se caresser sur la plage, ça ne se fait pas ! Et que dirait la patronne ? Derrière les rideaux, sûrement, quelque Italien en manque d'amour est en train de nous regarder. Étendue sur le sol assez dur, mon ventre est l'oreiller de Raymond. Comme je l'aime, et comme il me trouble ! Je sens nos deux corps liés aussi fort que dans l'amour. Jamais je n'accepterai de le perdre. Dans cette quiétude, nous avons tout le temps de parler. Raymond, petit à petit, me raconte en détail son arrestation, sa vie en cellule avec ses quatre compagnons :

« Tu sais, l'arrivée à la prison, c'est une drôle d'expérience. D'abord, tu répètes tous les renseignements d'état civil que tu as déjà récités à la police puis au juge d'instruction. Nom, prénoms, date et lieu de naissance, prénom du père, nom de jeune fille de la mère, domicile, profession, tout y passe. J'étais bien dans la peau de ce François Vallet, orphelin, fils unique et célibataire. En voilà un pourtant qui, sans acte de décès, a cessé d'exister ! Je me demande quel nom j'aurai maintenant. Où est-ce qu'on va me faire naître ? Après les formalités d'écrou, on se retrouve dans une salle avec un gardien par détenu, pour une cérémonie que tu ne peux pas imaginer ! A poil d'abord, puis cet ordre saugrenu : "Tournez-vous, baissez-vous, toussez." »

Je ris à pleurer. Je vois les cinq matons, chacun visant le derrière d'un de mes copains, s'assurant au moment du « toussez » que rien ne sort... On a beau lire des romans policiers, on a beau savoir que c'est la cachette classique des droit commun... Voilà deux polytechniciens, un ingénieur des Ponts et Chaussées, un licencié en droit, un jeune gars encore adolescent, en train de se plier à cette humiliation qui n'est qu'une routine pour leurs gardiens.

« Pourtant, dit Raymond, ils voyaient bien qu'on était une espèce différente de leur cheptel habituel. Ils ne nous ont pas tutoyés, mais, attends, ce n'est pas tout. Vient un ordre : "Jambes écartées, bras levés." Ils viennent tâter les poils du pubis, les aisselles et passent ensuite leurs doigts entre la mâchoire et les joues. On se rhabille, on nous laisse lacets et ceinture mais pas la cravate, et en route pour la cellule après avoir, dans un dépôt, été chargés de trois paillasses et de trois couvertures. Il n'y avait que deux lits dans cette cellule. On les occupait à tour de rôle. On n'y était d'ailleurs pas mieux que sur les paillasses par terre. Notre chance, c'était d'être ensemble. On se connaissait tous un peu, sauf Hégo que je n'avais jamais vu. Il était agent de liaison et venait du Nord. Bien entendu, trop jeune pour avoir été soldat, il était venu à Lyon pour échapper au STO.

» Tu sais, la tinette ce n'est pas d'un emploi évident et simple, quand on est cinq entre quatre murs. Nous avons décidé que deux d'entre nous tendraient devant une couverture, pendant que l'un opérerait. Restaient le bruit et l'odeur ! Nous, les quatre aînés, on était rôdés à une certaine vie collective, par le scoutisme, l'internat des grandes écoles. Mais, à la caserne, nous avions la situation privilégiée d'élèves officiers. Ici, c'était autre chose, une drôle d'initiation, et nous l'avons acceptée avec bonne humeur. Tout de suite, nous sommes convenus qu'il fallait meubler notre temps, profiter au maximum du droit de promenade, des possibilités de se laver, occuper les heures d'enfermement. Il y avait, bien sûr, les interminables discussions sur l'organisation de la Résistance, sur les circonstances de notre arrestation, sur nos projets d'avenir. Chacun songeait en permanence aux possibilités d'une évasion. L'un des polytechniciens, Morin-Forestier, issu d'une famille mélomane, pouvait siffler et chantonner sans erreur des symphonies entières. Nous avons retrouvé dans nos mémoires des poèmes de notre adolescence pas si lointaine. Pour les *Fables* de La Fontaine, pour *le Cid*, c'était facile ; *le Bateau ivre* nous a donné plus de mal. Je ne sais pas pourquoi, le rythme peut-être, et aussi son érotisme pour cinq jeunes hommes sans femmes, il nous séduisait bougrement.

» Valrimont avait démarré des études de droit, moi aussi j'en avais tâté. Ensemble, nous retrouvions des articles du Code pendant que nos deux polytechniciens inventaient des problèmes de maths assez vicieux. Nous avons aussi fabriqué un jeu d'échecs en papier, Hégo était notre élève attentif, surtout pour nous faire plaisir, je crois. Malgré tout cela, c'est long un jour en cabane ! »

Début juin 1943.

Dans la salle à manger de la pension, nous sommes les seuls « civils ». A l'heure des repas, les officiers italiens ont derrière eux une ordonnance en gants blancs qui prépare leur poisson, épluche leurs fruits. Nous sommes fascinés par le spectacle. Ils s'en aperçoivent car ils lorgnent toujours de notre côté.

« Ils m'énervent, dit Raymond, qu'est-ce qu'ils ont à te regarder comme ça ?

– Ce n'est pas moi qui les intéresse, tu sais bien qu'en Italie, les enfants sont toujours protégés et toujours remarqués. Il est si beau, si potelé, notre "bambino" dans sa petite barboteuse verte. Ils doivent penser à leurs gosses.

– Eh bien, qu'ils retournent chez eux ! »

Quelquefois un ordre est donné à l'ordonnance qui apporte à notre table, devant l'enfant qui en raffole, un filet de sole, une portion de lasagne ou une tranche de fromage. Le gosse bat des mains, je remercie d'un signe de tête et d'un sourire vague.

« Comment, dit Raymond furieux, tu acceptes et, en plus, tu remercies ! »

Chaque fois, je me justifie :

« Après tout, ce n'est pas nous mais le petit qui en bénéficie, et puis l'Italie ce n'est pas le nazisme.

– Non, sauf que tout a commencé avec Mussolini, dix ans avant Hitler, dit Raymond.

– Réfléchis, vraiment ces gars sont inoffensifs. Ils sont mobilisés, ils sont en occupation et on a l'impression qu'ils voudraient bien se faire oublier, à défaut de se faire aimer.

– On les aimerait mieux de loin », persiste Raymond.

Je ne peux m'empêcher de penser qu'il y a derrière eux tant de siècles de civilisation, d'une civilisation dont d'ailleurs nous sommes les héritiers. Mais seul le dernier argument a du poids : « Après tout, c'est pour notre sécurité qu'il faut paraître un peu affable. »

En même temps que je dis cela, je pense que mon petit garçon a l'estomac rempli de bonne nourriture, mais je me dis aussi que je n'aurais pas accepté le moindre cadeau venant d'officiers allemands. Auraient-ils pensé à en faire ?

Chaque jour, une longue sieste aux heures chaudes. Jean-Pierre dort et nous nous aimons jusqu'à tomber de sommeil. Dix jours de totale détente. Nous sommes reposés, bronzés, confiants dans l'avenir. Chaque matin, Raymond surveille attentivement sa moustache. Pour changer son visage après sa mise en liberté provisoire, pour être différent sur la photo de sa nouvelle identité, il se laisse pousser une moustache. Las ! Il faut se rendre à l'évidence : les cheveux sont bruns, tout le système pileux est brun mais la moustache est rousse. Pour passer inaperçu, c'est soigné ! Sur les conseils d'un coiffeur résistant, le voilà en possession de deux flacons : l'un contient un décolorant, l'autre une teinture noire. Dès qu'un millimètre ou deux de poil roux apparaissent : « Mes racines ! » Comme une coquette aux cheveux teints, il se met au boulot. Ensuite, il faut tailler les pointes pour qu'elles ne débordent pas sur la lèvre. C'est chaque fois une bonne séance de fou rire.

Nous passons un maximum de temps au grand air. Raymond se remet de ses deux mois de confinement en cellule. Il a besoin de silence et de solitude. En prison, il s'était inscrit comme catholique et avait droit ainsi à la messe du dimanche. Bouclé dans un box sans communication avec ses voisins, il appréciait cette petite heure où, seul, il échappait à la présence de ses quatre codétenus, pourtant ses amis.

En dehors de l'avocat, il n'avait aucun contact avec l'extérieur : célibataire, orphelin et fils unique selon sa fausse identité, il n'avait droit à aucune visite. Je n'ai donc jamais vu Raymond à Saint-Paul, mais je portais des colis à partager entre les cinq occupants de la cellule. Je tenais à les porter moi-même, à cause de la correspondance clandestine que j'y dissimulais. Ce n'est pas drôle de se retrouver devant une porte de prison ! Il faut faire la queue en attendant l'heure d'ouverture : « Deux files, dit le surveillant, les visites d'un côté, les paquets de l'autre. » J'étais gênée sur ce trottoir, mon paquet sous le bras, enveloppé dans un mauvais papier, avec une ficelle qui risquait à tout moment de craquer. Difficile de changer de statut social ! Professeur au lycée, saluée par les parents d'élèves, je me retrouvais sous un faux nom au milieu de toutes ces femmes qui étaient ici comme chez elles. Je craignais d'être reconnue en attendant mon tour et le paquet de linge sale que le gardien rapporte, quand il a le temps, en appelant le nom du destinataire à haute voix.

Dans ces files d'attente, il n'y avait que des femmes, à croire que les détenus n'ont jamais de copains ni de parents mâles, tout au moins quand ils sont arrêtés. Elles venaient, ces femmes, sans aucune honte, sans le moindre complexe, le jour de visite, voir leur « prisonnier ». Ces prisonniers, c'était des droit commun. Je les entendais discuter entre elles. Elles savent tout sur les juges, les avocats, la vie en prison, le mode d'emploi de certains matons, les combines pour communiquer sans se faire prendre. Elles avaient vite compris que je n'étais pas tout à fait comme elles : leur discrétion me surprenait. Souvent misérables, vulgaires, gueulardes, elles ont su que je m'occupais de toute une cellule. Pour les gardiens, j'étais la D 57. On entendait crier : « Madame Bernard, le linge sale de la D 57 », et le préposé me jetait le paquet quand je m'approchais. Elles s'étonnaient toutes que je n'aie pas droit aux visites.

« Il faut le demander au tribunal, me conseillaient-elles, c'est un droit.

– Je ne suis mariée avec aucun des cinq détenus », leur disais-je.

Alors elles s'indignaient, et sans jamais s'enquérir de la raison de cette détention – intuition ou indifférence :

« Ça changera un jour, disaient-elles ; c'est pas toujours les mêmes qui commanderont. »

Était-ce une allusion ? Dans ce monde marginal, je réalisais que je pouvais pêcher des alliées. Je savais déjà que le courage, le bon sens et la fidélité n'étaient pas la spécialité des gens ordinaires. Raymond m'avait raconté que, pendant l'hiver 1939-1940, quand il était sous-lieutenant en Alsace, c'étaient toujours des durs de durs, mauvaises têtes, qui étaient volontaires pour les missions cassegueule.

Cette année, pendant les vacances de février, en voyage à Paris avec d'Astier, le chef de notre Mouvement, nous avions logé, entre la rue de la Paix et l'avenue de l'Opéra, dans une maison de passe ! J'avais dormi dans une chambre tapissée de miroirs, même au plafond. J'en avais le mal de mer ! Un souteneur que connaissait d'Astier lui avait garanti la sécurité du lieu. Si le monde des mauvais garçons et des maquerelles était truffé d'indicateurs, on pouvait aussi y pratiquer la solidarité. La preuve : il n'y eut jamais de casse dans cette maison que la Résistance a souvent utilisée. Je n'avais pourtant pas voulu passer une nouvelle nuit sous les miroirs, et le lendemain nous avions dormi rue des Pyrénées, chez les Norgeu.

Mme Norgeu est la belle-mère de ma sœur. Avec sa fille, elle fait tourner, à Belleville, la petite imprimerie qu'avait créée son mari. Elles ont accepté d'imprimer le journal Libération-Nord *quand je le leur ai demandé. Ça les changeait de leur spécialité d'images et de textes pieux. Elles ont dû mettre le contremaître dans le secret, car il fallait, bien entendu, imprimer en dehors des heures normales de travail. D'Astier a vécu ainsi chez eux plusieurs jours. C'est un quartier qu'il n'avait jamais fréquenté avant la guerre. Il ne risquait guère d'y trouver des gens de connaissance.*

Il faut dire que d'Astier, avec sa taille, 1,92 m, sa maigreur, son allure de Don Quichotte, était impossible à déguiser. Nous l'appelions Bernard dans la Résistance, puis Merlin. Il avait de l'Enchanteur le côté séduisant,

51

courageux, poète, inconscient du danger, les contingences matérielles n'étaient pas son fort.

Nous habitions encore rue Pierre-Corneille quand, un jour, il était arrivé portant un manteau sur le bras.

« Lucie, donnez-moi votre avis. J'ai l'impression que tout le monde me regarde avec ce manteau ! »

Il l'avait enfilé. Ajusté comme une redingote jusqu'à la taille, en beau drap marron foncé, il s'évasait ensuite comme une jupe cloche. J'avais éclaté de rire.

« Où avez-vous pêché ça ?

– Je l'ai acheté au noir. C'est un manteau d'officier russe, paraît-il. Mais il m'arrivait aux chevilles. J'ai demandé à ma nièce Bertrande de faire un ourlet. Mais je crois qu'elle ne l'a pas réussi.

– C'est le moins qu'on puisse dire ! »

Bertrande avait replié le tissu. Avec la coupe en forme, elle avait dû, au moment de coudre ce large ourlet, plisser le tissu sur l'envers au niveau de la couture. Pour un peu, on aurait dit un tutu ! Il fallait couper et remettre tout à plat. Avec les chutes, je m'étais fait un joli boléro, et j'avais taillé un beau petit pantalon pour Jean-Pierre.

Jean-Pierre est un brugnon de plus en plus appétissant. Les Italiens sont à ses pieds. Nous faisons des projets. Peut-être reviendrons-nous l'été prochain avec un autre bébé tout neuf ? Cette guerre ne va pas durer toujours ! Nous aurons de nombreuses années de bonheur et d'autres enfants !

Le secrétaire de D'Astier, Maurice Cuvillon, est venu de Marseille. Il faut songer à rentrer. Le Mouvement a besoin de nous, la police de Vichy et la Gestapo sont de plus en plus menaçantes et efficaces. Il est décidé que Raymond ne retournera pas travailler à l'entreprise Chemin où il est employé depuis début 42. Il sera complètement au service de la Résistance. Il y a mon salaire que complétera, quand ce sera possible, un appoint du Mouvement. Mon congé se termine, il faut reprendre les cours.

Jean-Pierre emporte quelques coquillages, un peu de sable. Dans son langage cahotant, il dit « au revoir la mer » puis « bonjour le train ». Le voyage de retour est très long. La patronne nous a retenu deux places. Nous voyageons la nuit, avec la même chaleur, les mêmes encombrements, les mêmes bruits et les mêmes poussières qu'à l'aller. Nous arrivons à Perrache, sales, fatigués, mais apparemment sans problème pour les contrôles policiers et économiques. Pas de denrées achetées au marché noir. Où en trouver sur cette Côte affamée où tout est si cher ? Des papiers en ordre. Le gosse, sur les épaules de son père, s'arrime des deux mains croisées sur son front. Quel œil scrutateur pourrait reconnaître dans le demi-visage bronzé, moustachu de Raymond le prisonnier provisoirement libéré qui n'a pas reparu à son domicile ?

Lundi 7 juin 1943.

Notre pavillon nous attendait. L'herbe a poussé partout. Les soucis et les pétunias que j'ai plantés avant de partir commencent à fleurir. Derrière la maison, dans le jardin, le pommier est couvert de petites pommes vertes. Une belle récolte en perspective.

Au lycée, je retrouve collègues et élèves. Tout le monde me trouve bonne mine. Il y a un début de nervosité dans les classes : dans un mois, c'est le brevet pour les 3ᵉ et le bac pour les terminales. On organise les compositions du dernier trimestre et un bac blanc. Quand je rentre le soir, je sens que Raymond est impatient de me parler. Il a reçu la visite de Pascal Copeau.

« J'étais content de le revoir. Il est toujours aussi gai, vivant et plein d'entrain. Il a joué avec le gosse ; il a apporté une bouteille de juliénas et trois ou quatre fromages de chèvre. On t'en a laissé. Et il m'a mis au courant de bien des choses : Morin-Forestier est en route pour

Londres ; Frenay, le patron de "Combat", a obtenu son départ. Après la saisie de ses archives et l'évasion de Christine sa secrétaire, c'était trop risqué de le laisser en France. "Pour toi, ce n'est pas pareil, a dit Pascal, tu n'es pas compromis. Le comité directeur des MUR t'utilise pour le contrôle de l'Armée secrète. Te voilà inspecteur général pour la zone Sud, et tu vas partir faire une visite à Toulouse. Lucie ira demain chez Pierre-des-faux-papiers chercher tout ce qui concerne ta nouvelle identité." Heureusement, ajoute Raymond, que j'ai fait faire des photos avec ma moustache à Carqueiranne. "On a aussi décidé, m'a dit Salard [c'est le nom de Pascal Copeau], que les directions des services des MUR se déplaceraient sur Paris. Nous commençons à être trop connus à Lyon. Bien sûr, resteront ici les contacts imprimerie et les services maquis. Il est possible, a-t-il ajouté, que l'on t'utilise en zone Nord." Pour toi, Lucie, Pascal envisage que, pendant les vacances scolaires, tu circules sur les régions du Sud. »

Si le quotidien nous a repris ce matin, avec les besognes et les soucis de tout le monde, nous voilà de nouveau dans le système clandestin, avec ses rendez-vous et ses missions. Nous en parlons tard le soir, une fois l'enfant endormi. Il nous faut organiser notre disponibilité et, au moins jusqu'à la fin des vacances d'été, reprendre chez nous cette femme autrichienne qu'une amie des services sociaux avait réussi à sortir du camp de Gurs où Vichy tenait enfermés tous les ressortissants du Grand Reich qui avaient fui le national-socialisme avant 1939. Cette femme adorait Jean-Pierre qui le lui rendait bien. Elle présente, pas besoin de dépayser de nouveau l'enfant. Il restera à Lyon et nous le retrouverons à nos escales.

Ce matin, je n'ai classe qu'à dix heures. J'ai donc le temps d'un aller-retour en vélo pour recevoir les nouveaux papiers de Raymond. Je connais l'adresse de Pierre, ou plutôt celle de son service. Je ne devrais pas, mais il se trouve que depuis un an une solide amitié nous unit. Nous lui avions présenté notre ami Jean Jeanssen qui fut notre premier « faussaire » au Mouvement « Libération ». La première œuvre d'art de Jean, car il a le génie et la minutie d'un artiste graveur, fut la copie de documents allemands qui permirent à mon beau-frère de quitter le stalag où il était prisonnier de guerre. Il avait ensuite accepté, surmontant ses principes de morale, de confectionner des fausses cartes d'identité pour les premiers résistants poursuivis et pour des étrangers et des Juifs en fuite. Il mettait sa conscience en paix en disant : « Bien sûr, je suis un faussaire, mais d'abord je travaille gratuitement, et puis ma façon d'aider ces gens dans la peine est en rapport avec mes moyens. Je n'ai pas d'argent, j'ai une spécialité, je m'en sers pour les autres. »

A mesure que la Résistance s'étoffait, Jean devenait insuffisant pour satisfaire toutes les demandes. Pierre fut le véritable inventeur du service « faux papiers ». Ce jeune bourgeois, qui dirigeait avant la guerre un commerce de métaux à Paris, ne put jamais, à Lyon, se défaire de son accent parisien. Il organisa méthodiquement son affaire. Il connaissait toutes les communes où les registres d'état civil avaient été détruits pendant la guerre, il avait un vrai fichier d'identités de gens partis à l'étranger ou prisonniers de guerre. Il avait réuni une quantité impressionnante de modèles de cartes, de laissez-passer, de certificats, de tampons de mairies et de commissariats. Partant d'originaux, il faisait fabriquer des faux qui avaient l'air quelquefois trop vrais pour être vrais. Il avait des complicités dans tous les services administratifs et pouvait nous indiquer où nous pouvions faire un coup de main pour voler des cartes d'identité vierges et des Ausweis.

Quand j'ai sonné chez lui, Pierre-des-faux-papiers examinait le jeu prévu pour Raymond.

« Tenez, voilà Claude Ermelin, célibataire, fils unique né à Sedan, rapatrié en avril de Tunisie où il était militaire jusqu'à l'arrivée des Anglo-Américains. Voilà son titre de démobilisation. C'est du solide. Vérifiez bien les automatismes de mémoire de Raymond avec sa nouvelle identité. Contrôlez son linge, les initiales éventuellement brodées, les marques de tailleurs et de teinturiers. Quant aux papiers précédents, brûlez-les tout de suite. Pas de blague ; même les cartes de ravitaillement, de tabac et de textile ! »

Il pensait à tout, énumérait brièvement, clairement, avec l'autorité d'un chef de service, les consignes à observer. Puis, tout d'un coup, un sourire très doux : « Comment va notre Boubou ? »

Son agent de liaison, la superbe Catherine toujours si élégante, Isidore son collaborateur, se rapprochent pour entendre la réponse. Notre petit bonhomme est le seul enfant dans notre milieu de résistants. Pas du tout rodés à la discipline de prudence des communistes, nous nous connaissons tous. Nous vivons avec notre vraie identité la vie de tous les jours, et notre logement, rue Pierre-Corneille d'abord, puis avenue Esquirol, est le lieu de passage pour un bref casse-croûte ou pour une nuit. Nos copains, solitaires, loin des leurs, viennent se frotter un peu à notre vie de couple et de parents. Boubou ! C'est Jacques Copeau, le père de Pascal, qui lors d'un passage à Lyon a ainsi baptisé notre petit garçon. Il avait un an et demi, parlait à peine, et sur les genoux de Jacques Copeau, suçait voluptueusement son pouce en caressant le plastron de la chemise de soie. Il grognait de satisfaction une sorte d'onomatopée bou... bou... bou... Le surnom lui est resté. Il faut vite que je trouve quelque chose à raconter sur lui. Les voilà tous les trois heureux de ce petit moment d'innocence.

Sur mon vélo, je remonte vers l'avenue Esquirol. Nous sommes décidément de drôles d'individus. Ingénieurs, dessinateurs, professeurs, bourgeois ou ouvriers, nous sommes tous entrés dans le monde de la tricherie et du mensonge, avec la plus parfaite sérénité. Pour un Jeanssen qui renâcle d'abord et se trouve des raisons de céder, nous sommes nombreux à considérer que notre action nous conduit très naturellement à inverser notre morale. Combien serons-nous, une fois la guerre finie, à retrouver le respect de la légalité ?

J'aborde la dernière montée entre l'hôpital Grange-Blanche et l'Institut médico-légal ; un fourgon de police s'en fait ouvrir les portes, c'est là que finissent ceux qui sont abattus dans la rue quand la Gestapo permet qu'on enlève les corps. C'est là que les employés photographient clandestinement des visages anonymes pour une identification ultérieure et que, furtivement, une femme vient aux nouvelles pour essayer de reconnaître un proche disparu.

Ce soir, à la maison, malgré la chaleur d'un été continental, il faut fermer les fenêtres. C'est l'heure de la radio. Pourvu qu'il y ait de l'électricité ! Chaque soir, à neuf heures et demie, c'est le moment d'air pur. Nous écoutons, l'oreille collée au poste. A l'exaspérant ronronnement des lampes qui s'usent s'ajoute le bruit de ritournelle du brouillage des services allemands et de Vichy. Arriver à entendre une voix française venue de Londres, c'est le problème quotidien. Quelquefois, parle sous son nom ou avec le pseudo qu'il nous a confié l'un de nos amis qui a transité une nuit ou un moment par notre logis.

Ce soir 8 juin, « 1 080e jour de la lutte du peuple français pour sa libération », c'est Pierre Brossolette qui parle. Je l'ai connu à la Sorbonne, brillant agrégatif au département d'histoire. Plus âgé que moi, il était militant des Jeunesses socialistes, et je suis tout émue de reconnaître sa voix sèche et précise. Elle a ce soir une intonation que je ne lui connaissais pas : comme l'explosion d'une fierté victorieuse.

Il lit et commente le texte, « l'ordonnance » – comme on dit chez de Gaulle – qui établit le Comité français de Libération. Nous prenons des notes aussi vite que nous le pouvons. Ah ! s'il existait une machine qui permette d'enregistrer ce qui se dit ! Quel merveilleux instrument de propagande nous en ferions ! Sa conclusion : c'est dans le Comité français de la Libération nationale que réside le pouvoir central unique de la France. Il ajoute : « Pour nous tous, pour vous tous désormais, la légalité est là, le drapeau est là, le devoir est là : hors de là, il n'y a que la force et l'usurpation. »

Nous nous regardons, Raymond et moi, nous avons l'impression que dans cette bataille il y a quelque chose à espérer et déjà quelque chose de gagné.

Mercredi 9 juin 1943.

Je n'ai pas classe le vendredi ni, bien entendu, le jeudi, jour de congé hebdomadaire. Depuis plusieurs jours, je voulais faire une « expédition alimentaire » dans ma famille, en Saône-et-Loire, et rapporter ce qu'il faut pour recevoir, le dimanche 13, les parents et la sœur de Raymond qui l'ont à peine vu depuis sa sortie de Saint-Paul.

Miracle, Raymond dispose d'une voiture de chantier. Ces derniers jours, il est allé voir l'entreprise Chemin où il était ingénieur jusqu'à son arrestation en mars. J'avais bien entendu caché la vérité et justifié son absence par des certificats médicaux. Raymond a décidé de jouer la confiance avec son chef direct, son ancien à l'école des Ponts, et avec le père Chemin son patron, un vieux radical, copain d'Herriot. Il est revenu enchanté :

« Ils ont écouté, médusés, mon histoire. "Comment vous, Juif, vous avez le courage d'être là-dedans ? – Juif ou pas juif, c'est une affaire d'honneur et de survie. Vous verrez que votre Herriot ne restera pas toujours sous le contrôle de Vichy, mais qu'un jour les Allemands le prendront. Ensuite, ce sera le tour de ceux qui sont ses amis." Alors Chemin m'a dit : "Bon, nous vous gardons dans l'entreprise avec votre vrai nom sur notre liste du personnel avec, comme fonction, inspecteur des chantiers. Vous pourrez utiliser de temps en temps une voiture de service ; attention à l'essence, les attributions sont de plus en plus serrées. Nous continuerons à assurer votre salaire ; passez chercher chaque fin de mois votre enveloppe et votre fiche de paye. Bien sûr, en cas de pépin, nous ne sommes au courant de rien. Ah ! si vous pouviez nous fournir un acte de baptême, nous serions tout à fait couverts en cas de contrôle !" Je les ai bien remerciés. Mercredi soir, après ta classe, nous partirons en voiture, tous les trois, pour Salornay. »

Mes parents sont surpris de notre arrivée et ravis de voir leur petit-fils. Ils ne sont pas du tout au courant de nos activités. Je suis prof, Raymond est ingénieur, et apporte à mon père un demi-sac de ciment pour le toit de ses cabanes à lapins. Mon père, demain matin, ira faire le tour de sa vigne pour couper les quelques asperges retardataires qui pointent entre les rangs : « Vous les mangerez en pensant à nous dimanche. Celles-là, elles n'auront pas traîné dans les transports et aux étalages. »

Cher papa ! Il n'imagine pas que les asperges, denrée de luxe, ont disparu depuis trois étés des magasins, et ne se trouvent qu'aux restaurants de marché noir ou sur la table des occupants. Il arrache pour nous les premières pommes de terre nouvelles. Un luxe. J'avais oublié leur couleur miel et le toucher soyeux de leur peau si fine.

Jeudi 10 juin 1943.

A Besanceuil, à la limite du Charolais, ma tante Jennie a une ferme avec bétail et volailles. Elle me vend à un prix raisonnable, elle qui n'est pas coutumière de telles largesses, une douzaine d'œufs, un litre de crème, un gros lapin et un beau morceau de lard sorti du saloir. En prime, elle ajoute un petit sac de blé. « Surtout, ne dis rien à tes parents, je ne peux me mettre à ravitailler toute la famille. Ça a vite fait de se savoir et de faire boule de neige. Mes denrées sont une monnaie d'échange pour avoir des engrais et des vêtements pour mes gars. Toi, Lucie, tu ne viens pas souvent, et tu ressembles tant à ma pauvre mère, ta grand-mère que tu as si peu connue ! »

De là, nous retournons chercher les récoltes de pommes de terre et d'asperges. Mon père y a joint, bien au frais dans des feuilles de platane, un bon kilo de fraises du jardin. Puis nous filons sur Vinzelles, près de Mâcon, chez l'oncle Carrage où l'accueil, nous le savons, sera chaleureux. Au début de l'année, il était venu nous voir à Lyon, hors de lui : son maréchal Pétain, son vainqueur de Verdun, avait honteusement trahi. Les services économiques de Vichy étaient passés dans toutes les caves pour recenser les stocks de vin et les réquisitionner. Puis ils avaient versé un verre de mazout dans chaque tonneau pour dénaturer le vin et le rendre inconsommable. Sûrs donc d'en avoir livraison.

« Le vin, ce n'est rien, nous avions tous pris nos précautions et planqué ce qu'il nous fallait, et du meilleur. Mais les tonneaux ! Ils étaient déjà là du temps de mon père. Plus ils sont vieux, meilleur est le vin ! Ils sont fichus maintenant. Cette saloperie de mazout, c'est une odeur qui ne partira jamais. Ils sont bons à brûler ! » Il en pleurait, l'oncle, de ce vandalisme. « Tout ça, pour partir à la distillerie faire du carburant pour les Boches. Ils en auront peut-être pour y aller au fond de la Russie, mais ils n'en auront plus pour revenir, ils y crèveront. Ah ! il est beau le Maréchal. Douze balles, voilà ce qu'il mérite. »

Ça n'avait pas été facile de le calmer et de le faire parler moins fort. Plus que tous les raisonnements, plus que toutes les explications patriotiques, ces verres de mazout, en dénaturant un pouilly-fuissé, avaient définitivement fait basculer les vignerons de la côte mâconnaise du côté de la Résistance.

Tous ces coteaux cailiouteux dont je connais chaque sentier depuis que, petite fille, j'accompagnais ma grand-mère Vincent de Chaintré à Solutré, sont le domaine exclusif de la vigne. Il n'y a pas de place pour des prés, mais le lait n'a jamais été la boisson favorite de la région ! Une chèvre qui égalise les haies, un cochon, des poules et des lapins, voilà les seuls élevages. Dans les petits enclos, dans les vignes soignées comme un jardin, quelques légumes pour ces vignerons habitués à la vie dure et à la frugalité. En ce moment, les pêches sont mûres, les petites pêches de vigne duveteuses, à la chair rouge, qui se partagent si bien en deux. Je m'en gave et j'en remplis un panier. Quand j'étais enfant, j'ai passé des heures, après l'école, à en dénoyauter pour la pâtée du cochon. Ce qui manque le plus ici, c'est le pain. Il n'y a pas de céréales, et le rationnement est pénible.

« Comment travailler toute la journée dans la vigne, avec une tartine, ration de poitrinaire ? » se lamente ma tante.

Je leur donne une de mes cartes de pain ; avec la nouvelle identité, j'en ai de nouveau trois pour deux.

« Ça s'arrose », dit l'oncle, qui emmène Raymond dans sa vigne.

Ils sont longs à revenir. Au retour, l'œil brillant, rigolards, ils achèvent la marmitée de haricots rouges que la tante avait mis à mijoter sur sa cuisinière.

C'est l'heure de partir si l'on veut être à Lyon avant le couvre-feu. Jean-Pierre, nourri d'une énorme crêpe qui s'appelle « mate faim » chez nous, et qu'enfants nous mangions avec du pain, s'endort à l'arrière. La voiture de chantier est un bon passeport pour les contrôles de gendarmerie, et l'enfant qui dort évite les fouilles indiscrètes. Raymond est tout guilleret.

« On n'imagine pas, dit-il, tout ce qui peut tenir derrière les outils et les fagots de sarments dans une petite cabane de la vigne. Je t'assure qu'elle est plus grande à l'intérieur qu'à l'extérieur ! L'oncle avait sa pipette, et des sept tonneaux, tu entends bien, des sept tonneaux, il a tiré et m'a fait déguster des vins blancs merveilleux, secs et frais, dont le jaune pâle avait des reflets verts. Chaque fois, nous trinquions : "Encore un que Pétain ne donnera pas aux Boches." Tout à coup sérieux, il m'a dit : "Vous voyez, Raymond, dans cette 'cadole', si vous avez des ennuis, vous pourrez venir vous y cacher. Personne ne vous ennuiera. La Lucie et le petit seront chez nous. Si je tarde à vous apporter la soupe, vous aurez toujours de quoi vous désaltérer." Je lui ai répondu : "Merci, cela peut être une cachette provisoire avant de rejoindre un maquis où la place et l'action ne manquent pas." Vois comme la propagande de Vichy l'a tout de même marqué, il me répond : "Oui, mais vous, les Juifs, vous devez être deux fois plus prudents." Quand je dis : "Donc deux fois plus actifs", il rétorque : "Ah ! je le pensais bien que vous étiez de la Résistance, et ce n'est pas la Lucie qui vous retiendra ! Vous irez loin tous les deux. Vous verrez qu'un jour elle sera député, elle a tous les culots." »

A côté de mon bavard de mari, je roucoule de vanité. Raymond conduit lentement, mais pourrait-il faire autrement avec cette vieille Renault aux pneus rechapés.

Un temps de silence, les sourcils froncés, puis il explose :

« Qu'est-ce qu'on va faire de ce lapin ? Si c'est pour recommencer comme avec l'oie, je le lâche dans la nature.

– Ne t'inquiète pas, pendant tes libations dans la vigne, j'ai demandé à la tante de le tuer, de le dépouiller et de le vider. Il est dans un linge propre, prêt à cuire. »

A la Toussaint 42, lors d'une visite à Luçay dans l'Indre, j'avais rapporté à Lyon une oie vivante que nous projetions d'engraisser pour recevoir les amis isolés au moment de Noël. Cette oie fut notre croix ! Jamais rassasiée, bruyante et hargneuse. Je ramassais pour elle chez les voisins les épluchures et les déchets de toutes sortes, dont je faisais des pâtées qu'elle engouffrait à toute vitesse. Sitôt fini, elle braillait de toutes ses forces. Les villas voisines connaissaient sa présence, et par les jardins on me demandait : « Alors, vous la mangez bientôt, cette oie ? »

La nuit, je l'enfermais dans la cave pour qu'on ne la vole pas ; elle sortait le matin en nous injuriant, noire de la poussière des boulets de charbon, notre attribution de l'hiver, qu'elle avait fait rouler à travers toute la cave. Elle en voulait au gosse qui en avait une peur bleue depuis que, de son bec solide, elle l'avait méchamment pincé au bras.

A Noël, d'Astier n'était pas revenu de Londres, Copeau et les Hervé n'étaient pas à Lyon. On avait décidé d'attendre leur retour, et, pendant cette fin d'année, l'oie avait mangé nos réserves de rutabagas et notre ration de pâtes. C'est début janvier que le festin fut décidé : pour les Rois.

« On va lui trancher la tête », avait dit Raymond. Nous avions installé une grosse pierre dans le jardin. J'attrape la bête et je la tiens à deux mains le cou tendu sur le billot improvisé. Et hop, d'un coup de hache, Raymond la décapite. Elle a un soubresaut, je la lâche ; horreur ! nous voyons notre oie partir en courant dans l'allée ; de son cou sort un jet de sang haut et puissant qui diminue peu à peu. Ça nous paraît durer une éternité. Puis, plus rien ne coule et la bête s'affale sur le côté.

Qui n'a jamais plumé une oie ne peut raconter ce travail de forçat. Il y a trois épaisseurs de plumes : les plus grosses, en tirant fort, viennent tout de même, avec une glaire sanglante au bout ; les moyennes sont relativement faciles à arracher, mais il reste, ensuite, une invraisemblable quantité de duvets et de poils. Plus on en arrache, plus il y en a qui volent partout, qu'on respire, qui s'accrochent aux vêtements, se logent dans les cheveux.

A l'éviscérage une déception : son foie est plus petit que celui d'un poulet ! Nous avions imaginé un foie gras, pas gros certes, mais gras sûrement. « Les foies ne sont gras que lorsqu'ils sont gros », dira Pascal avec certitude. Notre oie, toute nue, était maigre, et fut longue, longue, à cuire. Mais nous avions tous de jeunes dents. Les plus âgées, celles de D'Astier, n'avaient que quarante ans. Le repas fut réussi ! Copeau et Farge avaient trouvé du vin et racontaient mille histoires gauloises. Nous étions gais, tous, quand arriva un convive inattendu : Jean Cavaillès ! Notre ami Jean, dont le surnom était Sully, mon collègue philosophe à Amiens – puis retrouvé à Strasbourg, professeur d'université, et ensuite à Clermont-Ferrand, à l'automne 1940. Il avait été pour moi le lien entre d'Astier et Rochon, au moment de la création de notre Mouvement. Il avait été arrêté, avec Christian Pineau, dans l'été 42, sur la côte méditerranéenne, par la police française, après un départ raté pour Londres. On les avait mis à la prison militaire de Montpellier. Le général de Lattre de Tassigny était, à ce moment-là, commandant de la place.

La sœur de Jean, que je connaissais d'avant guerre, m'avait alertée. Vincent Badie, acquis à nos idées, m'avait reçue à Montpellier et obtenu pour moi, comme pseudo-fiancée de Cavaillès, des permis de visites. J'avais mis au point, avec les camarades de la Résistance locale, un projet d'évasion. J'apportais à la première entrevue des limes à métaux pour scier les barreaux de leur cellule au premier étage de la prison qui, de ce côté-là, donnait sur un jardin. Très près l'un de l'autre pour un baiser ô combien chaste avec Cavaillès, les limes passèrent de mon giron au sien. Il comprit que nous attendrions sous les murs, la nuit, avec deux vélos pour nos deux évadés. Mais l'évasion n'eut pas lieu, le soporifique, que je lui avais procuré pour endormir le mouton introduit par la police auprès d'eux, n'avait pu être utilisé.

Une semaine plus tard, Cavaillès et Pineau furent transférés par train au camp d'internement de Saint-Paul-d'Eyjeaux, près de Limoges. Pendant le voyage, Pineau réussit à s'échapper. Nous voilà, avec les camarades parisiens de Jean, à combiner une nouvelle entreprise pour, enfin, le sortir pour de bon.

Surprise ! Il arrivait sans crier gare chez nous à Lyon, évadé tout seul, en profitant du relâchement de surveillance dans le camp pendant le réveillon.

Il était inouï, du genre orange dorée, pas rasé, avec des taches bleues sur le visage.

« Après la guerre je prendrai un brevet pour conseiller en bronzage rapide et indélébile ! On nous a nourris de carottes pendant trois mois. Tout le monde a la même couleur au camp, moi, en plus, j'ai de l'impétigo. A l'infirmerie, on m'a badigeonné au bleu de méthylène. Voilà le résultat ! Pour passer inaperçu, c'est raté ! Mais ça sent bon chez vous, qu'est-ce que vous mangez ? »

Nous lui avons raconté les derniers moments de l'oie, en riant tous de bon cœur.

Dans notre voyage de retour, aujourd'hui, nous n'avons pas le même problème qu'avec l'oie, le lapin est tué, bien tué et prêt à cuire. Nous rentrons à Lyon en longeant la rive gauche de la Saône. Cette route est moins fréquentée que la nationale où circulent les convois allemands, où les bandes de miliciens, opérant pour leur propre compte et sûrs de l'impunité, arrêtent, dévalisent et tuent. Nous traversons la Saône à Romanèche et cheminons paisiblement dans cette Bresse aux prairies toujours vertes malgré la chaleur de l'été.

A Bron, Raymond s'arrête un moment sur le chantier qu'il contrôlait avant son arrestation. Il va aux nouvelles auprès d'un ouvrier engagé avec nous. Rien pendant ces quarante-huit heures. A la maison, nous déchargeons nos trésors, je porte Jean-Pierre dans son lit sans qu'il se réveille.

En ramenant l'auto au garage de l'entreprise, Raymond passe prévenir ses parents. Venus de Dijon, ils vivent à Villeurbanne, dans un vaste hangar que le goût de sa mère a transformé en appartement accueillant. Les énormes armoires sont devenues des cloisons et le piano à queue n'est pas du tout incongru sur le tapis d'Orient qui recouvre le sol de ciment. Ils sont là sous leur vrai nom. Nous pensions les protéger dès leur arrivée à Lyon avec une nouvelle identité, certificat de baptême à l'appui. Ils ont refusé : « Mes parents sont issus de Lorrains depuis cinq générations, a dit mon beau-père, j'ai fait la guerre en 1914, j'ai deux fils officiers, l'un est médecin militaire et prisonnier de guerre, nous n'avons rien à craindre. »

Dimanche 13 juin 1943.

Il faut savoir être fou ! Pas de restrictions aujourd'hui pour cette fête familiale qui célèbre avec retard les deux ans de Boubou né le 3 mai 1941, la sortie de Raymond le 14 mai, et, avec une petite avance, mon anniversaire le 29 juin.

La tante Jennie a emballé onze œufs au lieu de douze ! C'est bien d'elle ! C'est tout de même assez pour réussir un grand soufflé aux pointes d'asperges : mets de roi ! Le lapin sauté au lard vient ensuite avec les petites pommes de terre nouvelles. Et j'ai fouetté la crème en Chantilly pour les fraises du jardin paternel. Ma jolie belle-mère avait détricoté un chandail et confectionné à ce petit-fils choyé un costume pour l'hiver à venir. Bien entendu, il avait voulu mettre la culotte, et voilà qu'il a tant mangé de crème que l'accident arrive ! La culotte est déshonorée ! Le gosse et moi, aussi honteux l'un que l'autre, nous disparaissons pour évacuer le dommage, tandis que mon beau-père, indulgent, regarde avec tendresse sa femme et ses enfants commenter en riant cette mini-catastrophe.

Comme des gens heureux et sans souci, nous profitons tous les six de ce climat calme, exceptionnel et si chaud d'affection réciproque. Nous faisons des photos avec le Tenax – le premier appareil petit format – que j'avais reçu en cadeau de mariage en décembre 1939. Une pellicule de 36 photos. Ma famille, celle de Raymond. Je me promets de la porter demain, en sortant du lycée, chez le photographe spécialiste des petits formats, à côté de la librairie Lardanchet.

Le soir, au lit, Raymond a un remords : « Tu ne crois pas que nous devrions détruire cette pellicule ? Et tout de suite. Imagine qu'il nous arrive quelque chose. Si nous étions pris, nos parents, les deux familles dans le bain ! »

Je suis un peu lasse de cette bonne journée, de toutes ces bonnes choses dont je n'ai plus l'habitude, j'ai anormalement sommeil. Je me sens végétative.

« Qu'est-ce que tu veux qu'il nous arrive ? Tu sais bien que nous avons la baraka ? Je ne sais pourquoi, mais ce soir j'ai les pointes de seins qui me démangent. Peut-être bien que je suis enceinte ?

– Voyons ça », dit Raymond, en me prenant dans ses bras.

Lundi 14 juin 1943.

Lundi de Pentecôte, jour férié. Je n'ai pas classe aujourd'hui. Bien au calme à la maison, Jean-Pierre s'occupe tout seul. C'est rare pour un fils unique ! Il a aligné, sous la table Henri II de la salle à manger, les animaux en bois de sa ménagerie. A Noël j'avais trouvé, grossièrement modelés dans l'argile, des bœufs et des ânes, les animaux de la crèche. Ils complètent l'assortiment d'animaux sauvages. Sur les barres qui relient les lourds pieds tarabiscotés de la table, il a organisé une bataille à sa façon. D'un côté, les bœufs, les ânes, le crocodile qu'il s'obstine à appeler lézard, le lion qu'il appelle un chien ; de l'autre côté, ceux qui seront vaincus parce qu'il ne les aime pas : les chèvres, les singes, les girafes et les hippopotames qui sont les vilains. Il est successivement le chef des deux armées. Très occupé, il se cogne quelquefois au rebord de la table. « C'est rien, c'est rien », dit-il, en se frottant la tête.

Je n'interviens pas ; dans le coin de la pièce il y a ma table de travail. Je cherche dans mes documents de quoi illustrer, demain, un cours sur les pharaons pour ma classe de 6e. Une heure de rêve. Nous partirons sur les rives du Nil, vers les pyramides, le Sphynx et tous ces dieux à visages d'animaux héritiers de totems primitifs. Pour les petites filles de onze à douze ans, ce monde raconté en images sur le mur des tombeaux est un enchantement. Quand mon petit garçon sera en 6e, peut-être que cette façon de raconter l'Histoire sera un moyen moderne d'enseignement ? En 1938, j'ai vu un illustré venant des États-Unis, on l'appelait un « cartoon ». *La Guerre du feu* y est une suite de dessins ; de la bouche des personnages sortent des bulles qui enferment des phrases, courtes, faciles à lire. Est-ce qu'il faudra accepter cette façon de lire ? Cette façon où le style compte si peu !

Mardi 15 juin 1943.

Raymond ce matin a rejoint André Lassagne. Il y a du nouveau – et grave – dans l'organisation de l'Armée secrète. Les Mouvements avaient reconnu comme chef de cette AS unifiée le général Delestraint qui avait l'investiture du général de Gaulle. Une série d'arrestations à Marseille, le retournement par la Gestapo d'un responsable de « Combat », l'imprudence et la légèreté d'un autre résistant qui n'avait pas tout de suite neutralisé une boîte aux lettres grillée, un message en clair dans cette boîte, avaient entraîné l'arrestation à Paris du général Delestraint, de son chef d'état-major Gastaldo, et de son agent de liaison Théobald, dont on dit qu'il est le fils d'un officier supérieur. Raymond et André réfléchissent, comme Max leur a demandé, à la meilleure manière de remettre sur pied une nouvelle direction de l'Armée secrète susceptible d'être acceptée par tous les Mouvements. Ce n'était pas forcément aisé !

Raymond revient pour déjeuner, accompagné de Vergaville. Son vrai nom est Robert Ducasse. Nous continuons à l'appeler Kari, comme nous le faisions au quartier Latin avant la guerre. Il faisait partie d'une bande de jeunes taupins, talentueux, les uns intégrant Polytechnique, les autres Normale supérieure, d'autres les Ponts ou Centrale. Jeunes officiers au début de la guerre, nous les avons tous retrouvés dans la Résistance. Barel, le fils d'un député communiste de Nice, est dans une formation du Parti communiste qui regroupe des physiciens et des chimistes. Théoricien, secret et prudent, nous ne connaissons pas grand-chose de ses activités. En plus d'un travail de propagande auprès de ses collègues ingénieurs travaillant dans les usines, nous avons l'impression qu'il utilise les laboratoires de la faculté des sciences et qu'il est habile dans la fabrication artisanale des explosifs. Il est vrai que les communistes reçoivent moins de parachutages que nous. Depuis que le général de Gaulle s'est installé à Alger, les députés communistes emprisonnés en 1940 à Maison-Carrée ont été libérés. Fernand Grenier, député PC de Saint-Denis, évadé de Châteaubriant, arrivé à Londres en janvier de cette année avec l'aide du colonel Rémy, a expliqué aux Alliés l'importance du Parti communiste dans la Résistance. Maintenant, l'approvisionnement de la Résistance communiste est meilleur.

Nos camarades du quartier Latin ont souvent été, dans les régions du sud de la France, les premiers responsables des formations de l'Armée secrète de « Libération ». Ainsi notre ami Kari, centralien, officier de marine, fils d'un pasteur exerçant son sacerdoce à Dieuze en Moselle, s'est-il retrouvé, après la débâcle, quelque part dans le Gard avec sa famille. J'en connaissais tous les membres, trois sœurs et deux frères dont il est l'aîné. Ce grand garçon silencieux, athlétique, un peu mystérieux même pour ses proches, avait été de toutes nos aventures d'étudiants. Avec lui et son ami Maurice Rousselier, polytechnicien, maintenant chef de l'Armée secrète à Limoges, nous descendions en kayak les gorges du Tarn. Avec lui, nous partions une bonne dizaine, peaux de phoque sous les skis, à l'assaut des sommets neigeux du Queyras, pour redescendre dans une apothéose de poudreuse. C'est lui qui nous convoquait la nuit, sous la coupole de l'Observatoire à Paris, pour nous initier à la connaissance du ciel. Il faisait de merveilleuses photos. Aussi bon marin que bon randonneur, il était le meilleur ami qui soit. Mais il avait ses jardins secrets que nous ne pouvions explorer.

Démobilisé à Toulon, au moment du sabordage de la flotte, il est devenu l'adjoint de Raymond à « Libération ». Ensemble, ils ont organisé les transferts d'armes de l'armée d'armistice vers la Résistance, quand les Allemands ont envahi la zone Sud en novembre 1942. Ils savaient tous les deux convaincre les officiers chez qui les envoyait le général Frère, ancien gouverneur militaire de Strasbourg. Ça n'allait pas toujours tout seul, bien sûr. Raymond était revenu une fois de Grenoble, déçu et furieux. Reçu par le colonel qui commandait la caserne-dépôt, il avait d'abord débité tous les arguments qui devaient amener son interlocuteur à livrer son stock. Quand il eut fini, le colonel lui avait dit : « Monsieur, je devrais vous faire arrêter pour vos propos injurieux sur le Maréchal, mais entre officiers ce sont des choses qui ne se font pas. Alors, je choisis de ne pas vous avoir vu, et ne rien connaître des opinions du général Frère, et je vous prie de partir immédiatement. »

Une autre fois, Kari était arrivé en pleine nuit, devant notre petite villa, avec un camion rempli de caisses de fusils-mitrailleurs et de munitions. Il nous avait réveillés, furieux : l'adresse de l'entrepôt où il devait cacher son chargement était inexacte. Quelle affaire ! Raymond et lui avaient cherché longtemps et finalement trouvé dans une petite rue de Villeurbanne le propriétaire de l'usine qui acceptait cette cargaison dangereuse.

Raymond et Kari avaient un grand respect pour le général Frère. Ensemble, ils étaient allés lui raconter leurs visites dans les casernes, et lui donner ainsi des indications précieuses pour l'Organisation de Résistance qu'il essayait de créer dans l'armée.

Ce général Frère est un homme admirable, d'une grande droiture, l'un des rares officiers généraux acquis à la cause de la Résistance et qui ne s'en cache pas. Je suis allée le voir en mars à Chamalières, près de Clermont-Ferrand où il habitait. Il estimait Raymond et avait été bouleversé d'apprendre son arrestation. Il me promit de voir dans ses relations quel magistrat militaire pourrait intervenir auprès du juge d'instruction à Lyon pour suggérer une libération provisoire. Déjà âgé, pas très grand, sec, avec une jambe raide, souvenir de la guerre 14-18, il m'avait montré au mur une grande carte du monde. Il y suivait l'évolution du conflit mondial et pointait les théâtres d'opérations. Il me commentait la dispersion des forces japonaises dans le Pacifique avec l'éparpillement des îles si loin les unes des autres. Il se réjouissait de ce qui se passait à l'est de l'Europe, avec les armées allemandes immobilisées et en partie anéanties devant Stalingrad et Moscou. Il avait en moi un auditoire attentif, et je resservais toute chaude cette leçon de stratégie à mes copains en rentrant à Lyon.

En achevant les restes du repas d'hier, nous parlons bien entendu de notre action clandestine. Nous mesurons l'amenuisement de notre liberté de mouvement depuis le début de l'année. Maintenant, les Allemands sont solidement installés à Lyon. Ils ont établi le couvre-feu, ce qui supprime ou rend difficiles nos actions nocturnes. Ils contrôlent tout : circulation, approvisionnement, vie municipale ; censurent les journaux, le cinéma ; commandent la police et les fonctionnaires français. Leur pouvoir est total et ils payent bien les délateurs. Notre apprentissage de la clandestinité se fait sur « le tas », et nos membres n'ont pas toujours conscience que le silence est la première de nos sauvegardes. On parle d'un transfert à Paris des grands services nationaux de la Résistance. La ville et sa banlieue se prêtent mieux à la clandestinité. Max le suggère, dit Raymond. On ne laisserait décentralisés que les services sociaux, la presse clandestine et le renseignement, ce qui va de soi.

Tout le milieu du mois de juin sera occupé à réparer les dégâts consécutifs aux arrestations de Marseille. Les copains de « Combat » savent que Multon a parlé : il est devenu indicateur de la Gestapo, a fait prendre plus de cinquante de leurs camarades, et la boîte aux lettres qu'il connaît à Lyon est grillée.

Samedi 19 juin 1943.

Quand on donne un coup de pied dans une fourmilière, les fourmis survivantes s'activent à remettre de l'ordre et à rétablir toutes les connexions de leur société. Chaque fois qu'un coup dur arrive chez nous, c'est la même chose. Dans notre monde de l'ombre, tout est souvent à recommencer, à réorganiser.

Raymond a eu de longs entretiens avec Pascal Copeau. Il faut changer les rendez-vous, vérifier si les bureaux, les logements, les boîtes aux lettres sont toujours sûrs. Il faudra probablement permuter des agents de liaison et, éventuellement, des responsables régionaux. Raymond fait un rapide voyage à Montpellier et Toulouse. Aujourd'hui, il a rencontré Aubry et Lassagne chez un ami de ce dernier, quai de Serbie.

A la maison, le soir, Raymond me dit :

« Lassagne a vu Max ce matin, il nous a dit que celui-ci envisageait une prochaine réunion au sommet pour mettre en place le nouvel état-major de l'Armée secrète. Lassagne se charge de l'organiser. Il m'a dit aussi que Max voulait me voir demain après-midi et qu'il souhaitait te connaître. Nous avons rendez-vous à trois heures, au parc de la Tête-d'Or, dans l'allée qui mène à Guignol. Nous prendrons Boubou avec nous, ça aura l'air plus normal. »

Dimanche 20 juin 1943.

Après déjeuner, pendant la sieste du gosse, je me bichonne, brosse soigneusement mes cheveux marron-roux. Il fait une splendide journée d'été. J'ai une jolie jupe en forme faite dans un tissu d'ameublement à grands ramages. J'ai déniché, dans ce que ma mère appelle ses « vieilleries », un « cache-corset », une sorte de caraco décolleté et sans manches, en calicot brodé et bien ajusté à la poitrine. Lavé, amidonné et repassé, il est superbe. A trente ans, on peut se permettre toutes les fantaisies.

« Tu es appétissante, ma Lucette, dit Raymond flatteur. Tu peux compter que Jean-Pierre et moi ne te perdrons pas de vue cet après-midi. »

Moi, je suis très impressionnée à l'idée de faire la connaissance de l'envoyé du général de Gaulle. Par d'Astier, nous avons connu ses difficiles conversations avec les chefs des Mouvements. S'ils acceptaient l'idée de l'unification, il y avait du tirage au niveau de la réalisation. La grosse question était l'Armée secrète. Dans son ensemble, la Résistance intérieure tenait à en garder le contrôle, tandis que Max pensait que la direction devait en être assurée par un officier extérieur aux Mouvements, et sous l'autorité directe de Londres. Il y avait aussi des divergences au sujet de la représentation des partis politiques dans le Conseil national de la Résistance. Les Mouvements avaient fini par accepter les arguments de bon sens et de stratégie politique que leur présentait Max, mais ils avaient tout de même créé, à côté, un Comité central des Mouvements.

Max n'avait pas la tâche facile. Raymond respectait et admirait cet homme qui avait une bonne dizaine d'années de plus que lui. « Il a sûrement, disait-il, une expérience de grand commis d'État, pour avoir un tel sens de l'organisation et de l'efficacité. »

Vers trois heures, avec Jean-Pierre heureux de gambader dans nos jambes, nous nous promenons dans l'allée convenue du parc de la Tête-d'Or. A vingt mètres, manifestant une surprise amicale, un homme s'avance vers nous, me salue la première avant de serrer la main de mon mari. « Voilà Max », dit Raymond. Max, un homme de taille moyenne, brun avec de très beaux yeux noirs, un visage mobile, m'assure qu'il est très content de me

connaître, et cela avec une politesse des plus convaincantes.

« Je suis d'un milieu d'enseignants, me dit-il, mes
parents sont à la retraite, ma sœur est en activité. Mais
nous parlerons plus longuement demain soir. J'aimerais
vous inviter à dîner tous les deux, et vous présenter
l'homme qui travaille avec moi. On l'appelle "Sophie".
J'espère que vous m'apporterez aussi le résultat positif de
la conversation que vous aurez ce soir avec votre mari. Je
vais voir avec lui où nous nous retrouverons. Serez-vous
libre ? »

Il n'est pas question de manquer une occasion pareille
et, d'ailleurs, que pourrais-je avoir d'autre à faire le soir
à l'heure du dîner ? J'ai enregistré cette allusion à une
conversation, à un accord. De quoi s'agit-il ? Je rattrape
mon petit bonhomme qui trotte devant nous, et les laisse
à leur conversation. Une mère et son gosse, quoi de plus
transparent dans un parc, un dimanche après-midi ? Je me
réjouis d'être la mini-couverture de cette rencontre entre
deux hommes engagés. Je m'en réjouis d'autant plus que
Max, diplomate, m'a fait comprendre que j'ai ma place
auprès d'eux. Il sait que notre engagement à tous les deux
est toujours passé par notre accord de couple.

Ils marchent derrière nous, au rythme cahotant de notre
bambin, s'arrêtent pour lui tendre un caillou blanc, le prennent un moment par la main entre eux deux. Il s'en lasse
vite et les entraîne vers le petit théâtre de Guignol qui
donne toutes les heures vingt minutes de spectacle. Avec
un humour, une audace, une adresse utilisant des idiomes
lyonnais, un gnafron rosse depuis toujours un gendarme
maladroit, ignare et laid. Les scènes ne manquent pas de
sel, en cette période, et les grandes personnes rient autant
que les enfants. Quand l'histoire est finie, je vois, applau-
dissant à tout rompre, hilares, mes deux conspirateurs.
L'espace d'un moment, ils ont retrouvé l'insouciance
joyeuse de leur enfance.

C'est avec un « à demain soir », où nos voix ont encore
la gaieté frondeuse de Guignol, que nous nous séparons.

A la maison, avant de prendre la radio, Raymond dit, tout en bourrant sa pipe :

« Assieds-toi et écoute : Max a demandé que je te mette au courant. C'est une décision pour laquelle nous devons être d'accord tous les deux. Il faut, tu t'en doutes, remanier l'état-major de l'Armée secrète. Il propose de confier à André Lassagne l'inspection générale de la zone Sud, et me demande d'accepter la même responsabilité en zone Nord. Ses arguments : je ne suis pas connu en zone Nord ; mon expérience des régions et, dit-il pour me flatter, mon contact humain devraient permettre de structurer là-haut une Armée secrète sur le même type que dans le Sud : les grandes formations maquis d'une part, quand la géographie s'y prête, les unités plus petites, d'autre part, hiérarchisées et solidement encadrées dans les villes, c'est-à-dire ce que nous appelons Groupes-Francs et Action ouvrière. Bien entendu, cela suppose notre départ de Lyon. Je dis bien "notre". Tu es encore légale, un foyer normal est évidemment la meilleure des couvertures, il faut essayer de la conserver. Nous voilà en fin d'année scolaire. Ton changement ne devrait pas poser de problème. Les postes à Paris ne s'arrachent pas en ce moment. Avec tes titres et ton ancienneté, avec l'absence de nombreux professeurs masculins, prisonniers de guerre, tu vas trouver facilement à te caser à Paris. Alors qu'en penses-tu ? »

Je reste un moment silencieuse. J'ai ici une maison, des habitudes, des amis, la famille pas loin. Tout un environnement où j'ai fait mon trou. Je connais les commerçants, c'est précieux en cette période de pénurie, et la Saône-et-Loire n'est pas loin pour un ravitaillement supplémentaire. Je suis depuis 1940 dans ce bain de Résistance. C'est une partie de mon activité, j'ai aussi des amis à Paris. Notre sécurité ici peut être compromise d'un jour à l'autre. Je sais que mon imagination, mon goût du risque, mon sens du jeu, même et surtout s'il est dangereux, me poussent à de nouveaux engagements. Mais, surtout, il est impensable que Raymond refuse une telle responsabilité : quand on s'engage on va jusqu'au bout.

Et à haute voix je conclus : « Donc, tu acceptes, mais il n'est pas question que nous nous séparions. Nous sommes trois, nous serons peut-être quatre l'an prochain, alors allons-y. »

Raymond, pas du tout surpris, m'embrasse en disant : « J'avais raison de dire à Max que ton accord était acquis. Nous fêterons ça demain soir par un bon dîner. Il nous emmène chez la mère Brazier, et nous avons rendez-vous à six heures et demie place Tolozan. »

En attendant l'heure de la radio, je relis un petit livre : une soixantaine de pages sur un gros papier gris. Il s'appelle *le Silence de la mer*, son auteur : Vercors ; son éditeur : les Éditions de Minuit. Le Silence, Minuit, deux mots de notre quotidien, deux mots complices de nos rencontres et de nos actions, liés à ce beau nom de Vercors, aux grands plateaux calcaires, en avant du Rhône, au-dessous des Alpes, où les vallées entaillent des gorges profondes. De ce Vercors j'ai des photos splendides pour illustrer mon cours de géographie au lycée.

Dans ce livre, un père et sa fille, hobereaux bretons, dignes face à l'occupant, logent chez eux, sur réquisition, un officier allemand. Ce n'est pas un soudard. Il ressemble aux jeunes étudiants que j'ai fréquentés dans les auberges de la jeunesse en Forêt-Noire avant la guerre : musicien, poète, romantique, plein de bonne volonté. Dans ce temps-là, c'était nous, les jeunes Français, qui essayions de faire accepter la victoire de 1918 et le traité de Versailles !

Ce soir, à la BBC, c'est Grenier qui parle, un député communiste évadé du camp de Châteaubriant, dans lequel le sous-préfet prenait les otages réclamés par les Allemands pour des exécutions de représailles. Nous connaissons un texte bouleversant sur vingt-sept fusillés de ce camp, parmi eux un gamin de dix-sept ans. On dit qu'Aragon l'aurait écrit.

« 1 095 jours, dit Grenier, que Paris est occupé. » Il parle, lui qui était député communiste de Paris, de la ville affamée, ligotée, avec ses prisons pleines de patriotes, son Vélodrome d'hiver près de la tour Eiffel où l'on rassemble les Juifs raflés dans la journée. Il dit : « On y entend les pleurs déchirants des mères auxquelles on arrache leurs enfants, même leurs nouveau-nés, pour les envoyer sans aucune marque d'identité dans les asiles de rééducation du Reich maudit. »

De la nuque aux talons, un immense frisson m'envahit, une barre me tord le ventre. Tout à coup, j'imagine ma merveille, mon bébé de vingt-huit mois, oubliant son nom, ses parents, élevé dans l'univers glacé, apprenant à respecter la force, à mettre, comme dit leur hymne national, « *Deutschland über alles* » !

« Oui, Raymond, demain nous dirons à Max : d'accord pour Paris, et nous nous engagerons l'un et l'autre, jusqu'au bout, et pour gagner. »

Lundi 21 juin 1943.

Au lycée, on m'a fait un emploi du temps qui me permet de bien m'occuper du petit garçon le matin, puis à l'heure du déjeuner et ensuite en fin d'après-midi. Les douze heures de cours hebdomadaires sont très bien réparties dans la semaine. Aujourd'hui, je suis au lycée de dix heures à douze heures, et de trois à cinq. En 6e, j'arrange une jolie leçon sur l'Égypte et, bousculant encore le déroulement du programme officiel, j'adapte le cours de géo à celui d'histoire. Nous allons voir ensemble les déserts. Les petites de 6e aiment bien découvrir un pays dont elles ont fait connaissance par l'histoire. L'Égypte et son climat, la longue oasis que crée le Nil, les roches sédimentaires avec tout ce sable, les dunes avec les vents. Me voilà parée. Cet après-midi, elles vont sortir de nos deux heures, ravies.

L'enseignement avec ces jeunes n'est pas facile en ce moment. Sur le coup de midi et de cinq heures, l'intérêt est moins soutenu. Quelquefois, une élève est au bord du sommeil. « Somnolence de la faim », dit le médecin scolaire. Le petit bol de lait écrémé avec une tartine chichement beurrée, le repas avec si peu de viande et de légumes verts sont loin en fin de matinée et d'après-midi. A dix heures, on distribue dans les classes deux biscuits par enfant. On dit qu'ils sont vitaminés. Les élèves trouvent qu'ils sentent le poisson. Il paraît, affirme l'une d'elles, qu'ils sont effectivement faits avec de la farine de poisson importée d'Amérique latine. C'est son père qui le lui a dit. Nous, les profs, nous exigeons qu'elles les mangent, c'est tout de même un peu de supplément pour ces jeunes organismes.

Quand j'arrive le matin, les terminales de sciences-ex, qui ont deux heures de composition, sont en effervescence.

« Regardez le journal de ce matin, madame. Il y a cette nuit, en Allemagne, une grande fête du soleil. Pour le solstice d'été, les jeunes allumeront partout des grands feux et danseront. Il paraît qu'on le fera aussi dans les chantiers de jeunesse en France. Le prof de philo, tout à l'heure, nous a dit que c'était le retour aux traditions ancestrales en Europe occidentale, et que c'est ainsi qu'un peuple retrouve ses origines. »

J'en suis malade ! Où sont les joyeux feux de la Saint-Jean de mon enfance ? A certains carrefours de nos chemins de vigne, on entassait des fagots de sarments, et un feu crépitant et clair montait vite dans le ciel étoilé. Il retombait aussi vite. On disait que les filles qui traversaient d'un bond le brasier, sans roussir leur jupon, auraient un amoureux dans l'année. Mes innocents feux de la Saint-Jean ! Les voilà embrigadés au service du racisme nazi. Je promets à mes élèves une longue explication sur le mythe du feu dans l'histoire. Je crois bien que je parlerai surtout du buisson ardent de Moïse !

A midi, les copies ramassées, je file sur mon vélo échanger mes tickets de pain contre la ration quotidienne. A tout hasard, je regarde à la porte de la boucherie : 70 grammes de viande pour les J1. Jean-Pierre aura son

bifteck aujourd'hui. Il reste des pommes de terre de l'équipée de la semaine dernière chez mes parents. Il va être
content le petit, et fera une bonne sieste. Cours La Fayette,
j'obtiens un kilo de cerises et m'arrête à l'herboristerie.
Maria, qui déteste le café d'orge grillé, adore le thé introuvable, a découvert les infusions de menthe et de camo-
mille. Elle sera heureuse que j'aie pensé à elle.

Raymond est là. Ce matin, il a fini de rédiger un article
pour *Libération* et l'a remis à Ségolène, sa secrétaire, qui
tient symboliquement une petite mercerie représentant
pour le moment un bureau très sûr. Elle donnera l'article
à un agent de liaison qui le portera à l'imprimerie clandestine.

« Dépêchons-nous de manger un morceau, dit Raymond. J'ai rendez-vous à deux heures moins le quart avec
Max, place Carnot. Lassagne a dû lui dire, ce matin, où
aura lieu notre réunion de cet après-midi. »

Il est tout heureux, Raymond, à l'idée de cette réunion :
méthodique, ami de l'ordre ; il attend beaucoup d'une
réorganisation de la Résistance. Il est heureux aussi de
l'accord conjugal qu'il peut donner à Max quant à notre
avenir à Paris. Il est vite prêt.

« Au revoir, ma chérie, à ce soir, six heures et demie,
place Tolozan. Ne sois pas en retard, pas en avance non
plus. Il y a un peu trop de rendez-vous près des quais.
Mets-toi plutôt du côté de la rue Puits-Gaillot. »

Il prend Boubou sur ses épaules – c'est un rite quotidien
–, le monte dans notre chambre et le jette sur notre lit
pour la sieste habituelle. Il se dégage plus vite que d'habitude des câlins du gosse.

« Nous nous retrouverons directement place Tolozan,
répète-t-il, en passant sa veste. Si nous avons fini plus tôt,
j'irai dans la chambre, place des Jacobins, chez les Gros.
A ce soir. »

Après sa libération, le 14 mai, Raymond avait fait tota-
lement peau neuve ; pas question, bien entendu, de retour-
ner dans le logement de la Croix-Rousse. Une amie du
quartier Latin, dont le mari était médecin en Bresse,

m'avait donné l'adresse de son frère : Jean Gros, archi-
tecte, qui occupait avec sa femme et son petit garçon un
appartement au dernier étage, le 6ᵉ, place des Jacobins.
Ils acceptaient de nous louer une chambre disposant d'une
porte indépendante sur le palier. Évidemment, il ne fallait
pas être pris dans cette chambre : une vraie souricière,
aucun moyen de s'en sortir. Mais les visites de Raymond
n'intriguaient pas les habitants de l'immeuble. Un archi-
tecte reçoit des visites. En plus, il a le téléphone, ce qui
est bien commode.

J'ai une heure devant moi. Il me faut un petit quart
d'heure en vélo pour aller au lycée. Comment vais-je
m'habiller ce soir ? La nuit peut être fraîche, une robe
légère qui date de l'été dernier, mais après tout Max ne
l'a jamais vue. J'emporterai aussi le boléro que j'ai taillé
dans l'ourlet du manteau de Bernard. Côté chaussures, je
n'ai pas le choix : les nu-pieds à semelles compensées en
bois ; Raymond a cloué dessous deux morceaux d'une
vieille chambre à air de vélo. C'est tellement agaçant ce
bruit de claquette sur les trottoirs. « Pour se tailler en
silence, dit Raymond, c'est parfait. »

Je tourne un peu en rond. Maria, à qui Raymond a
donné deux bonnes pincées de tabac, s'est roulé une cigarette si fine que j'ai l'impression qu'elle ne fume que du
papier. En tout cas, elle est sans arrêt en train de la rallu-
mer. Elle a également entrepris une opération étonnante :
dans un seau, elle a mis à tremper des journaux lacérés,
qu'elle remue pour faire une bouillie épaisse. En balayant
le sol de la cave, elle a trouvé deux grandes pelles de
poussière de charbon qu'elle mélange à la bouillie. Puis
elle presse et modèle dans ses mains des boules noires de
la taille d'un œuf qu'elle étale ensuite au soleil sur les
marches qui vont au jardin.

« Ne riez pas, dit-elle, cet hiver vous serez contente
d'avoir bien chaud avec ça. »

L'après-midi se passe le mieux du monde. Les élèves
sont enchantées, moi aussi. Comme je détache mon vélo
de la grille du lycée, une de mes collègues, Mlle Vialtel,

professeur d'allemand, à qui j'ai dit au revoir, ne semble pas pressée de partir.

« J'attends un jeune parent de passage à Lyon », me dit-elle, en regardant de tous côtés.

Tiens ! Est-ce qu'elle serait dans le coup, celle-là ? Les jeunes parents de passage, ça sent la clandestinité ! Quelqu'un qui se cache, ou quelqu'un qui travaille avec nous. Mais ça ne me regarde pas. Moi, j'ai une bonne soirée en perspective. A partir de ce soir, notre destin sera modifié, et nous allons être sacrément occupés par ce transfert à Paris.

En rentrant chez nous, je trouve une pâtisserie qui a, en devanture, des pâtes de fruits ! Luxe ! J'en obtiens 250 grammes qui vont faire les délices de Jean-Pierre et de Maria.

« Où vas-tu, maman ?

– Je vais voir des amis, mon bébé joli. Tu es bien sage avec Maria, tu as une bonne soupe au tapioca, et dans ce petit sac une surprise. Maria, n'oubliez pas de lui faire laver les dents, il sait très bien ne pas avaler l'eau de rinçage. Et n'oubliez pas de lui faire faire pipi avant de le coucher. Ne le câlinez pas trop longtemps ! Oh, et puis, après tout, ce soir je vous le prête tout entier. »

Je me change rapidement et, pleine d'entrain, je cours prendre le tram devant Grange-Blanche. Il me laisse près du théâtre. Je passe embrasser ma tante Marcelle et mon cousin Maurice, dans leur magasin de la rue Puits-Gaillot. Comme cela, je viendrai de la ville et pourrai repérer si ce quai du Rhône est sans danger. Raymond finit par m'impressionner avec ses inquiétudes !

Je suis à l'heure. Six heures et demie, personne. Dix minutes après, personne. Sept heures, personne. Je ne veux pas paniquer ! D'abord, je refuse toujours de croire les mauvaises nouvelles ! je me raisonne. Allons jusqu'au magasin de Maurice avant qu'il ne ferme. Je téléphonerai chez les Gros pour savoir si Raymond est passé. Maurice est assis, seul, rouge, suant, avec les yeux qui lui sortent de la tête.

« Te voilà ! C'est terrible ! La Gestapo a été chez Dugoujon ! Il y avait d'autres gens que les malades de la consultation. C'est le cantonnier qui me connaît qui vient de téléphoner ! Il paraît qu'il y avait six ou sept hommes et que l'un d'eux s'est sauvé. »

J'ai déjà compris.

« Raymond avait une réunion avec Max, c'est le représentant de De Gaulle, et c'est Lassagne qui l'a organisée. Ils sont sûrement tous arrêtés. »

Nous téléphonons chez les Gros avec qui nous avons une sorte de code. Je dis : « Ici Suzanne, comment va le gosse aujourd'hui ? » S'il n'y a pas de risque, elle répond : « Bonjour ma chérie » et enchaîne. Sinon, elle dit : « Bonjour Suzanne. » « Ma chérie » et la voix normale me rassurent, mais Raymond n'est pas venu. J'annonce ma visite très prochaine.

Avec Maurice, nous partons cours La Fayette rôder autour de la maison de Lassagne. Le réparateur de vélos, en face, n'a pas mis le signal « danger » : un tricycle d'enfant sur le trottoir.

« Maurice, il faut prévenir tout le monde, tout de suite. Tu fais le tour des restaurants où tu as une chance de trouver des copains, et tu les mets en piste. J'en fais autant. Mais, avant, je vais vider la chambre, place des Jacobins. »

Quand j'arrive chez Mme Gros, elle a déjà sorti tous les vêtements de Raymond, qu'elle a mélangés à ceux de son mari. Elle a mis ses pipes au salon et ses affaires de toilette dans leur salle de bains, a installé sa table de repassage et une grande corbeille de linge par terre, sur le petit bureau, une trousse de couture et des lainages à repriser. Les draps sont sortis du lit, sur la couverture pliée dans une housse, elle a étalé une de ses robes.

« Parfait, lui dis-je. Il reste ce petit recueil des lettres choisies de Mme de Sévigné, mettez-le dans votre bibliothèque. »

Je ne lui précise pas que ce livre est celui dont Raymond se sert pour coder ses messages et ses rapports. Un code inviolable pour qui n'en possède pas la clé.

« Vous n'avez jamais eu de locataire, n'est-ce pas ? Ermelin, vous ne connaissez pas. La situation de votre mari, la vôtre (elle est prof) vous dispensent de chercher un revenu supplémentaire.

– Entendu ! »

Le tour de quelques bistrots. Je mets la main sur Pascal. Nous nous donnons rendez-vous demain matin à dix heures à Grange-Blanche. Devant un hôpital, lors des consultations, il y a un va-et-vient important.

Je retrouve Maurice. Il est neuf heures. Il fait encore grand jour. « Viens dîner », me dit-il.

Nous nous installons place Morand, dans un petit restaurant, et tout en avalant une assiettée de choux, cuits avec un bout de lard – étonnant ce que j'ai faim –, nous essayons d'y voir clair.

« J'irai tout à l'heure à Caluire, dit Maurice.

– Tu vas te faire ramasser.

– Mais non, s'ils ont embarqué tout le monde, c'est qu'ils faisaient une opération ponctuelle ; et, avec tant de bruit, m'a dit le cantonnier, qu'ils ne peuvent en faire une souricière.

– Alors, viens nous rendre compte demain à dix heures, devant Grange-Blanche.

– Où vas-tu dormir ?

– Chez nous, bien entendu, c'est l'endroit le plus sûr. Je suis certaine que Raymond ne donnera jamais notre domicile. »

Il est trop tard pour que Maurice m'accompagne et regagne ensuite son logis avant le couvre-feu. Je rentre seule, par le dernier tram. La maison est silencieuse. Au premier étage, la fenêtre de la petite chambre de Jean-Pierre est ouverte sur la nuit d'été. Maria, qui dort en bas, m'entend à peine quand je dis simplement en passant : « C'est moi, Maria, bonne nuit. »

Vite dévêtue, me voilà seule dans le grand lit. Sous l'oreiller de Raymond, son pyjama. Je le prends contre moi. Le nez dans l'odeur d'homme dont il est imprégné, je craque enfin. Je peux pleurer, pleurer, à n'en plus finir. Épuisée, je m'endors de chagrin.

Mardi 22 juin 1943.

J'entends, du fond de mon lit, Maria rire avec mon petit garçon. Le soleil est au bord de la fenêtre ouverte. Il est huit heures. Comment ai-je pu dormir si longtemps et si pesamment ? Je n'ai donc pas de cœur. Je me sens coupable. Je descends, rompue et courbatue comme si j'avais marché des kilomètres. A la cuisine, ça pue cette camomille-menthe dont Maria se délecte. Jean-Pierre a fini de déjeuner. Il grimpe sur mes genoux, son haleine qui sent le lait me donne une grosse nausée. Pour la dissimuler, je l'embrasse à petits coups sur la nuque, les épaules et le long des bras. Sa peau toute fraîche me remet d'aplomb. Chatouilleux, il se trémousse d'aise sous les caresses, tandis que Maria, pas dupe, m'examine.

« On dirait que vous avez la figure enflée, ça va ? Vous avez bien dormi ? Il y a peut-être une petite sœur en route ? Cette nausée, c'est bon signe !

– Oh, Maria, je suis encore abrutie de sommeil. Je vais me laver, ça ira mieux après. »

Je n'arrive pas à finir la tasse de café noir. J'ai l'estomac chaviré. Boubou me suit à l'étage et reste interloqué devant le lit vide : il attendait une bonne séance de câlins avec son père. « Papa n'est pas là, mon petit minet, il est en voyage. » Quand je me retrouve en bas, il me faut bien trouver quelque chose à dire à Maria. Un voyage d'une semaine, ça ira. Plus longtemps, ce ne serait pas crédible. Pour le moment, il y a plus urgent. Il me faut du temps libre, que je sois disponible pour ces jours à venir. Ce matin, je n'ai pas cours mais j'ai trois heures cet après-midi, deux heures mercredi après-midi et trois heures samedi matin. La semaine suivante, je n'aurai que quatre heures avec mes petites 6e, car les élèves de 3e seront en plein BEPC et les terminales en congé de révision pour le bac.

Maurice et Pascal sont arrivés avant moi devant l'hôpital de Grange-Blanche. Maurice est allé à Caluire. Il a vu les voisins du docteur Dugoujon et les témoins de la scène d'hier après-midi. Il nous raconte combien tout cela fut rapide, brutal, et à quel point ces gens sont perplexes devant la fuite d'un des hommes arrêtés.

« Le cantonnier m'a dit qu'il était impossible qu'il ne soit pas de mèche avec la Gestapo. Il a bousculé un des gendarmes allemands et a couru en zigzag à travers la place pour arriver au chemin qui descend vers la Saône. Les policiers ont tiré quelques coups de feu, dans tous les sens, sans le viser. L'un d'eux l'a poursuivi. Comment ne l'a-t-il pas vu dans les herbes du fossé ? Elles sont plutôt sèches en cette saison. Les autres Allemands l'ont rappelé depuis les voitures qui ont d'ailleurs fait un deuxième voyage. C'est qu'il y avait du monde à embarquer. »

Mais quel est donc celui qui s'est évadé ? Le secrétaire de Max, qui s'appelle Maurice comme mon cousin, est un très jeune homme, blond, débordant de vitalité ; il a aujourd'hui un visage grave et préoccupé. On le sent catastrophé. Je ne suis pas étonnée qu'une profonde affection le lie à son patron. Ce Max ne laisse pas indifférent. Il pense d'abord, d'après la description du cantonnier, qu'il s'agit de Bruno Larat. Max lui avait confié le lieu de la réunion pour qu'il prévienne le colonel Lacaze. Alerté hier soir, le secrétaire de Max a prévenu « Sophie » arrivé depuis peu de Londres pour le seconder. C'est avec eux que nous devions dîner hier soir. Nous sommes tous conscients que quelque chose de très grave est arrivé. Nous savons exactement qui était là : Aubry, Lassagne, Bruno, Lacaze d'une part et puis Max avec Aubrac et le colonel Schwartzfeld. Aucun de ces sept hommes n'est reparu chez lui hier soir. Toutes les planques possibles ont été explorées. Alors ce fugitif ? Ça n'est donc pas Bruno, puisqu'il n'est dans aucun de ses refuges.

Le docteur Dugoujon ? suggère Pascal. Impossible, il aurait atterri, vite fait, chez un de ses nombreux collègues et amis lyonnais. Mon cousin Maurice ajoute que c'est un calme : il n'était pas dans le coup, en se sauvant il se désignait comme membre de la réunion. D'ailleurs, le cantonnier de Caluire l'a reconnu quand il a été poussé dans une des voitures de la police allemande. Alors ? Un huitième homme ? Voilà un mystère de plus ! Nous nous demandons déjà comment cette réunion avait pu être connue de la Gestapo. Le secret en était bien gardé. Jamais la maison du docteur Dugoujon n'avait été utilisée. Luimême, de santé fragile, était accaparé par son métier de médecin généraliste, et quoique ayant les mêmes idées que nous, il n'était pas engagé.

Ces arrestations, c'est un nouveau coup dur s'ajoutant à ceux qui ont marqué la première quinzaine de juin. Après l'arrestation de Vidal (Delestraint) à Paris, on m'avait chargée d'aller prévenir le général Frère. Je l'avais retrouvé là où je l'avais vu en avril, près du grand séminaire de Chamalières, que dirigeait l'abbé Elchinger qui fut l'aumônier de nos équipes sociales à Strasbourg. Au cours d'un dîner amical avec mes amis de 1938-1939, nous avions confronté nos engagements dans les Mouvements de Résistance, heureux de notre accord : les Teitgen à « Combat », nous à « Libération-Sud », d'autres à « Témoignage chrétien ».

Quand j'avais entretenu le général des mesures de précaution qu'il devait prendre, il m'avait répondu, catégorique : « Je suis un soldat. Je suis un officier. Je n'abandonnerai pas le combat et je saurai faire face à toute situation. »

Je ne pouvais que rapporter sa décision à mes camarades lyonnais, en leur décrivant cet homme déjà âgé, mais droit et maigre, avec sa jambe raide, qui, en m'accompagnant à la porte de son bureau, m'avait dit :

« *Au revoir, jeune femme, nous nous reverrons à Stras-bourg pour fêter la victoire.* »

Le 12 juin, il était arrêté par la Gestapo et avec lui un certain nombre de militaires engagés dans l'ORA[1]. *Devant cette avalanche d'arrestations au sommet, nous étions désemparés.*

Le secrétaire de Max avait vu « Sophie » qui devait – Bruno Larat, chef des opérations radio, étant hors circuit – prévenir Londres, par un autre canal, de l'arrestation de son patron. Où sont Max et ses compagnons enlevés à Caluire ? Ont-ils été emmenés tout de suite à Paris ? Sont-ils au siège de la Gestapo ? A Montluc ?

« Je vais le savoir vite, leur dis-je.

– Comment feras-tu ?

– Je vais porter un colis de linge au poste de garde de la prison, au nom d'Ermelin. S'il est accepté, c'est qu'ils sont là. Il n'y a pas de raison pour qu'on les ait séparés. Rendez-vous à cinq heures dans le square devant le lycée. »

A la maison, je rassemble du linge de corps, des chaussettes, une serviette de toilette et du matériel de rasage. J'arrache une page du journal *le Nouvelliste*, celle qui a des mots croisés que je gribouille un peu, et j'en enveloppe le tout. Avant d'aller à mes cours, j'arrive à vélo devant Montluc. Il est une heure et demie. Le poste de garde, à cette heure-ci, est détendu, les soldats digèrent en fumant. Je tends mon paquet.

« C'est pour M. Claude Ermelin », et j'écris le nom sur un papier, en lettres d'imprimerie. Un soldat le prend, consulte un registre et me dit : « Vous attendre ! » Il part en traînant les bottes.

Aïe, je ne suis pas fière. Si je me fais boucler, je ne l'aurai pas volé ! Idiot, de venir ici moi-même ! J'ai déjà

---

1. Un certain nombre d'officiers de carrière n'avaient pas accepté l'occupation totale de la France en novembre 1942 et avaient suivi les généraux Frère et Revers dans un Mouvement de Résistance : l'Organisation de Résistance de l'Armée.

préparé ce que je dirai en cas de surprise. « Je suis professeur, nous avons une organisation humanitaire qui s'occupe de prisonniers, on m'a donné ce nom aujourd'hui pour apporter un paquet. (Et au culot :) Vous me connaissez, je viens toutes les semaines. »

Après un très long quart d'heure, le soldat revient ; dans le papier journal il y a une chemise, des chaussettes sales et le nécessaire de rasage. « Ça interdit », me dit-il, en me le montrant. Je mets le tout dans la sacoche de mon vélo et je file au lycée.

A la récréation, je vais voir dans ma sacoche s'il n'y a pas un message glissé dans le linge sale. Rien. Mais mon regard est attiré par les mots croisés du *Nouvelliste* et un « MAXWELL » bien net. Définition : physicien. Subitement, l'éblouissement : Raymond est avec Max qui va bien. A cinq heures, je retrouve les autres dans le square. Je leur transmets mes découvertes.

« Bien, dit le secrétaire de Max, nous allons étudier le moyen de le faire évader. Nous sommes à peu près sûrs qu'il y a eu trahison. Max a une chance de conserver son anonymat avec sa fausse identité et sa couverture solides, car si traître il y a, celui-ci ne le connaît pas.

– Vous savez qui a trahi ? »

Alors, Pascal raconte qu'il a eu, avant de nous rejoindre, la visite d'un résistant, inspecteur de police, qui lui a raconté une bien curieuse histoire. La veille au soir, au commissariat du quai de Saône, un coup de téléphone : un passant indique qu'il a aidé un homme qui saignait au bras à marcher jusqu'à une adresse qu'il donne. La police s'y précipite et trouve là un homme jeune qui affirme s'être échappé au cours d'une arrestation opérée par la Gestapo à Caluire. Les policiers l'emmènent à l'hôpital de l'Antiquaille pour le faire soigner, et le laissent dans le quartier des détenus après lui avoir fait signer une déposition. L'inspecteur précise qu'il s'agit d'un certain René Hardy. Pascal a compris : le huitième homme, celui qui n'était pas prévu à Caluire, est un résistant qui dirige le service du sabotage Fer, sous le nom de Didot, au Mouvement « Combat ». Pascal a tout raconté à Bourdet qui assure l'intérim à la direction de « Combat » depuis que Frenay est à Londres. « Didot est un copain », a dit Bourdet. Pourquoi était-il au rendez-vous ? « Probable qu'il a rencontré Aubry, notre responsable Armée secrète ; que celui-ci, craignant de ne pas être de taille pour discuter seul dans une réunion au sommet, lui a demandé de l'accompagner. »

C'est égal, la fuite si facile nous paraît louche, mais dans la Résistance il y eut tant de situations invraisemblables ! Courage ? Coup de chance ? Pour le moment, le plus urgent est d'essayer de sauver Max.

Mercredi 23 juin 1943.

Le mercredi matin, arrive de Paris, je crois, un personnage d'une quarantaine d'années, large, gros, bien habillé. On l'appelle M. Henry. Il aurait été commissaire de police dans la préfecture où Max était préfet. Il apparaît comme le stratège qui va organiser la libération de Max. Nous sommes réunis autour d'un banc, au terminus du tram, devant Grange-Blanche. Comme j'ai déjà réussi des évasions, que Raymond est dans le coup, on m'associe aux discussions. M. Henry prend les choses en main, et envisage avec nous toutes les possibilités.

L'attaque de la prison ? Il ne faut pas y songer, nous n'avons pas les forces suffisantes, et même si cela était, le temps de trouver la cellule où est Max, nous serions tous bouclés dans Montluc par les soldats allemands vite accourus de la forteresse voisine et de la caserne de la Part-Dieu. Essayer le transfert à l'hôpital pour recommencer l'opération de l'Antiquaille ? Comment faire parvenir le médicament qui légitimerait ce transfert ? Nous ferons porter, sous couvert de la Croix-Rouge, un paquet à Montluc, au nom de Martel qui est celui de la carte d'identité de Max. Un infirmier résistant surveillera les arrivées des détenus à l'Antiquaille, hôpital français. Pour ce qui est de l'hôpital militaire allemand à la Croix-Rousse, on essayera de trouver un contact.

Attaquer les voitures ou camions allemands qui chaque matin quittent Montluc pour l'École de santé où ont lieu des interrogatoires et qui, chaque soir, font le chemin inverse ? Comment savoir dans quelle voiture sera Max ? On décide une surveillance autour de la prison pour connaître les mouvements de voitures et les protections éventuelles. Henry a d'ailleurs une idée que nous commençons par trouver géniale : il a repéré, de l'autre côté de Montluc, sur le boulevard qui longe la voie de chemin de fer, un grand coffre de bois qui sert à stocker du sable pour les jours de verglas ; on fera un trou dans la paroi qui regarde Montluc et on installera un guetteur, avec des jumelles. Oui, mais il faut que celui-ci puisse reconnaître Max !

Eh bien, puisque je n'ai pas classe le jeudi, que j'ai rencontré Max ce dernier dimanche, c'est moi qui m'y collerai demain matin ! On décide aussi d'organiser, avec la complicité des cheminots, un tour de garde en gare pour surveiller les départs en cas de transfert rapide à Paris. Mon cousin Maurice déjeune avec moi. Dans sa ville de Lyon, où il est comme un poisson dans l'eau, il m'annonce qu'il a retrouvé la maman qui était dans le cabinet du docteur avec sa fillette au moment de l'arrivée de la Gestapo. Mise à la porte, elle a vu les occupants de la salle d'attente. « Il y avait trois messieurs, dit-elle, qui n'étaient pas de Caluire » ; en tout cas elle ne les avait jamais vus. Miracle ! Il reste une chance pour que Max, Raymond et le colonel Schwartzfeld, dont nous savions qu'ils arrivaient ensemble, n'aient pas été identifiés. Je ne balance pas longtemps. Ce qui avait marché avec de Lattre de Tassigny pour joindre Cavaillès peut servir pour Raymond. Me voilà de nouveau dans le rôle de la fiancée. Cet après-midi, j'ai deux heures de classe. Tant pis : je téléphone au lycée que Jean-Pierre est malade et que j'attends le médecin. Je mets un très joli tailleur en rayonne à larges carreaux, de grosses marguerites en porcelaine blanche en clips d'oreilles, un petit bibi à voilette. « Tu fais un peu olé, olé, ma cocotte », dirait Raymond s'il me voyait ! Moi, j'espère avoir l'air d'une jeune fille du meilleur monde.

« Maurice, tu m'attends dans ton magasin. Si j'en sors, je te téléphone. Mais j'en sortirai ! Prends mes vêtements, je me changerai dans ta cabine d'essayage. »

J'ai remplacé mon alliance par une grosse bague mexicaine, j'ai dans mon sac, avec peigne et rouge à lèvres, l'assortiment des cartes de mon identité clandestine. Je m'appelle Mlle de Barbentane. Sur les cartes d'alimentation et de textile il manque normalement tous les coupons utilisés le 23 du mois. J'y vais !

Sous le porche, une sentinelle :

« Mademoiselle, que voulez-vous ?

– Je voudrais voir le service qui s'occupe de l'affaire du lundi après-midi à Caluire, chez un docteur. »

Elle appelle un planton qui se renseigne. Ça déclenche la venue rapide d'un Allemand en civil : « Venez. » Je monte avec lui, le cœur battant, par un bel escalier de pierre. Au premier étage, il s'arrête dans un large et long couloir, devant une porte, et frappe.

« *Herein.* »

J'entre dans une grande pièce claire. Dans la gueule du loup aussi ! Derrière un bureau, un homme enfile un veston beige clair sur une chemise vert tendre. Cet homme, à peu près de mon âge, l'œil bleu, les cheveux et le teint clair, se lève et me salue sèchement.

« Je voudrais parler au chef des services de la police allemande. » Silence. A une petite table, une jeune Allemande en uniforme gris-bleu (de celles que nous appelons « souris grises ») feuillette un dossier. Au bout d'un moment, une réponse : « C'est moi. » Je suis estomaquée. Comment puis-je imaginer que ce jeune homme assez quelconque, un brin vulgaire, est le maître tout-puissant de la ville de Lyon ? Ce Barbie dont on parle déjà beaucoup. On raconte qu'il dirigeait en France un commerce de soie, que c'est pour cela qu'il parle français et connaît si bien Lyon. Est-il possible que ce petit bonhomme fasse peur à tout le monde ? A son âge, dans la police française, on n'a pas encore atteint le grade d'inspecteur de première classe !

Barbie se lève. Il est plus petit que moi. « Je suis l'Obersturmführer Barbie, vous savez lire, c'est sur la porte. Alors, qu'est-ce que vous voulez ? » Je réponds, timidement, poliment, d'une voix posée, comme sûre de mon bon droit :

« J'ai retrouvé la trace de mon fiancé que je n'ai pas revu depuis lundi. Il m'avait quittée pour aller consulter. Il a eu jadis une grosse primo-infection et il a besoin de contrôles. J'étais très inquiète, j'ai craint un accident, je suis allée me renseigner au commissariat qui m'a dit que vous aviez arrêté beaucoup de monde chez ce médecin de Caluire. On m'a dit aussi qu'il était en prison. Alors, je viens vous demander de le relâcher vite, sa santé est fragile.

– Comment s'appelle-t-il ?

– Claude Ermelin. »

Aussitôt, avec un sourire en coin, il tire le tiroir devant lui, en sort un portefeuille qu'il jette sur ce grand bureau recouvert de cuir repoussé. Sans doute celui du médecin général qui, avant guerre, commandait l'École de santé militaire. Le portefeuille s'ouvre, et s'éparpillent papiers, cartes diverses et une petite photo de moi, en maillot de bain, sur une plage avec un bébé à mes côtés.

Je suis pétrifiée.

« Depuis quand le connaissez-vous ?

– Un mois et demi, monsieur. Nous nous sommes connus sur les bords de la Méditerranée, à son retour de Tunisie. J'ai tout de suite été séduite par son teint bronzé et son passé militaire en Afrique.

– Il ne vient pas de Tunisie, il vient de Saint-Paul, dit-il avec un ricanement.

– Non, monsieur. Il n'était pas à Saint-Paul-de-Vence, mais à Saint-Raphaël. »

Réponse miracle venue spontanément, et première chance pour moi. Je n'ai pas l'air de savoir qu'une prison à Lyon s'appelle Saint-Paul.

« Il ne s'appelle pas Ermelin mais Vallet, et sort de prison, vous pouvez me croire. Il a déjà été arrêté pour gaullisme ; il n'est pas question de le relâcher, c'est un terroriste. »

Quelque chose craque en moi, et je ne peux me retenir de pleurer. Brutalement, j'ai la certitude que je suis enceinte, enceinte depuis le 14 mai. Nous aurons un deuxième enfant. Je pleure, et lui :

« Je n'y peux rien, il vous a trompée, c'est tout !

– Monsieur, c'est terrible, terrible, nous devons nous marier prochainement.

– Mademoiselle, je vous ai déjà dit qu'il ne sera pas libéré ; c'est un terroriste, il paiera.

– Monsieur, ce n'est pas possible, il faut que je me marie vite, avant que mes parents ne s'aperçoivent que j'attends un enfant. C'est terrible, il m'a promis le mariage, je ne veux pas être une fille mère. »

Je pleure, et cette fois ce n'est pas de la comédie. La grande fille allemande s'est approchée, il la regarde, moi aussi. Est-elle un peu émue ? Je me tourne vers elle :

« Mademoiselle, dites-lui qu'il faut que je me marie vite. »

Elle hausse les épaules, avec une pointe de pitié. C'est sans doute ce qui m'a sauvée. Ma deuxième chance !

« Allez-vous-en, mademoiselle, nous n'y pouvons rien », et elle me pousse vers la porte.

Je me demande encore comment j'ai descendu l'escalier, comment je me suis retrouvée dans la rue. J'ai mordu au sang mon index gauche pour m'empêcher de hurler, traversé la rue et me suis assise sur un banc. Je grondais en serrant les dents, pour que le bruit ne sorte pas de ma bouche. Je ne bougeais pas, mes larmes coulaient le long de mes joues et mouillaient les revers de ma veste. Mes clips me sont devenus insupportables : je les arrache et les jette de toutes mes forces sur la chaussée : plus de marguerites, une dizaine de petits éclats blancs ! Une femme, en tablier, s'approche de moi avec un verre d'eau : « Je suis la concierge de la maison derrière vous, buvez et arrêtez de pleurer. » Puis elle chuchote : « J'ai une commission à vous faire ! Votre cousin vous attend dans son magasin. »

Je bois. « Merci, madame, ça va mieux. » Le cousin, bien sûr, c'est Maurice. Inquiet, il est venu jusqu'ici pour savoir et me protéger. Je me lève, je vais jusqu'au fleuve, traverse, marche le long du Rhône. Pas besoin de me forcer pour m'arrêter souvent. Je vomis toute l'eau bue tout à l'heure. Pourvu que je ne rencontre personne de connaissance. Les quais aux intersections des ponts sont les lieux habituels de nos rendez-vous. J'ai beau marcher lentement, j'arrive tout de même à l'hôtel de ville. Il faut que je veille sérieusement à ne pas être suivie. Je franchis la grille de l'hôtel de ville, traverse les deux cours pour me retrouver sur la place au milieu des pigeons. Je m'assois un moment sur les bords de la fontaine puis vais rue de la Martinière et reviens par une « traboule ». Je suis tranquille, pas de filature.

Chez Maurice, « Au roi du pantalon », je m'affale sur une chaise dans la cabine d'essayage. J'enlève le chapeau, je tire mes cheveux avec un large bandeau. Maurice m'apprend qu'il m'a suivie à l'aller et qu'il n'a pas perdu de vue le porche de la Gestapo. Quand il m'a vue sortir, il a demandé à la concierge de me transmettre son message. Il m'a suivie ensuite jusqu'à l'hôtel de ville, et quand il a été certain que personne ne me filait, il est venu m'attendre dans sa boutique.

« Repose-toi un peu, me dit-il, détends-toi. Ensuite, je t'emmènerai manger un morceau et je t'accompagnerai chez toi. »

Au restaurant, je lui raconte mon entrevue avec le chef de la Gestapo et le désespoir qui m'a pris.

« Il faut tout de même être sûre que tu es enceinte.

Demain après-midi, tu iras voir le docteur Éparvier, je me charge de prendre le rendez-vous. »

Je l'écoute à peine. Je suis vidée. Les consommateurs font un bruit d'enfer. Je suis obsédée par le cliquetis des couverts sur les assiettes, le parfum de la serveuse m'écœure. Je suis hypnotisée par la masse du rideau de fer baissé jusqu'à deux mètres du sol : c'est une menace sûrement. J'ai l'impression qu'il va tomber tout d'un coup et que je serai prise au piège.

« Allez, Maurice, filons avant que ça ne ferme. J'ai peur d'être coincée. »

Il paie en maugréant que nous avons bien le temps et que, pour être aussi capricieuse, je suis sûrement enceinte.

A la porte de la villa :

« Veux-tu que je reste ?

– Non, Maria trouverait cela bizarre, et où te mettre ? Il faut bien que je m'habitue. »

Jeudi 24 juin 1943.

C'est jeudi matin, Boubou n'est pas réveillé. Je dois être à sept heures à la Part-Dieu pour cette planque dans le bac de sable. Il faut choisir un moment où personne ne passe en espérant que, des fenêtres voisines, on ne surveille pas le trottoir. M. Henry est là, avec une paire de jumelles. Maurice est furieux. Moi je trouve encore l'idée épatante. Je ne sais qui a, au petit matin, percé le trou et vidé un peu de sable.

« Nous reviendrons vers dix heures. A ce moment-là, les transferts Montluc-École de santé seront terminés. »

Installée dans cette grande boîte, couvercle rabattu, j'ai la porte de la prison dans l'axe du trou. Entre elle et moi, la voie de chemin de fer et la place devant Montluc. Les deux portes, la grande et la petite, sont fermées. J'ajuste les jumelles à ma vue et j'attends. Au début, je trouve le sable confortable, puis, petit à petit, je m'ankylose. Pas question de bouger, je suis aveugle du côté trottoir et piétons. Ne pas alerter par un bruit les gens qui passent...

Arrivent deux tractions noires. La grande porte s'ouvre et les avale. Il est sept heures quarante. J'attends. A neuf heures et demie, elle s'ouvre à nouveau. Sort d'abord une camionnette bâchée à cabine avancée ; deux soldats dans la cabine, l'un conduit, l'autre a un fusil ou une mitraillette entre les jambes. Au moment où elle tourne, j'aperçois l'arrière de la camionnette. Elle est pleine et, sur la ridelle, deux soldats en armes sont assis. Peu de temps après, les deux tractions. Deux personnes à l'avant, trois derrière, probablement du gibier plus important pour les Allemands. Mais il est impossible de voir les visages. Le soleil tape sur les vitres et m'éblouit. C'est idiot cette planque, comment vais-je sortir de là ? On verrait bien mieux en rôdant en plein air autour de la prison et en remplaçant chaque heure les observateurs.

Quand on me sort, deux gars du Groupe-Franc, Robert et Julien, surveillent les alentours. Comme Maurice, ils sont enragés ; moi aussi. L'idée de cette planque était saugrenue. Je fais mon « rapport », comme il dit, à M. Henry, et je l'assaisonne de remarques virulentes. Je ne le reverrai jamais !

L'après-midi est longue. Je n'ai aucun rendez-vous avec les copains. Vers cinq heures, mon beau-père arrive à la maison pour embrasser son petit-fils et l'emmener faire une petite promenade dans le quartier. Au retour :

« Je vais attendre Raymond ; il ne rentrera pas tard, j'espère. »

On y est ! Il faut que j'explique. Pour le moment, seul mon cousin Maurice est au courant. Comment vais-je m'en sortir ? Mon beau-frère est dans un Oflag, mes beaux-parents si droits, si fiers de leurs enfants, ont dû abandonner leur affaire dijonnaise. Réfugiés à Lyon, ils sont ici, sans occupation, vivant de leurs économies, ne voulant pas s'inquiéter des rafles raciales toujours possibles. Comment leur infliger ce choc ? Leur fils aîné dans les mains de la Gestapo ! Je me lance :

« Écoute, père, je vais te confier un secret, j'avais l'intention d'aller demain vous en parler à tous les deux, puisque j'ai entendu à une heure le message à la BBC : Raymond est bien arrivé à Londres, il a rejoint le général de Gaulle. »

Je suis payée de mon mensonge. Mon beau-père se lève, dresse son sourcil gauche, selon son habitude quand il est ému ou surpris, et me dit :

« Je me doutais bien que ça finirait comme cela. Raymond sera très utile là-bas, et je te remercie, Lucie, de l'avoir laissé partir. C'est très courageux de ta part. Je vais le dire à Hélène, et nous allons nous occuper de toi et de Boubou. »

J'en ai les larmes aux yeux : ainsi, dans sa situation, dans le climat de persécutions racistes, cet homme assume son rôle de chef de famille et songe à me protéger. Je l'embrasse de tout mon cœur. Il me faut tout de même lui conseiller de ne pas trop me voir, et lui expliquer que je songe à me séparer, encore une fois, de Boubou.

« Il sera bien à la montagne ; climat et nourriture, c'est mieux que Lyon en été.

– Qu'est-ce qui t'empêche de partir avec lui ? Tu es bientôt en vacances.

– J'y songerai. »

Après son départ, Maria qui a tout entendu est surexcitée.

« Ah, madame, nous allons l'entendre à la radio ?

– Maria, il ne parlera pas sous son nom, à cause de sa famille restée en France. A propos, si vous jugez que, pour vous, ce n'est pas prudent de rester dans une maison de gaullistes, je peux vous trouver une autre famille.

– Vous n'y songez pas, c'est aussi ma maison, et Jean-Pierre est un peu mon petit garçon. Pendant les vacances, c'est normal qu'il parte en montagne. Mais, à la rentrée, il aura besoin de moi. »

Lundi 28 juin 1943.

Je passe au secrétariat du lycée, quoique je n'aie pas classe ce matin, pour demander à être déchargée de la surveillance des épreuves et de la présence au jury du bac. J'ai un enfant petit, et je fais valoir que la semaine dernière j'ai dû annuler mes cours *in extremis*, le gosse étant malade.

Il me reste quatre heures pour finir l'année scolaire avec mes élèves de 6e. Je les emmènerai un jour entier en excursion quand leurs autres professeurs seront prises par le baccalauréat. L'administration est d'accord.

En remontant chez moi, je rencontre Alphonse.

« Je te cherche, Lucie. Vercingétorix veut te voir dans une heure aux Sept-Chemins. »

Je suis un peu surprise. Georges Marrane, un des responsables du Front national, est pour son Mouvement l'intermédiaire avec les MUR. Tous les dirigeants des MUR ont avec lui des rapports fréquents et faciles. Il comprend vite, collabore très loyalement. Nous l'aimons bien et connaissons son vrai nom. Comment se camoufle-rait-il avec sa silhouette de cycliste aux jambes arquées, sa tête de Maure d'Andalousie ? Il s'est laissé pousser une superbe moustache rousse qui lui a valu son surnom. Communiste organisé, prudent, il n'est pas bavard ; ses confidences sont rares et imprécises. Sa vie clandestine n'est pas facile. Il a très peu d'argent. Un jour, je lui ai donné deux boîtes de lait concentré et un kilo de sucre pour son petit garçon né au printemps. Une complicité plus ancienne nous lie : je l'ai connu en 1932-1934, quand j'étais membre des Jeunesses communistes. C'est dans sa mairie, à Ivry, qu'en 1934, au cours d'un congrès, nous avions appris que des manifestations fascistes se déroulaient place de la Concorde. Tous les jeunes réunis là voulaient y aller vite. « Personne ne sort ! », avait dit Maurice Thorez qui présidait. Et nous étions restés sur notre faim de bagarre.

Il faut une petite heure pour arriver aux Sept-Chemins, peu après Saint-Genis-Laval. Mon vélo roule bien et je vois Marrane en vélo lui aussi. Avant que j'aie eu le temps de m'arrêter, il roule à ma hauteur et me lance : « Dans dix minutes, le deuxième chemin à gauche », puis il part en danseuse.

Nous nous asseyons à l'ombre d'une haie, dans un pré, nos vélos couchés dans l'herbe.

Il entame : « Tu connais les règles de sécurité du Parti. »

Je l'interromps : « Je ne suis pas au Parti.

– Je sais, mais, dans vos Mouvements, il y a un certain nombre de communistes. La consigne est formelle, ils ne doivent pas te voir. Raymond est dans les pattes de la Gestapo, tu es devenue dangereuse.

– Premièrement, Raymond ne parlera jamais ; de cela je suis absolument sûre ! Tu veux savoir ce que j'ai fait mercredi après-midi ? J'ai été voir Barbie ! Alors, tu penses si je suis d'accord pour rencontrer le moins de copains possible, pour leur sécurité, certes, mais surtout pour la mienne, car je ne veux pas être soupçonnée d'un contact quelconque avec la Résistance. » J'ajoute, amère : « Remarque que Copeau me voit tous les jours, lui ! C'est dur de se retrouver toute seule. Après tout, ces membres du PC dont tu parles, ce sont mes anciens camarades des Jeunesses et du quartier Latin. Ça fait un bail qu'on se connaît. Depuis 1940, ils sont venus souvent à la maison ; ça aussi, c'est contraire à la sécurité ! »

Je lui raconte mon entrevue avec Barbie et lui confie mon espoir de maternité.

« Ma grande, dit-il, en me quittant, il faut que tu l'aimes, ton homme, pour faire ça. Quelle audace et quelle imprudence ! C'est peut-être pour cela que tu gagneras ! En tout cas, je vais me débrouiller pour te revoir de temps en temps. Toi, ne jette pas trop la pierre aux copains ! »

Il m'embrasse. C'est inattendu.

« Pars devant. » Il ajoute : « Aux audacieux, les mains pleines. »

L'amertume me donne des jarrets et je fonce chez moi. Je sais qu'ils ont raison ! Mais notre combat n'est-il pas fait, aussi, de choses déraisonnables ?

L'après-midi, ma tenue numéro 1 dans un sac, j'arrive au magasin de Maurice et m'engouffre dans la cabine d'essayage. J'en sors rapidement changée, un peu fardée, et suis déjà à la porte : « J'y retourne, Maurice. A tout à l'heure. » Le temps qu'il réalise, je suis à l'arrêt du tram pour Bellecour.

Avenue Berthelot, cette fois, je ne demande rien et passe le porche avec assurance ; juste un petit salut aux sentinelles. Je gravis l'escalier. Sur la porte à double battant est accrochée, en effet, une pancarte que je n'avais pas vue l'autre jour : « Obersturmführer K. Barbie. » Sans accent sur le e final. Je frappe.

« *Herein.* »

Il est seul aujourd'hui, avec un chien magnifique. Je n'ai pas encore refermé la porte qu'il a déjà traversé son bureau, le chien sur ses talons.

« Encore vous ! Je n'ai rien à vous dire. Foutez le camp, votre fiancé n'a besoin que d'une cigarette et d'un verre de rhum, comme vous dites en France », ajoute-t-il en ricanant.

Il me fait tourner sur moi-même – plus fort qu'il n'y paraît ce type ! – et me claque la porte au nez.

Là ! Ma fille, tu as intérêt à déguerpir, vite fait, avant qu'il ne réfléchisse et ne te fasse arrêter ! Sur le trottoir, j'avance d'une vingtaine de mètres, traverse l'avenue, pénètre dans un couloir où je fais semblant de rajuster ma jarretelle. Tout a été si vite qu'il ne peut y avoir de filature discrète. Personne ne court derrière moi. Sous le porche de l'École de santé, personne ne scrute les environs. Allons-y. J'enfile la rue Pasteur jusqu'au cours Gambetta, saute dans un tram pour traverser le Rhône jusqu'à Bellecour et, par la rue de la Ré, je rejoins la rue Puits-Gaillot. Maurice est dans tous ses états.

« Imbécile, te voilà. Il va falloir t'attacher maintenant.

– C'est fini, Maurice, je n'irai plus. C'est foutu. Il est condamné. Ils vont le tuer. Maintenant, il faut que je le venge. Demain, j'aurai trente et un ans. Nous devions fêter cet anniversaire chez ma sœur, à Cusset. J'y pars ce soir. Essaie de joindre mon beau-frère à son bureau de presse de Vichy pour le prévenir. Dis à Maria que je serai là demain. »

Gare Perrache. Il y a trois semaines, nous revenions si heureux de Carqueiranne. Faut-il être bêtes et inconscients, quand on a été échaudés une fois, pour recommencer ce jeu idiot ! Morin-Forestier, lui, est vraiment en route pour Londres. Sa femme est rassurée. Dans ce train Lyon-Vichy, bourré comme tous les trains, avec les wagons de première classe réservés aux troupes d'occupation et hauts fonctionnaires de Vichy, je ne suis que révolte. Je hais tout le monde : les voyageurs du compartiment – nous sommes serrés à cinq par banquette –, les policiers qui contrôlent les identités, et celui du Service économique qui intervient le premier :

« Ouvrez vos valises.

– Je n'ai pas de valise. »

Il appelle le flic de l'identité : « Elle n'a aucun bagage. »

L'autre se tourne vers moi : « Pourquoi voyagez-vous ? »

Je suis excédée : « Voilà ma carte d'identité, j'ai trente et un ans demain, je rejoins mon mari chez ma sœur et mon beau-frère à Vichy, pour fêter mon anniversaire. C'est permis, non ? »

Ils sont perplexes. J'ai parlé sur un tel ton. Un beau-frère à Vichy ! Pas téméraires les flics, on ne sait jamais. Ils partent. Les neuf autres voyageurs qui n'ont pas bronché me regardent un peu de travers. A Vichy, mon beau-frère m'attend avec son vélo.

« Assieds-toi sur le cadre, je vais pédaler, c'est à peu près plat, ta sœur nous attend. On va fêter ça dès que Raymond sera arrivé. Au fait, comment vient-il ? »

Je lui assène brusquement la vérité :

« Raymond a été arrêté par la Gestapo ; ils vont le fusiller. »

Il descend de vélo.

« Mais alors, qu'est-ce que tu fais là ? Tu es sûrement suivie.

– Rassure-toi, il n'y a aucun lien entre lui, sa famille et la mienne. »

Nous achevons la route en silence et à pied. A Cusset, ma sœur flaire tout de suite quelque chose de tragique. Je raconte tout : le 21 juin, Barbie, les copains, la grossesse. Elle m'entoure de toute sa tendresse.

« Viens te coucher, je t'apporterai un bol de soupe. Pierrot, veux-tu pour cette nuit dormir dans la chambre des filles ? »

La nuit commence par des sanglots, des désespoirs, des révoltes. Je n'accepte pas mon impuissance. Allongée près de moi, ma sœur me tient la main.

« Calme-toi, ma Lucie, demain je rentrerai à Lyon avec toi et j'emmènerai Boubou dans une maison d'enfants, au pied du Vercors. Il sera bien entouré, bien nourri. Ce souci en moins, tu verras plus clair.

– Je ne veux pas vivre si Raymond meurt. C'est impossible. Je te donne mon gosse, et après... »

Dans mon imagination, je me vois déjà dans une opération suicide, mourant dans l'apothéose d'un carnage de policiers allemands. Pourquoi pas les faire sauter tous, dans l'École de santé ? Je sais où est leur chef, et je ne me dégonflerai pas.

Mardi 29 juin 1943.

Triste anniversaire. A Lyon, avec ma sœur, nous téléphonons à la maison d'enfants. C'est d'accord, Boubou est accepté. Son bagage est vite fait, ils partiront demain.

Une semaine déjà que la catastrophe est arrivée. On ne sait toujours rien de Max. Pascal me dit que Claudius Petit a vu, en gare de Lyon à Paris, sortir du train, solidement encadrés, Lassagne mal en point, Aubry, Schwartzfeld et Dugoujon. D'après lui, il n'y avait ni Max, ni Raymond, ni Bruno. Mais une femme : c'est Mme Raisin, la secrétaire d'Aubry.

Pascal a revu son inspecteur résistant : hier, la Gestapo est venue chercher Didot-Hardy à l'Antiquaille et l'a emmené à l'hôpital militaire allemand de la Croix-Rousse. Traitement bizarre pour quelqu'un qui leur a faussé compagnie à Caluire ! Il y a bien d'autres blessés, plâtrés, moribonds, qui n'ont pas droit à ce régime, et se retrouvent agonisants dans les caves de l'avenue Berthelot, puis dans une cellule de Montluc ! Nous sommes de plus en plus mal à l'aise avec cette histoire Didot-Hardy. « La semaine prochaine, me dit Pascal, Claude Bourdet et Claudius Petit seront à Lyon. Nous en parlerons ensemble. »

Je rumine toutes ces informations. Si Max, Bruno et Raymond n'étaient pas du voyage, que sont-ils devenus ? Sont-ils partis par un autre train ? On le saurait. Dans les gares, la surveillance ne s'est pas relâchée pour tous les trains vers Paris. Sont-ils partis par la route ? Pourquoi eux trois spécialement ? Pour Max, cela se comprend. S'il est identifié, c'est un trop gros gibier qui doit être livré au plus haut niveau de la Gestapo. Mais les deux autres ? Barbie, hier, m'a dit que Raymond était condamné, il ne m'a pas dit qu'il était parti. Alors, il n'y a que deux possibilités : ou ils sont encore à Montluc ou ils sont morts. Il faut que je sache. Vers une heure, je me retrouve devant Montluc, avec un paquet pour chacun d'eux. J'ai aussi acheté – très cher – un petit cageot de bonnes pêches. Au poste de garde :

« Voilà des colis pour messieurs Ermelin, Martel et Larat. Les pêches sont pour vous.

– Merci, mademoiselle. Vous attendre. »

Trois minutes plus tard, le même : un soldat à cheveux

gris, ses lourdes paupières cachant ses yeux, qui me dit, en me tendant les paquets : « Plus de colis, mademoiselle. S'il vous plaît, vous ne plus venir, plus jamais. »

Il a gardé les pêches. Mauvaises nouvelles ? Avertissement ? Il n'a pas eu le temps matériel de consulter le registre dans le poste, il n'a fait qu'un aller-retour pour poser les pêches. Après tout, ces soldats ne sont pas tous pourris. Il m'a peut-être évité un gros pépin. Bien. Reste l'Institut médico-légal qui n'est pas loin. Souvent, c'est là que la police apporte ceux qui meurent à Montluc ou sont tués dans la rue. Quand ils sont fusillés près de Bron, on les enterre sur place. Je sonne, j'entre.

« Je voudrais savoir si vous avez des corps non identifiés.

– Ce n'est pas ce qui manque par les temps qui courent. Vous cherchez quelqu'un ?

– Oui. Puis-je les voir ?

– Ce n'est pas permis sans un officier de police. Mais décrivez-moi la personne que vous recherchez. »

Affreux ! J'imagine déjà Raymond couché, raide, le thorax criblé de balles, le visage intact avec sa moustache de conspirateur, ses belles lèvres si accueillantes. J'ai l'impression de le tuer en le décrivant. C'est comme si j'acceptais sa mort.

« Non, madame, personne ne correspond à ce signalement. C'est défendu, mais si vous tenez le coup je vais vous montrer le seul à moustaches. »

Nous descendons quelques marches et arrivons dans une salle dont les murs sont, jusqu'à mi-hauteur, comme recouverts de larges plaques munies de poignées. Il en tire une, c'est le devant d'un long casier. Il me montre un visage. Qu'il est blanc ce jeune mort inconnu, et comme je le remercie de n'être pas Raymond !

« Si vous revenez, c'est une bonne heure. Le matin, la police est souvent là. L'après-midi, il y a des mises en bière, on les enterre au cimetière de la Guillotière. Si vous avez encore la carte de tabac du monsieur, touchez sa

ration, je suis preneur, en Caporal plutôt qu'en cigarettes. »

Je n'ai jamais autant vomi qu'en parcourant les cinq
cents mètres qui me séparent de la maison. Allongée, les
oreilles pleines de bourdonnements, je reprends peu à peu
mon calme.

Ma fille, tu as trente et un ans, tu as déjà fait face à des
situations graves. Cette fois, c'est tragique. Raison de plus
pour être d'attaque. Demain, tu seras seule dans la maison
avec Maria. Tu ne te laisses pas couper des copains, montre à ceux que tu rencontres que tu restes dans l'action,
avec ta part de bagarre. Il ne faut pas qu'ils prennent
l'habitude de te considérer comme une épouse bouleversée, une mère qui attend un deuxième enfant, une faible
femme qu'il faut ménager et protéger.

Je me jure d'être calme quand je les verrai, efficace
quand j'aurai un boulot à faire. De cette façon, si j'arrive
à trouver une tactique de sauvetage, ils auront confiance
et m'aideront !

Vendredi 9 juillet 1943.

Quelle journée ! Je viens de la passer avec mes élèves
de 6e. Nous nous étions donné rendez-vous devant la
cathédrale Saint-Jean à neuf heures, avec notre pique-
nique. Nous avons vécu huit heures d'affilée avec les
Romains. Sur les pentes de Fourvière, dans les fouilles en
partie abandonnées depuis 1940, nous avons retrouvé
l'emplacement du théâtre, du cirque, des restes d'égouts,
des vestiges de canalisations d'eau potable. Nous avons
cheminé sur cinquante mètres de voie romaine, avons vu
les traces du vieux forum, le *foro vetere* qui a donné son
nom, Fourvière, à la colline. Les enfants sont heureux de
cette découverte étymologique. Je leur raconte l'arrivée
des vétérans des légions romaines chassées de Vienne par

les barbares venus de l'Est : « C'était déjà comme ça ? » dit une des fillettes.

Sur les pentes ensoleillées, ces premiers habitants évitaient les inondations de la Saône et pouvaient dominer les assaillants. De *lugdunum*, nous retenons les deux origines possibles : *lug*, dieu solaire, et *lug*, corbeau. De toute façon, un mot gaulois à double sens. Comme le corbeau était le messager du soleil, nous sommes satisfaites. Notre casse-croûte avalé, nous avons pris un car qui partait pour Francheville. De là, par des petits chemins, nous avons retrouvé les arcs d'un aqueduc construit sous Hadrien, pour amener l'eau des monts du Gier jusqu'à Lyon. Nous comptons soixante-dix arcades en parfait état et mes « 6ᵉ » courent de l'une à l'autre. J'assiste à leurs ébats ; elles reviennent vingt fois sur leurs pas, comme de jeunes chiens fous, me posent des questions, repartent en courant. Les plus audacieuses voudraient bien monter au-dessus de l'aqueduc. « Là où c'est le plus bas, madame, on ne risque rien. »

J'explique qu'elles verront le canal où coulait l'eau et que, si les arches sont plus ou moins hautes, c'est qu'il fallait tenir compte du relief pour avoir une pente régulière jusqu'à Lyon. Je suis prise par la passion d'enseigner au point d'oublier, un moment, ma situation. Quand je reprends pied dans la réalité, je me demande : qu'est-ce que je fais là ? Puis-je oublier que, dans une prison, il y a l'homme de ma vie, qu'il n'y est pas seul, que la souffrance et l'humiliation sont leur lot, que tous les deux jours, à la morgue, je vois des cadavres de jeunes injustement morts ?

Dans ce paysage où s'additionnent des siècles de civilisation, voilà une femme qui vient vers moi : son tablier de travail est en cotonnade noire, ses cheveux déjà gris sont retenus en chignon :

« Ça fait plaisir de voir de la jeunesse. » Elle a manifestement envie de parler. « Regardez comme elles sont insouciantes, me dit-elle, j'avais leur âge pendant la Grande Guerre. Mon père était au front, il y est resté.

Maintenant, c'est mon mari qui est chez "eux", depuis trois ans, et voilà que mes deux gars quittent à leur tour la maison. Trois hommes en Allemagne, c'était trop, madame. »

Je lui demande où elle a pu expédier ses garçons pour qu'ils échappent au STO.

« Ils sont montés au-dessus de Chazelles. C'est de là que je sors. Mais ils sont décidés à se battre et ils vont partir dans un maquis du côté du Puy. C'est bien du souci pour une mère, mais tout le monde doit s'y mettre si l'on veut que ça finisse. »

Comme moi elle écoute la BBC et y puise l'espoir. Pendant que nous conversons, les petites arrivent.

« Madame, on a soif ! »

Mon interlocutrice nous entraîne vers sa maison derrière une vigne et un champ de colza, d'un merveilleux jaune d'or. Elle sort de sa cave un grand panier plein de pêches.

« Allez, mes enfants, piochez. » C'est la ruée. « Du calme, il y en a pour tout le monde. »

Je m'inquiète de ce pillage et du manque à gagner pour cette paysanne en ce moment où tout se paie. Je propose une indemnisation. Elle refuse.

« Ce n'est pas grand-chose ! J'espère que quelqu'un fait la même chose pour mes deux gars dans le maquis. »

A Chaponost, nous attendons une heure un car qui arrive bondé. Je ne peux me séparer d'une partie de mon troupeau et nous ne tiendrons jamais toutes. Le chauffeur me dit qu'à trois kilomètres, sur la grand-route, un car direct pour Lyon passe à cinq heures. Nous voilà parties bon train, semelles de bois claquant bruyamment sur ce chemin caillouteux. Bientôt, nous sommes dans le car, sur les genoux les unes des autres. Les voyageurs sourient de la vitalité de ces gamines. Nous arrivons à Lyon en longeant les quais du Rhône. En passant devant la prison Saint-Paul, je ne suis pas loin de penser : « C'était le bon temps ! »

J'arrive, épuisée, à la maison. Maria est comme un ours

en cage : « Je m'ennuie, toute seule la journée entière »,
dit-elle. Je lui promets de l'accompagner bientôt chez sa
copine, sortie comme elle du camp de Gurs, et qui loge
près de Valençay, dans l'Indre, chez des braves gens qui
ont plusieurs enfants. Je ne veux pas laisser Maria voyager
seule et risquer un contrôle de police avec peut-être des
questions embarrassantes. Dieu seul sait ce qu'avec la
meilleure foi du monde elle pourrait répondre !

Mardi 13 juillet 1943.

C'est le jour de la distribution des prix. Les terminales
ont eu de bons résultats au bac. Deux d'entre elles, Irène
Altman et Ginette Favre, viennent me voir. Elles attendaient leur diplôme pour s'engager dans la Résistance. Je
connais leurs parents qui sont avec nous depuis 1941. Elles
savent ce que je pense et sont fières d'être maintenant à
mes côtés. Je leur promets un contact, mais j'en frissonne.
   Pauvre distribution. Peu de prix, quelques livres clas-
siques et, en nombreux exemplaires, les œuvres des
hommes de Vichy.
   Un discours essentiellement littéraire d'un prof de 1re
supérieure, la chorale chante : « Maréchal nous voilà. »
Pas moyen de partir avant la fin. C'est seulement à ce
moment-là que les profs signent le procès-verbal. Sans
signature, pas de traitement pendant les vacances.

Jeudi 15 juillet 1943.

J'emmène Maria à Valençay. Chaque fois que je vais
là, j'en profite pour rendre visite à deux de mes maîtres :
Henri Hauser et Charles Guignebert, qui ont été si attentifs

pour moi en Sorbonne. Deux vieux couples, pleins de science, de charme et de philosophie. Ils me chargent d'un colis de choses introuvables à Lyon : des œufs, du saucisson, un poulet et ce merveilleux fromage de chèvre en forme de pyramide tronquée. Raymond aimait tant parler de sa cassure conchoïdale, signe de qualité.

Je pousse jusqu'au château. André Chamson est là, venu inspecter ses trésors. Il veille à la conservation, dans des cachettes protégées, loin de Paris, des trésors du musée du Louvre. Il paraît que la Vénus de Milo est dissimulée ici. Splendide château et bizarre atmosphère : la femme du propriétaire est allemande. Les hôtes et les visiteurs sont de toutes espèces : étrangers clandestins, universitaires juifs, officiers allemands cultivés. On ne sait jamais à qui on a affaire. Chamson, au milieu de cela, est à l'aise et plaisante avec une audacieuse ironie.

Au retour, je fais un crochet par Saint-Aignan pour saluer Paul-Boncour. Il a bien soixante-dix ans, et vit dans une belle demeure au bord du Cher. Ancien ministre, longtemps représentant de la France à la Société des Nations, député, il a refusé de voter les pleins pouvoirs à Pétain et s'est retiré sur ses terres. Une retraite coupée de voyages. Il va à Vichy, vient à Lyon. C'est chez nous qu'il est arrivé un jour de l'automne 1941. On lui avait dit que nous étions gaullistes, qu'il pourrait rencontrer dans notre maison des gens intéressants. Ce petit homme, très sourd et tonitruant, à l'abondante crinière blanche, était presque toujours accompagné de son valet de chambre qui portait sa cape. Il effrayait tous nos copains. Difficile de ne pas le remarquer ! Il fut décidé que c'est moi qui le rencontrerais. Il me racontait, en parlant fort, les potins de Vichy : une vraie gazette, il savait tout sur les événements et les hommes. Après deux ou trois rendez-vous dans Lyon, je l'ai persuadé qu'il valait mieux que j'aille le voir chez lui. Cet homme délicieux, d'une politesse grand siècle, était tout heureux de recevoir une jeune femme. Il me retenait pour la nuit, après un dîner soigné que j'étais seule à dévorer ; lui avait un appétit d'oiseau. En logeant chez lui, je m'étais aperçu que, l'obscurité venue, son parc était un lieu de passage. Les clandestins traversaient là le Cher qui suivait la ligne de démarcation. Je pense qu'il était au courant, mais que sa surdité était sa sauvegarde. D'ailleurs, au moins une fois par semaine, dans cet hiver 1942-1943, il se présentait sur le pont, au poste de garde, avec son Ausweis permanent de frontalier, comme un homme à la conscience tranquille.

En cet été 1943, il y a six mois que je ne l'ai vu. Il ne va plus guère à Vichy. L'occupation totale de la France l'a profondément meurtri, il reste chez lui. Comme d'habitude, il m'offre l'hospitalité. Difficile d'accepter, après mon expédition à Valençay, les victuailles, et surtout avec le poulet prêt à cuire, dans mon sac. Comment attendre encore un jour avec le voyage en train en plein été.

« Ce n'est pas un problème, dit-il. Ma cuisinière a sûrement la solution. »

En effet, elle va le faire rôtir, et demain il fera le voyage à Lyon, sans risque.

Dans cette demeure pleine de livres et d'objets, je passe une bonne soirée. Paul-Boncour se souvient de ses rencontres avec les diplomates et les chefs d'État de la Société des Nations à Genève. Je ne me lasse pas de le questionner. Il a beaucoup d'idées sur l'après-guerre. « Il faut, affirme-t-il, que toutes les nations soient fédérées. Ce qui a tué la Société des Nations, c'est l'absence des États-Unis et de l'URSS. » A mon tour de l'informer sur les départs clandestins d'un certain nombre de parlementaires, sur le développement et l'organisation de la Résistance, sur les arrestations si graves, connues maintenant de tout le monde. Je lui dis que Raymond est à Londres, je lui dis aussi que j'attends un bébé pour février prochain. Il est tout ému.

« Allez vous reposer, mon enfant. Pour sa naissance, la guerre sera finie et votre mari sera de retour près de vous. »

Dérision ! Raymond, de retour près de moi... Quand ? D'où ? Comment ? Dans quel état ?

Tout me ramène toujours à lui.

Vendredi 16 juillet 1943.

Dans l'après-midi, j'arrive à Lyon et porte chez mes beaux-parents les provisions de Valençay. Qu'est-ce que je ferais de tout ça, moi, seule dans une maison qui a cessé d'être le lieu de passage, d'accueil ou simplement de halte amicale de tant de copains ?

Mes beaux-parents discrètement s'étonnent de ne pas me voir plus souvent et de mon peu d'empressement à rejoindre le petit Jean-Pierre maintenant que la classe est finie.

J'ai une idée fixe : il me faut trouver le moyen de communiquer avec Raymond s'il est à Montluc, et de savoir peut-être ce que Max est devenu. La garde à la porte et la surveillance intérieure sont assurées par des soldats encasernés à Lyon. C'est bien le diable si je n'arrive pas à entrer en contact avec l'un d'eux. Ces bonshommes, cantonnés loin de leur famille, fréquentent sûrement des prostituées ; il y a une bonne chance pour qu'il leur arrive de temps en temps de ramasser une solide blennorragie. Pas question, pour eux, de se faire soigner par le major de la garnison. Les « maladies honteuses » sont bonnes pour les races inférieures ! Pour un Allemand, ça ne pardonne pas : c'est le front russe. Maurice ne veut rien savoir pour se renseigner sur les médecins lyonnais qui reçoivent discrètement de tels clients.

« Ces gars-là, il n'y a que le fric qui compte. Je n'ai pas confiance. Si l'un d'eux est engagé dans un service de renseignements, il ne se découvrira pas pour te mettre en rapport avec un de ses clients. »

Je vais essayer une autre source. Je connais un fonctionnaire de la préfecture, Robert Cluzan, qui passe à la Résistance des renseignements d'ordre administratif et économique très utiles. Un de ses anciens camarades d'enfance et de lycée, commissaire de police, dirige une équipe de répression spécialisée dans la chasse aux communistes. Cluzan le voit avec prudence et, de temps en temps, lui soutire une information. C'est comme cela qu'il m'obtient le nom d'un toubib que fréquentent les soldats allemands. J'y vais.

Dans la salle d'attente crasseuse, il y a deux soldats allemands et trois civils à tête de crapule. Le docteur qui vient chercher l'un des patients est du même acabit. Maurice a raison, impossible d'avoir confiance. J'ai hâte de sortir de là. Dès que le docteur ouvre une nouvelle fois la porte de son cabinet, je me lève et dis précipitamment :

« Docteur, pouvez-vous passer ce soir voir mon père ? Il est cloué au lit par un lumbago ; nous avons nos places de train pour partir demain soir en vacances. C'est à deux pas de chez vous. »

Je lui laisse une adresse bidon et m'en vais informer Cluzan du résultat. Il y a deux personnes chez lui, avec qui je partage des tranches de mortadelle et un morceau de pain. Ils discutent d'une stratégie d'urgence : une de mes collègues, prof de physique, a mis pendant les vacances son appartement à la disposition d'universitaires résistants communistes. Ceux-ci l'ont utilisé pour rédiger, tirer à la ronéo et entreposer des tracts et des journaux clandestins. Allant ce matin en prendre un paquet, ils ont trouvé sur la porte des scellés avec cachets allemands. Problème : le matériel est peut-être encore à l'intérieur, il faut essayer de le sortir ! Je me joins à leur trio pour tenter ce coup.

La jeune femme s'assure que la voie est libre. Avec une éponge, elle a humecté et décollé proprement les scellés qu'elle nous charge de remettre en place une fois le déménagement accompli. Par la cour, nous chargeons, dans la rue derrière l'immeuble, des machines et des journaux sur une voiture à bras, et en route. Notre jeune amie faisait le guet par-devant et nous l'avons tout simplement oubliée. Elle a vu entrer des Allemands en uniforme. Affolée, elle revient chez Cluzan et nous trouve attablés devant un cageot de pêches ! Quelle engueulade !!

Ce n'est pas notre insouciance qui m'émeut ; c'est cette disposition que j'ai de me fourrer dans tous les coups. Tant que Raymond n'est pas sauvé j'ai mieux à faire de ma liberté et de mon astuce ! Mais je sais bien qu'à la prochaine occasion je recommencerai. Certes, mon engagement dans la Résistance est le résultat d'une décision. N'empêche que, dans les actions difficiles, il y a une part de jeu : et ça, c'est une drôle de drogue !

Deuxième quinzaine de juillet.

Nous continuons notre surveillance en gare. Personne ne sait rien sur Max. Il s'est volatilisé ! Les cheminots nous préviennent que les Allemands ont donné l'ordre de préparer dix wagons de troisième classe, avec la locomotive sous pression, sur une voie du dépôt de Gerlan. Cette fois, c'est un train entier qui va être rempli de prisonniers. Je fais partie des guetteurs. Un cheminot nous fait entrer dans un wagon de marchandises garé face au train préparé. Nous enlevons la planchette de bois sur laquelle est collée la feuille de fret. Nous recollons par les bords la feuille découpée de larges trous. Le grillage de protection, devant, est en place. De l'extérieur, on ne se doute de rien. Nous sommes du côté de l'arrivée, sur le quai de chargement qui n'arrive pas jusqu'au train en attente. Nous verrons donc tous ceux qui seront embarqués passer devant nous.

Au bout d'une heure d'attente, un détachement de soldats allemands s'alignent sur le ballast le long du train. Puis arrive une colonne de gens en civil. Ce sont sûrement des Juifs. Tous, à peu près bien vêtus, une valise à la main, comme pour un départ tranquille en vacances. Ils montent dans les wagons tandis qu'un Feldwebel active le mouvement. « *Schnell, schnell.* » Il y a là des hommes et des femmes de tous âges ; des enfants aussi. Dans les rangs, une de mes anciennes élèves, Jeanine Crémieux. Elle s'est mariée en 1941, a eu un bébé ce printemps. Elle tient le poupon sur le bras gauche, une valise dans la main droite. La première marche est haute, au-dessus de ce ballast caillouteux. Elle pose sa valise sur la marche, s'accroche d'une main au montant de la porte, n'arrive pas à se hisser. Le Feldwebel arrive hurlant et lui envoie un coup de pied dans les fesses. Déséquilibrée, elle hurle, son bébé a roulé par terre, dérisoire petit tas blanc gémissant. Je ne saurai jamais s'il a été blessé, car les copains m'ont tirée en arrière et bloqué les mains au moment où j'allais tirer.

Aujourd'hui, je connais la haine, la vraie, et je me jure que ces choses se paieront. Alors que je fais de gros efforts pour dominer la nausée qui me submerge, j'entends dans un coin du wagon Julien qui vomit à grand bruit. Il a cinq gosses, il est cheminot, et membre de notre Groupe-Franc.

Le soir, je reste à Vénissieux pour manger la soupe avec les copains. Ces hommes simples, ouvriers, avec souvent derrière eux un passé de militants communistes, ont accueilli dans leur dénuement plus pauvres qu'eux. Trois Hongrois, bourgeois juifs de Budapest, réfugiés en France depuis 1938, poursuivis par l'antisémitisme de l'amiral Horthy. Ils se sont engagés en 1939 pour servir la France. A l'armistice de juin 1940, quand le gouvernement de Vichy a voulu regrouper dans des camps tous les volontaires étrangers, ils ont pris le large et ont trouvé accueil dans les milieux ouvriers français. Dans notre Groupe-Franc, il y a aussi un Portugais, un jeune gars silencieux, farouche, d'une extraordinaire fidélité. Il m'a donné son amitié et je sais qu'il me suivrait au bout du monde.

Cette quinzaine de jeunes hommes ont accepté l'autorité d'un plus jeune qu'eux : notre Serge Ravanel. Il n'a peur de rien et l'a souvent montré. J'ai avec lui des discussions à n'en plus finir. Ce gars est le jeune frère que je n'ai jamais eu, et j'aurais voulu tout savoir de lui, tout conduire de ses pensées et tout diriger de ses actions. Je connais peu d'êtres ayant une telle joie de vivre, une telle réserve de puissance physique, une telle aptitude à décider vite et à agir de même. Avec ça, un côté conspirateur qui m'agace. Il parle à voix basse et semble toujours faire à son interlocuteur une confidence décisive. Aussi, quelle frustration quand je n'entends pas ce qu'il dit à quelqu'un d'autre de notre groupe, de notre groupe pour qui je suis Catherine, sans plus. Seul Serge connaît mon adresse.

Nous avons de mauvaises nouvelles de Max. Lassagne à Fresnes a pu communiquer avec Dugoujon. Celui-ci, par son amie, nous a fait dire que Max avait été terriblement battu à Lyon, qu'il avait été confronté moribond avec le général Delestraint dans une villa de la Gestapo à Neuilly.

Pascal Copeau, sur l'épaule de qui je viens pleurer sans contrainte quand je n'en peux plus, est le plus attentif des amis. Il me tient au courant de tout ce qu'il peut apprendre sur notre drame. Nous parlons souvent de Hardy. Je suis persuadée qu'il est coupable. Pascal me dit que Claude Bourdet juge sa trahison incertaine ; Claudius Petit, qui a un cœur d'or et les scrupules d'un grand croyant, est ébranlé et penche pour sa culpabilité. Moi, je suis d'accord avec ceux des dirigeants qui ont jugé le soupçon suffisamment fort pour prendre la décision de l'éliminer. Mais comment faire ? Déjà quatre semaines qu'il est à l'hôpital militaire allemand de la Croix-Rousse. Voilà une blessure au bras qui lui vaut de longs soins attentifs ! Quel traitement de faveur ! Comment l'atteindre là où il est ? Nous n'envisageons pas un instant une opération qui sacrifierait des camarades du Groupe-Franc. Une complicité à l'intérieur de l'hôpital ? Il ne faut pas y songer. L'idée nous vient que le seul moyen est l'envoi d'un colis de vivres empoisonnés. Nous savons combien la nourriture compte en ce moment, surtout en prison. Pour éviter les bavures – les prisonniers partagent toujours entre eux –, il faut introduire dans le colis une portion individuelle : une petite ration dans un verre à ventouse. Un collègue, prof à la fac des sciences, m'a remis un tube d'aspirine presque plein de cristaux de cyanure.

« Attention, avec ça, tu peux tuer tout Lyon. »

Je le mélange à des confitures dans le petit pot de verre. Le paquet est vite fait. Nous le posons sans nous attarder à la réception de l'hôpital. Pendant des jours et des nuits, je suis torturée à l'idée de ce qui va arriver. Décider est une chose, exécuter en est une autre. Maintenant que je suis sûre d'avoir en moi une nouvelle promesse d'enfant, la vie acquiert un prix supplémentaire. Même quand il s'agit d'un salaud ! Trois ou quatre fois par semaine, je vais saluer les morts anonymes de l'Institut médico-légal. Mais je ne pourrai reconnaître Didot-Hardy s'il arrive là, je ne l'ai jamais vu.

Mercredi 11 août 1943.

La journée est longue, longue, et la nuit vient tard. Ce soir, je n'arrive pas à m'endormir. Vergaville est venu cet après-midi. Attentif, il essaie à sa manière bourrue de me maintenir le moral. Il me raconte aujourd'hui une surprenante histoire ; c'est une façon, pour lui, de me montrer que tout est possible en matière de chance :

« Hier soir, j'ai rencontré Didot, un copain de "Combat". Il sort d'une aventure inouïe. En juin, dans un train pour Paris, entre Mâcon et Chalon, il a reconnu l'un de ses camarades en compagnie d'un flic allemand. A un ralentissement du train, il a lancé sa valise par la fenêtre et suivi le même chemin. La valise s'est éventrée, il n'a rien pu récupérer, mais a fait un roulé-boulé et s'est relevé intact. Il a repris tout de suite son boulot au service Fer de "Combat". Il m'a raconté son évasion place Castellane à Caluire quand la Gestapo a arrêté Moulin, Raymond et les autres. Là encore, il a eu de la chance. Malheureusement blessé au bras en s'enfuyant, il a d'abord été coincé par la police française, elle l'a mis dans le service "Détenus" de l'hôpital de l'Antiquaille. Soigné, le bras plâtré, il a été réclamé par les Allemands qui l'ont enfermé dans leur hôpital à eux. Au bout de quatre semaines, quand il a vu qu'on était à la veille de le déplâtrer, il a décidé de s'évader. Avec l'épingle de nourrice de la bande qui passe autour du cou pour maintenir son bras plâtré, il a réussi à fracturer le cadenas de la grille qui condamnait sa fenêtre. Il a sauté de son premier étage dans la cour, puis par-dessus le mur d'enceinte sans se faire repérer. Il n'a pas l'air de se rendre compte qu'il doit quitter Lyon au plus vite. Il m'a dit que bientôt Fouché l'accompagnera dans la Creuse où on le planquera. Quel as tout de même !! »

Vergaville, qui n'est pas au courant des décisions d'élimination, est surpris de mon manque d'enthousiasme.

Je ne dis rien. *Quid* du cyanure ??

Dans mon lit, je ne trouve pas le sommeil. La clarté de la lune montante a remplacé le crépuscule. J'imagine mille situations effroyables avec ce pot empoisonné, et mille autres avec les risques que représente cet homme en liberté.

Il faut que je dorme. Mon bébé de trois mois doit pousser dans le calme. Si je ne m'endors pas bientôt, je vais avoir faim, et je n'ai pas grand-chose à me mettre sous la dent. Le calcium que m'a prescrit l'accoucheur m'ouvre l'appétit. Je n'arrive pas à boire le quart de litre de lait qui est attribué aux femmes enceintes. Il est déjà onze heures du soir. Je descends au jardin et je cueille une pomme. Elle est verte, acide, m'irrite dents et gencives. Je la mange dans la douceur de cette nuit d'été. Le premier quartier de lune si brillant m'empêche de bien distinguer les étoiles. Quand nous campions dans les Vosges, en juin 1939, Raymond et moi regardions ensemble les constellations. Raymond avait un faible pour Cassiopée. Je lui disais : « Quand je serai dans les montagnes Rocheuses à enquêter pour ma thèse, nous nous retrouverons la nuit en regardant Cassiopée ! – Tu oublies les six heures de déca-lage horaire... »

Cette nuit du 11 août 1943, nous sommes à moins de 1 500 mètres l'un de l'autre. Peut-il entrevoir, de sa cel-lule, le W de nos amours vosgiennes ? Dans mon lit retrouvé, avec son pyjama fétiche qui a gardé son odeur, je me retiens de hurler de souffrance et de solitude.

Et pourtant, je ne suis pas tellement isolée. Mes copains de Résistance continuent de me voir avec prudence, à l'exception de l'un d'eux, accroché aux règles de sécurité qu'il ne veut pas enfreindre. Je continue de voir Pierre-des-faux-papiers. Il connaît ma détermination. Il a trouvé un moyen qui va peut-être m'aider.

Parmi ses amis, une jeune femme juive, réfugiée de Paris, lui a fourni des cachets allemands et des papiers de circulation. Elle connaît un colonel de l'Abwehr, déjà dans la Réserve, spécialiste de problèmes économiques. Sa famille avait jadis été liée à celle de cette jeune femme, et quand il est devenu chef des services économiques de la région lyonnaise, elle a renoué avec lui. Bien sûr, il ne s'était jamais aperçu qu'elle subtilisait des imprimés et des cachets qui permettaient à Pierre de fabriquer Ausweis et ordres de mission.

Il m'a fait connaître la jeune femme. Nous avons tout de suite sympathisé. Je ne parle pas d'évasion à tenter, mais seulement de mon angoisse de fiancée enceinte. Je veux connaître le sort du père de mon bébé. Elle accepte de me présenter à son colonel. La rencontre est fixée au 17 août à six heures de l'après-midi.

12-17 août 1943.

Pendant ces cinq jours d'attente, je ne manque pas d'activité : il me faut maintenant une adresse contrôlable qui corresponde au nom de ma carte d'identité. Je dois être transparente si je vois « mon Boche », comme dit Maurice.

Les Gros, chez qui Raymond avait une chambre clandestine, n'ont pas été inquiétés après son arrestation. Ils acceptent de me louer cette chambre indépendante qui est inoccupée depuis juin. J'y apporte des vêtements, des livres, des objets de toilette, et je commence une lente métamorphose. D'abord, le coiffeur : une légère décoloration de mes cheveux, une permanente par-dessus. Misère ! Quand on enlève les bigoudis, une partie de mes cheveux y restent collés. La décoloration les a affaiblis et la chaleur les a achevés. Le coiffeur, bien embêté, me vend une moumoute ; cette tignasse postiche, que j'accroche par deux petites pinces au-dessus des oreilles, me donne vraiment un visage différent. Avec un chapeau, elle est invisible. En été, on est facilement élégante à peu de frais. J'ai des robes qui, bien repassées, font leur effet. Accentuer ma taille avec des sandales à épaisses semelles compensées, et me voilà transformée.

Je teste ma nouvelle allure chez Pierre ; il est estomaqué.

« Ma carte d'identité de Barbentane est solide, n'est-ce pas, Pierre ? Mais il faut la refaire puisque j'ai maintenant un domicile officiel à Lyon.

— Pas besoin de la refaire, tu vas au commissariat des Jacobins avec un certificat de domicile ; là, on notera ton changement de domicile avec tampon du commissaire et inscription sur les listes de l'arrondissement. Tu seras tout à fait en règle. »

Je suis un peu réticente, les commissariats ne sont guère fréquentables en ce moment.

« Tu ne risques rien, tu as ma parole, et ensuite ce sera une identité tout ce qu'il y a de solide et tout ce qu'il y a de vérifiable. »

Mardi 17 août 1943.

Tout se passe comme Pierre l'avait dit. Je retrouve Jacqueline pour la visite au colonel allemand. Il a ses bureaux et son appartement au quatrième étage de l'hôtel Carlton réquisitionné. Dans l'ascenseur hydraulique poussif, décoré de fer forgé en volutes, je me demande ce que je tirerai de ce nouveau contact. Ce gros homme à cheveux blancs n'est pas impressionnant du tout. Je lui explique que je suis la fiancée d'un prisonnier de Montluc.

« Il a été arrêté chez un médecin, on dit que c'est une affaire grave ; je vous assure que lui n'y est pour rien. Je voudrais bien savoir ce qu'il est devenu, où il est, comment il se porte. »

Il nous promet de se renseigner et de nous faire signe prochainement.

En arrivant, ma compagne avait un paquet ; elle ne l'a plus.

« On n'a rien sans rien, me dit-elle, il est très sensible aux cadeaux. Il ne veut rien recevoir des Français en tant que chef des services économiques allemands. Il se méfie des bavardages, des délations de fournisseurs français ou de contrôleurs allemands. Tout le monde a peur de tout le monde là-dedans, et la Gestapo s'intéresse vite aux militaires qui sont dénoncés pour une chose ou une autre. "S'intéresser à eux", ça veut dire, selon l'âge, le camp de concentration ou le front russe. Alors, il fait attention. "Jamais rien à redire dans le service", c'est sa devise. »

Je raconte à Maurice et Pascal cette nouvelle possibilité.

« Il faut voir, dit Pascal, mais sois prudente, il va essayer de te faire parler.

– Ces gars-là, dit Maurice, ils ont tous une telle pétoche de la Gestapo qu'ils vendraient père et mère. Alors toi, tu comprends, tu ne pèses pas lourd ! »

J'ai tout de même un argument :

« Jacqueline le fréquente depuis longtemps, il ne lui est rien arrivé, il sait pourtant qu'elle est juive.

– Oui, mais elle ne lui a rien demandé, elle.

– Qu'en savez-vous ? Il connaît depuis longtemps son nom, son adresse, elle est toujours là.

– Les Allemands ont leurs bons Juifs. Ça peut être un paratonnerre un jour », ricane Maurice.

Le lendemain, il m'apporte à la maison un foulard de soie :

« Tiens, si tu revois ton Boche, tu le lui offriras pour sa femme. »

Mardi 24 août 1943.

Nouvelle visite au Carlton. J'ai apporté le foulard dans un joli paquet. Il est plutôt sombre, le colonel ! Il nous dit que c'est une très vilaine affaire à laquelle mon fiancé est mêlé. Un de ses amis, qui a un poste important à l'École de santé, siège de la Gestapo, lui a conseillé de ne pas s'y frotter. C'est le chef Barbie lui-même qui s'en occupe. Il y a déjà des morts. Mon fiancé est à Montluc, il est condamné à mort, c'est tout ce qu'il peut me dire. Nous comprenons qu'aujourd'hui il ne faut pas insister. Quand pourrons-nous le revoir ?

Il part dans trois semaines pour un voyage de quelques jours en Allemagne pour voir sa famille : une femme et deux filles.

« Merci pour le foulard.

– Si vous voulez, colonel, je peux vous apporter, la semaine prochaine, une pièce de soie pour vos filles. »

Nous nous quittons sur cette proposition qu'il n'a pas refusée.

Puisque je connais le chemin de cet appartement du Carlton, j'irai seule désormais. Le plus urgent est de revoir

Copeau et de le mettre au courant de cette nouvelle : qui sont les morts dont parle le lieutenant de la Gestapo ? Nous redoutons le pire pour Max. Il faut que je lui parle de mon projet. Je lui raconte ces deux visites qui, d'abord, le remplissent de crainte :

« Te voilà dans de beaux draps, ma fille, tu vas te faire blouser, c'est sûr.

– Non, Pascal, j'ai tout bien pesé. Le vieux colonel ne prendra pas de risques. Il est trop peinard là où il est, il ne fera rien qui puisse le compromettre. Il a un ami à la Gestapo, c'est celui-là qu'il faut que j'arrive à rencontrer en étant assez convaincante pour qu'il me permette de voir Raymond. Il saura peut-être quelque chose pour Max. Bien sûr, il n'est pas question de visite à Montluc, ça ne s'est jamais fait et ça ne se fera jamais. Mais, imagine qu'il fasse venir Raymond pour un interrogatoire dans son bureau ?

» Nous avions, pour Max, étudié toutes les possibilités d'évasion, et celle qui paraissait la plus réalisable était l'attaque du camion cellulaire entre Montluc et l'École de santé. Nous connaissons les heures de départ aux deux bouts. Nous savons qu'il circule sans escorte. Notre Groupe-Franc est prêt à tenter l'opération. Serge disait même qu'on gagnerait. Je vais le revoir et nous évaluerons ce qu'il nous faut comme matériel et comme hommes. C'est une question de moyens. Ça va coûter cher. Le colonel, on ne l'arrose pas à l'eau claire. En y mettant le prix, il persuadera peut-être son gestapiste de me rencontrer.

– Eh bien, ma cocotte, il est toujours permis de rêver ! dit Pascal. Après tout, ce n'est pas complètement utopique ton affaire. Je vais en parler avec Bourdet et Claudius Petit. Tiens, voilà déjà cinq mille francs pour tes travaux d'approche. »

Deux fois ce que je gagne par mois comme professeur ! Ce viatique est un bon présage, et je le prends comme tel.

En arrivant avenue Esquirol, je trouve dans la boîte aux lettres un mot de la secrétaire de permanence au lycée : « Monsieur Lardanchet vous prie de passer à sa librairie.

Il a reçu un lot de livres qui pourrait intéresser la bibliothèque d'histoire. Il est urgent de prendre une décision. » Bizarre, pendant les vacances, ce zèle du secrétariat ! Bizarre aussi cette proposition de la librairie Lardanchet ! En juillet, ce libraire avait en vitrine la dernière œuvre de Fabre-Luce – plutôt pétainiste cet auteur ! Il a sûrement un stock de livres dans le ton de Vichy à proposer au lycée. Je ne risque rien d'y aller. On pourra toujours, mes collègues et moi, oublier ces ouvrages dans un placard.

Mercredi 25 août 1943.

A deux pas des Cordeliers, le tram me laisse près de la librairie. Tout d'un coup me revient en mémoire le rouleau de pellicules que j'ai laissé le 15 juin chez le photographe voisin. Dans la vitrine, agrandie en format 40 × 35, une superbe photo : mon père dans son jardin, penché sur son petit-fils accroupi devant un fraisier. Sous la photo une mention : premier prix de photo amateur petit format, Monsieur Samuel. J'ai des sueurs froides. Il y a donc, dans un tiroir de ce magasin, une pochette de photos développées et tirées qui m'attendent. Avec Raymond, mes parents, les siens, mes oncles, le petit bonhomme et moi. De la dynamite ! A détruire tout de suite. Mais d'abord, la visite à Lardanchet, je verrai après.

Dans cette librairie, où des livres rares côtoient les éditions récentes, un homme d'une quarantaine d'années, un peu compassé, à l'allure sévère, me reçoit.

« Je suis professeur d'histoire au lycée Edgar-Quinet, et vous avez souhaité me montrer des livres qui pourraient intéresser notre bibliothèque.

– Parfaitement, madame. Je les ai mis de côté, voulez-vous me suivre. »

Dans l'arrière-boutique, il me fait asseoir.

« Madame, j'ai utilisé ce moyen détourné pour vous

joindre. En réalité, je vais vous donner des nouvelles de votre mari. »

Un coup au cœur ; ne pas perdre contenance, surtout... « Impossible, monsieur. Mon mari est parti depuis plusieurs mois, il a décidé de rejoindre Londres. Moi-même, je ne sais où il est. Comment pourriez-vous avoir de ses nouvelles ? »

Pour la deuxième fois dans ma courte vie de femme mariée, un homme fait devant moi le même geste : de la poche de son gilet, il sort une alliance.

« Disons donc, madame, qu'un M. Ermelin, avec qui je viens de passer deux semaines en cellule à Montluc, m'a chargé de vous remettre cette alliance. Il m'a dit qu'il vous la confiait jusqu'à ce qu'il puisse la récupérer. »

Il sait le vrai nom de Raymond, connaît sa fausse identité, il a son alliance. C'est trop cruel. Les Allemands l'ont déjà fusillé et utilisent cet intermédiaire pour me coincer. Tout, en moi, se révolte. C'est impossible ! S'il était mort, je l'aurais senti. J'ai la nuque lourde. Je ne veux pas pleurer, je ne veux pas m'évanouir. Mon interlocuteur est bouleversé.

« Madame, ayez confiance, je suis aussi crédible que maître Fauconnet qui vous a déjà, une fois, remis cette alliance. Votre mari m'a conté bien des choses connues de vous seuls. Il savait que vous alliez vous méfier. » Il débite sans respirer : « Après votre mariage, le 14 décembre 1939, vous avez passé dix jours de permission à Paris, dans un hôtel de la rue Madame. Votre apéritif préféré était le porto-flip. La fille aînée de votre sœur s'appelle Martine. Pour votre mariage, votre beau-frère vous a offert *Toi et Moi* de Paul Géraldy. Votre mari est capable de réciter *le Bateau ivre*. C'est Jacques Copeau qui a baptisé Boubou, votre petit garçon. Il m'a raconté aussi la mort d'une oie... »

Alors, je pars d'un rire nerveux, incontrôlable, et je pleure en même temps.

« Là, ça va mieux ? Vous me croyez maintenant ? Ne pleurez plus ! »

Je dois être affreuse. Je hoquette et regarde Lardanchet comme s'il tombait de la lune. Depuis deux mois je cherche par tous les moyens à savoir ce qu'est devenu Raymond. La veille, un colonel allemand me confirme qu'il est condamné à mort ; aujourd'hui, voilà un libraire, un notable lyonnais, spécialisé dans les incunables, éditeur de la presse catholique, qui me dit paisiblement : « J'ai passé quinze jours avec lui à Montluc et voilà son alliance. » Mon Raymond, si prudent, si attentif à préserver sa famille, lui donne son alliance, mon nom et le moyen de me joindre. Ou bien il a perdu la tête, ou bien il a jugé digne de confiance son compagnon de cellule. Bien entendu, c'est la deuxième solution que je retiens. Il faut que je sache ce qui s'est passé.

Donc, Lardanchet publie la dernière œuvre de Fabre-Luce et la met en vitrine. Dans ce livre, une assez dure critique des Allemands n'a pas échappé à la censure. L'éditeur, à défaut de l'auteur, est convoqué à la Gestapo pour s'expliquer.

« On m'a reçu très poliment, raconte Lardanchet, on m'a questionné avec courtoisie et, à six heures du soir, on m'a dit : "Nous reprendrons cet entretien demain, nous vous gardons pour la nuit." Une voiture m'a emmené à Montluc, j'ai dû écrire mon nom sur le registre d'entrées puis on m'a conduit, sans me fouiller d'ailleurs, dans la cellule 77. Une petite pièce de 2 m sur 2,50 m. Rien dedans, si ce n'est dans un coin un bidon dont je vous laisse deviner l'usage. Rien d'autre qu'un homme assez effrayant au premier abord, des cheveux longs, mal rasé, une moustache rousse et des vêtements peu ragoûtants. Je n'ai pas voulu avoir l'air apeuré et je l'ai salué en me nommant : "Paul Lardanchet, libraire éditeur." Il m'a répondu : "Claude Ermelin, employé." Je lui ai expliqué la raison de ma présence pour une nuit dans ce lieu inconfortable. Il a eu l'air aussi incrédule que vous tout à l'heure. "Moi, m'a-t-il dit, je suis ici depuis plus d'un mois, seul. J'ai été arrêté chez un docteur de Caluire que j'allais consulter. Les Allemands ne me croient pas, ils me prennent pour un terroriste. Il y a quatre jours, ils m'ont fait venir dans un bureau pour me lire un jugement d'un tribunal militaire de Paris, qui me condamne à mort. Je n'arrive pas à croire que ce soit possible !"

» J'étais atterré, poursuit Lardanchet, devant une telle erreur de justice, et je lui ai promis d'en parler le lendemain à l'Allemand si correct qui m'avait convoqué. Il a souri. "En attendant, faites comme chez vous, m'a-t-il répondu, moi je dors." Il s'est couché par terre, il n'y avait ni lit ni couverture. Je l'ai interrogé : "A quelle heure apporte-t-on le dîner ?" Il a franchement ri : "Pour ce soir, la soupe est déjà passée, il vous faut attendre le jus de demain matin." »

Lardanchet me dit avec émotion qu'il n'avait encore rien compris, qu'il a passé la nuit debout, s'est retenu d'utiliser l'affreux bidon-tinette, et a vu avec horreur son compagnon s'endormir sans se soucier des régiments de punaises qui couraient sur lui. Le lendemain matin, il était prêt à partir, refusait le jus noirâtre servi dans un quart crasseux. Et rien ne s'est passé. A midi, Raymond avait mangé la ration que Lardanchet ne pouvait avaler.

La femme du libraire, au courant de la convocation, l'avait retrouvé à Montluc et avait obtenu le droit de lui apporter ses repas. Il les partage avec Raymond.

« J'ai trouvé en lui un compagnon bien sympathique. Il m'a beaucoup questionné sur mon métier de libraire, sur l'édition, sur les grandes librairies de Paris et de Strasbourg qu'il avait fréquentées, et j'ai été stupéfait le jour où il m'a avoué : "Je suis sûr maintenant que vous n'êtes pas un mouton, vous êtes un vrai libraire. Quelle cocasserie de vous avoir ici, vous qui n'avez participé à aucune activité résistante." J'ai fini par vivre comme lui, dormir à même le sol dans mes vêtements, porter la tinette chaque matin avant d'aller me laver au robinet de la cour. Ma femme nous a nourris ; pour votre mari, ce fut appréciable. Elle nous a apporté des livres. Votre mari a un faible pour la Pléiade. Il y a tant de texte pour un petit format. Petit à petit, il m'a raconté des détails très personnels sur vous deux et votre famille. J'ai compris pourquoi quand il m'a dit : "Ils ne vont pas vous garder longtemps ; ce séjour, c'est une leçon qu'ils vous donnent. Je vais vous confier mon alliance." Il l'a extraite du rembourrage de sa veste. "Je vais aussi vous confier ce que j'ai de plus cher au monde : ma femme et notre fils. Voilà son nom, vous la joindrez par le lycée où elle enseigne. Trouvez une astuce, elle ne vous croira pas, alors racontez-lui ces petites anecdotes que je vous ai narrées ces jours derniers." Madame, j'ai prié Dieu de toute mon âme pour qu'il m'accorde la liberté afin de mériter la confiance de votre mari. Quand j'ai raconté tout cela à ma femme, nous avons pleuré devant tant de sérénité, de courage et de foi. »

En quittant Lardanchet, je me demande si cet homme pieux et loyal a bien mesuré toute l'espérance qu'il m'a donnée. Avec mes deux alliances, les photos récupérées à côté – comme prix : Raymond a gagné le développement et le tirage gratuit, plus l'agrandissement –, je m'en vais à pied place des Jacobins. Je me sens légère, légère. J'ai l'impression que l'air est anormalement pur aujourd'hui, que les passants sont tous beaux, très beaux, et j'ai envie de chanter. Je porte l'alliance de Raymond, en pendentif autour du cou, avec ma médaille de première communion retrouvée chez mes parents, un bout d'ambre et des breloques dites porte-bonheur. La mienne, je la garde au doigt. Elle est en or blanc. Je préviendrai les questions : « C'est un anneau de rideau. Avec cette grossesse, je veux avoir l'air mariée. »

Mme Gros envoie tout de suite le paquet de photos chez une vieille amie de Mâcon qui les gardera pour moi. Ces photos, elles évoquent des moments si heureux que je n'ai pas voulu les détruire.

Lundi 30 août 1943.

Maurice, qui trouve toujours tout pour moi, me donne six mètres d'un superbe satin broché. Un peu trop vert, un peu trop brillant. « Il n'est pas courant, dit Maurice. Il devrait plaire au colonel. »

Pourvu qu'il soit là. Je n'ai jamais vu un ascenseur aussi lent. A croire que je pèse des tonnes ! Je frappe à la porte de son appartement.

« *Herein.* »

Il est là. Un jeune soldat lui présente des papiers à signer.

« Asseyez-vous, mademoiselle. J'en ai pour un instant. »

Le jeune soldat s'en va assez vite, envieux sans doute de la bonne fortune de son chef. Que peut-on attendre d'autre d'une jeune femme élégante et fardée, dans l'appartement d'un vieux colonel allemand ?

Je lui montre la lourde soie. Il est ravi. Je lui dis que, bien que fiancée à Ermelin, je ne demande pour lui aucune faveur. Je voudrais seulement le voir encore une fois avant son exécution.

« J'attends un bébé, c'est affreux, vous savez. Colonel, je vous en supplie, demandez à votre ami qu'il me permette de le rencontrer. Je vous promets que je me tiendrai bien, sans aucun scandale. Je vous le promets. »

Je répète trois fois ma promesse. Il est tout ému, mon vieux colonel. A son tour il s'engage, il verra son ami, et avant de partir pour Fribourg il va essayer – par humanité, dit-il – de m'avoir ce rendez-vous.

« Venez me voir la veille de mon départ. Si vous me trouvez quelques cigares, je serai très heureux. »

J'ai l'impression que je vais gagner. C'est une question de temps. Ils ne vont tout de même pas me le tuer avant !

Pour la première fois, je franchis la porte de la morgue sans appréhension. Aucun mort de Montluc aujourd'hui.

Pour la première fois, je n'ai pas vomi en rentrant à la maison. Je suis enceinte de trois mois et demi maintenant. Je l'écris à mes parents, l'annonce à mes beaux-parents. J'ai deux cartes de grossesse : une à mon nom, avec le certificat du docteur Éparvier qui a mis Jean-Pierre au monde ; une autre, au nom de Guillaine de Barbentane, avec le certificat de la maternité de l'Hôtel-Dieu. Je prends l'attribution de lait en petites boîtes de concentré et les donne au service social de notre Mouvement. Elles sont commodes pour les colis aux prisonniers. Les tickets supplémentaires, la femme de Julien, l'un des membres du Groupe-Franc, en aura l'usage avec ses cinq marmots et son petit budget qui lui interdit le marché noir.

Avec l'attribution de laine, j'achète trois pelotes d'une douce laine jaune et je démarre une layette. « On n'a jamais mis un bébé en jaune », me dit une copine, me voyant tricoter. Je suis péremptoire : « Il faut bien commencer un jour, c'est comme tout, si on n'entreprend rien on ne risque pas de réussir ! »

Mardi 31 août 1943.

Je commence ma journée par une visite à Pierre-des-faux-papiers. Une profonde amitié nous lie. C'est lui qui m'a indirectement fourni le contact avec le colonel allemand du Carlton. Je veux lui raconter les visites que je lui ai faites, les moyens de corruption employés. Ça peut servir à d'autres. Lui, ordinairement si serein, je le trouve ce matin bouleversé : son frère, chef départemental de « Libération » en Haute-Loire, a été arrêté. Il avait été pris en chasse par la Milice avec trois autres résistants, au retour d'une opération de contrôle dans un maquis. Il y aurait des blessés, on ne sait rien de plus.

Je vais me renseigner. Côté prison, j'ai gardé le contact avec un gardien de Saint-Paul ; il nous avait aidés lors de l'arrestation du mois de mars. Je peux facilement retrouver sa femme et sa petite fille et, par lui, dans vingt-quatre heures, je saurai dans quelle prison sont ces quatre résistants. Le commissaire de police, ami de Cluzan, me dira s'ils ont été remis aux Allemands.

Quand je retrouve Pierre, mes renseignements sont plutôt mauvais. Les quatre ont été interrogés par la Gestapo à Saint-Étienne. Deux avaient été blessés par balles au moment de l'arrestation, et deux avaient été malmenés de telle sorte que la Gestapo les a transportés à l'hôpital et placés sous la responsabilité de la police française.

Comme Pierre, je pense tout de suite à l'opération qui a si bien réussi en mai à l'Antiquaille et a permis de faire évader les trois camarades de l'AS. Elle pourrait être renouvelée à Saint-Étienne.

Ravanel, que j'ai rencontré à midi, est d'accord. Il mettra les mêmes moyens à ma disposition : trois voitures et une équipe résolue.

Maintenant, je connais mieux les hommes du Groupe-Franc ; de temps en temps je vais boire un pot avec eux, je passe régulièrement les voir à leur garage et ils m'emmènent dîner route de Vienne chez Chifflot. L'après-midi, je leur parle du projet et je suis surprise d'obtenir leur approbation immédiate. Ensemble, nous réfléchissons à la mise sur pied de l'opération : ils ne viendront sur place que pour la réalisation proprement dite. A moi de tout préparer. Il faut faire vite : sauf pour Hardy, on n'a jamais vu de prisonniers de la Gestapo traîner longtemps à l'hôpital.

Mercredi 1er septembre 1943.

Un de mes anciens collègues de Strasbourg habite à Saint-Étienne ; je débarque chez lui, après trois heures d'un voyage exténuant – dans un car bondé – au milieu de paquets de toutes sortes dont les odeurs, mêlées à celle de la sueur et de l'échappement mal réglé, sont insupportables. Pourtant, je n'ai plus ces nausées incontrôlables des premiers temps. Avec ma taille, mon large bassin, cette petite promesse de trois bons mois est encore discrète. Une poitrine plus gonflée, une cambrure plus accentuée et un teint éblouissant en sont les seuls témoignages.

Mon collègue me déçoit et j'ai hâte de le quitter. Le Franc-Comtois, fils de communard, libertaire, poète et bon vivant, est devenu en trois ans un vieillard tassé, rabougri, à peine propre et terriblement aigri. La verdeur de son langage à la Marcel Aymé a dégénéré en un torrent ordurier, genre Céline. Je suis atterrée. La jeune femme, qui partageait à Strasbourg son joyeux épicurisme, est là : blonde, soignée, elle assure par ses relations une matérielle confortable.

« Je n'ai jamais été jaloux ni possessif », dit-il, en m'offrant une tasse de bon café et des galettes au beurre, bien dorées. Pas question de les mettre au courant de mes recherches pour joindre nos camarades gardés à l'hôpital. Lui, si désabusé, se moquerait de moi ; pour elle, mes confidences lui vaudraient peut-être d'autres galettes ! Alors je raconte que Raymond est à Londres.

« C'est plein de youpins là-bas, dit-il ; d'ailleurs de Gaulle est un nom juif, vous savez bien que les noms de lieux sont des noms juifs. »

Je lui réponds en riant que, dans ce cas, ce n'est pas d'hier que la famille « de Gaulle » est en France, car il y a un bout de temps que la France ne s'appelle plus la Gaule – avec un seul l !

Il ricane méchamment : « Vous aussi, vous êtes avec eux ? »

J'ai le cœur serré, il faut me protéger.

« Moi, j'ai demandé le divorce pour abandon, mais je ne suis pas tellement bien lotie. Mon nom de jeune fille est Bernard.

– C'est un vieux nom teuton, affirme-t-il, péremptoire. Bern, c'est l'ours. Venu du nord et des montagnes, tous lieux que ne fréquentent pas les sémites ! Mais qu'est-ce que vous êtes venue faire ici ? »

Je lui raconte que j'avais envie de le voir, en espérant qu'il me renseignerait sur les possibilités d'un poste au lycée à la rentrée. « Après le divorce, je voudrais faire peau neuve. »

Il s'épanouit : « Facile. Je cesse d'enseigner au 1er décembre, je suis nommé inspecteur d'académie, je vous garde mon poste. »

Je le remercie. « J'en ai de la chance ! Si je cherchais tout de suite un logement ? »

Il m'assure qu'il s'en occupera, et nous nous quittons. Il a l'œil plus vif qu'à mon arrivée. Est-il possible qu'un homme intelligent tombe dans un crétinisme aussi sectaire ?

Mon problème d'hôpital n'est pas résolu. Demi-tour pour Lyon. Je reviendrai demain.

Je demande au docteur Riva une blouse blanche et un stéthoscope.

« Vous voulez rire, me dit-il, regardez ma carrure et la vôtre. Mais, attendez, je vais vous trouver ça à l'Institut Pasteur. Venez avec moi. »

Il me faudra faire, chaque jour, l'aller et retour Lyon-Saint-Étienne. Six heures de car. Je trouve un train qui ne met qu'une heure – c'est mieux –, avec ensuite un tramway déglingué qui s'arrête devant l'hôpital. Je ne connais rien d'aussi démoralisant que ces longues rues de Saint-Étienne. Des maisons basses, un seul étage ou pas du tout, deux marches de pierre sur le trottoir, des murs sales, des volets de bois à la peinture écaillée, tout est noir : le sol, les murs, les portes. Aux fenêtres, les rideaux blancs en macramé éblouissent dans cette désolation. Comment peut-on vivre là-dedans et y élever des enfants ?

À l'hôpital, j'entre comme chez moi, mon sac en tapisserie au bras, et j'arrive aux toilettes sans être interpellée. Là, j'enfile la blouse, je mets le stéthoscope autour de mon cou, et, avec la plus parfaite assurance, je me dirige vers une des salles de médecine générale. Une infirmière me salue sans surprise. Tout va bien. Dix lits dans cette salle. Je m'approche de l'un d'eux ; une femme âgée, somnolente, l'occupe. Je prends au pied du lit la feuille de soins, je repère la courbe de température, la date d'entrée, le diagnostic, la fréquence et le nom des médicaments. Ainsi, s'il en est besoin, je serai familiarisée avec ces feuilles. Pour cette première matinée, je me contente d'un aller et retour dans les couloirs.

Puis, jour après jour, le personnel s'habitue à ma présence. Le troisième jour, j'ai repéré le pavillon du premier étage où sont gardés nos camarades.

Samedi 4 septembre 1943.

Dans le pavillon des détenus, je vois arriver un médecin suivi de deux internes et d'un infirmier. Il reste près d'une heure dans la salle. A leur sortie, l'infirmier allume une cigarette. Il est un peu en arrière. Je m'approche : « Donnez-moi du feu. »

Nous nous arrêtons, je prends lentement une cigarette dans mon sac et l'allume aussi lentement. Les trois autres sont loin devant.

« Ils sont si mal en point là-dedans ?

– Oh, me répond-il, il y en a deux qu'il faudra opérer, mais on fait durer, parce que après la Gestapo les reprendra. Misère ! »

Il se hâte pour rejoindre son groupe. Moi, je fais demi-tour, comme si quelque chose d'urgent semblait m'amener ici. Près des deux agents qui m'ont vue parler à l'infirmier, je marmonne : « Il a encore oublié de relever la tension du 3. »

Et, sans autre explication, j'entre dans la chambre. J'attends un instant, le temps de lire le nom – Germain – sur la feuille de soins et je murmure : « Dites au frère de Pierre que je reviendrai demain. » Je sors, saluée par les gardiens. Je repasse l'après-midi. Ce sont deux autres flics.

« Pas trop fatigant le boulot ? »

Ils ne sont pas causants ces deux-là ; j'aimerais mieux faire l'opération de l'enlèvement l'après-midi. Il y a le va-et-vient des visiteurs et les équipes médicales sont moins nombreuses. Dans leurs lits, les quatre m'attendent. Je relève les noms indiqués sur les feuilles au pied des lits ; ce sont leurs identités de détenus, donc les noms que connaît la Gestapo et que nous demanderons à l'administration. Mon stéthoscope est un bon alibi pour me pencher sur la poitrine et le dos de chacun d'eux.

« Nous viendrons vous chercher demain ou après-demain, comme pour un interrogatoire de Gestapo. Jouez bien votre rôle, mais n'en faites pas trop quand même ! »

Au garage, à Lyon, avec le Groupe-Franc, nous savons maintenant qu'à l'hôpital quatre hommes doivent compter les heures. Nous préparons l'expédition. Pierre-des-faux-papiers a prévenu un chirurgien qui opérera son frère. Il a une balle dans la fesse, elle ne semble pas avoir touché un organe ou un os. J'ai bien mémorisé la feuille de soins et le commentaire de la radio. L'autre blessé sera soigné chez le médecin qui s'occupe du Groupe-Franc. Pour les deux autres, nous les emmènerons directement dans un maquis de l'Ain, sans passer par Lyon.

Lundi 6 septembre 1943.

J'ai dessiné un plan très précis de l'hôpital et des accès à la salle des détenus. Les copains l'étudient soigneusement et nous répétons les rôles. Puis nous partons à trois voitures, des tractions noires, de celles qu'utilisent la Gestapo et la police. Les numéros sont trafiqués, les macarons en allemand sont sur les pare-brise et la vitre arrière, bien en vue. Nous sommes sept en me comptant.

Mon rôle consiste seulement à partir en avant-garde vers la chambre des prisonniers. L'une des voitures s'arrête avant la grille, deux entrent dans la cour, et deux prétendus gestapistes exigent du directeur la livraison des quatre détenus. Dans l'entrée du pavillon où j'attends, je vois avec stupéfaction se précipiter deux brancardiers et un médecin. Ils entrent en courant dans la salle et en ressortent avec le frère de Pierre, couché sur le brancard roulant. A ce moment, arrivent mon équipe et le directeur.

« Vous voyez bien, messieurs, celui-là part en salle d'opération. N'est-ce pas, docteur, qu'il a déjà été préparé ce matin ?

– Halte, je veux les quatre prisonniers, c'est un ordre ! » dit celui qui a l'accent allemand. D'une bourrade, il fait lever le frère de Pierre du brancard. « Allez vite vous habiller. » Il sort ostensiblement un énorme Mauser.

Je m'éclipse vers les toilettes. La blouse vite roulée dans mon sac, je sors ensuite sur le trottoir et fais signe à l'autre voiture. Tout va bien. J'avance jusqu'au prochain virage, à l'endroit convenu où l'on doit me ramasser.

Voilà les trois tractions. Je grimpe à l'arrière de la troisième.

« Il faut filer vite, dit Christophe, les flics français n'ont pas bronché sur le moment, mais quand nous avons eu

135

fini de charger, j'ai vu l'un d'eux s'approcher du téléphone dans le couloir. »

Nous nous arrêtons un instant, à la sortie de Saint-
Étienne, pour une rapide concertation. Nous ne rejoin-
drons pas la nationale. Rive-de-Gier a une grosse équipe
de GMS, les Groupes mobiles de sécurité créés pour sup-
pléer la gendarmerie. Ils sont mauvais ceux-là et bien équipés. Nous prendrons les routes de montagne et rentrerons
à Lyon par le nord. Nous voilà partis à fond de train. A
côté de moi, un des gars libérés : c'est un Polonais qui,
dans son pays, s'est déjà battu contre la dictature de Pil-
sudski, s'est engagé en 39 dans la Légion et a maintenant
rejoint un maquis en Haute-Loire. Il a été pris, interrogé
et torturé avec une abominable brutalité. Après une
semaine d'hôpital, son visage est encore effrayant : plus
de dents devant, les oreilles enflées, toutes les couleurs
sur la peau et un œil sous pansement. Le médecin a dit
qu'il y avait une chance de le sauver, cet œil. Abattu sur
mes genoux, il se laisse aller un moment : « Libre ! Difficile à croire ! J'en ai bavé ! Tout, plutôt que de me laisser
reprendre. Excusez-moi, camarade, c'est humain, vous
savez, après ce que j'ai subi. » Il ne sait comment s'en
sortir, alors il ajoute : « C'est du bon boulot que vous avez
fait là ! » Je pense à l'autre, là-bas, dans sa cellule de
Montluc. Nous fera-t-il, un jour, le même compliment ?

Brindas, Craponne, Quincieux, Dardilly. Nous filons
par les mauvais chemins des monts d'Or. Comme nous
sommes secoués à l'arrière de ces tractions ! A Dardilly,
nous nous arrêtons. Je change mon passager pour le frère
de Pierre. Nous nous séparons de deux voitures qui partent
dans d'autres directions. J'ai mal au dos, avec des crampes
douloureuses qui se calment par moments. Quand nous
arrivons dans la famille de Pierre, je suis en nage. Tout le
monde est heureux. Le chirurgien a préparé la table de la
salle à manger pour opérer son patient. Il me regarde bizar-
rement :

« Qu'avez-vous ?

Raymond, Serge et Maurice posant des explosifs sur la voie ferrée.

Lucie faisant classe le lundi 15 mars 1943.

Serge essayant d'échapper à la police française.

Raymond arrêté par la police française avec ses adjoints.

Interrogatoire de Raymond et de ses adjoints par un officier allemand.

Retrouvailles de Lucie et Raymond le 14 mai 1943.

Lucie, Raymond et Boubou sur la plage de Carqueiranne

Raymond avec Lucie tenant Boubou dans ses bras.

Raymond et Max attendant le funiculaire.

Raymond, Max et le colonel Schwartzfeld se rendant chez le docteur Dugoujon.

Arrestation de Raymond et de Max.

Lucie et Maurice.

Dans la maison du docteur Dugoujon, réunion au premier étage avec Lassagne, Aubry et Hardy.

Chez le docteur Dugoujon, Raymond, Max et une femme menacés par Klaus Barbie.

Klaus Barbie, cravache à la main, interroge Raymond.

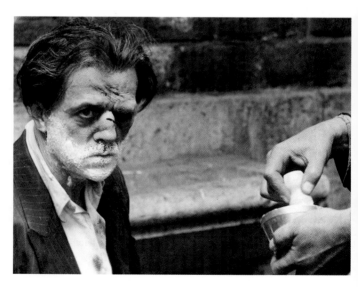

Max, blessé, se fait faire la barbe par son compagnon.

Raymond menotté.

Raymond et Paul Larchandet dans leur cellule.

Exécution d'un prisonnier.

Lucie se prépare pour aller à la Gestapo.

Lucie dans le bureau de Klaus Barbie.

Lucie sans nouvelles de Raymond.

Dans le garage, mise au point de l'attaque destinée à libérer Raymond,
en présence de Lucie, Serge et Maurice.

Serge, Lucie et Maurice à l'arrière de la traction poursuivent le camion dans lequel se trouve Raymond.

Serge monte dans la traction, Lucie et Raymond courent derrière pour le rejoindre.

Lucie, Raymond et Boubou au moment de monter dans l'avion.

Dans l'avion, Boubou, Lucie et Raymond libres.

– Je crois que c'est ce voyage à l'arrière de la traction. Par moments, j'ai mal au dos, mais mal à hurler.

– Elle ne va pas nous faire une fausse couche ? », dit-il.

Il envoie chercher de la glace au bistrot voisin, m'allonge et me fait une piqûre. Tout le monde est autour de moi qui n'en mène pas large. Au bout d'une petite heure, les douleurs disparaissent.

« Maintenant, je vais m'occuper d'extraire cette balle. J'aime mieux ça qu'une fausse couche à la fin du troisième mois ! »

Moi aussi ! Je ne bouge pas d'un centimètre, la glace me gèle le ventre, j'ai l'impression que ma peau se rétracte, et j'entends, comme dans du coton, la conversation dans la pièce à côté.

« Étonnant cette balle qui est restée dans le muscle, comme si elle n'avait aucune force ! Peut-être tirée de très loin ? »

Dans l'engourdissement d'un demi-sommeil, je pense : mes copains disent qu'avec les « Sten » les dernières balles du chargeur pour un peu arroseraient les doigts de pied du tireur. Toute exagération mise à part, ce doit être l'explication. En m'endormant, je raisonne : les Boches n'ont pas de « Sten » ! Mais si ! Malheureusement, il leur arrive de nous en faucher !

Mercredi 8 septembre 1943.

Me voilà de nouveau au Carlton, chez le colonel allemand. Il nous accueille, moi et mes cigares, avec le sourire. Il a vu son ami, et celui-ci accepte de me recevoir vendredi après-midi à trois heures. Il me donne son nom, ses coordonnées et me conseille d'atteindre directement son bureau sans demander mon chemin en bas et sans laisser de fiche à mon nom. Pour un peu, je l'embrasserais en lui souhaitant bon voyage.

Ce 8 septembre est décidément une grande date.

Pascal, que je vois en fin de journée, n'est pas loin de partager mon excitation.

« Je reviens de Paris. Personne ne sait rien de précis sur Max, me dit-il. J'ai vu Bernard, il est très inquiet de ce qui peut arriver à Raymond, et quand je lui ai raconté que tu étais en train d'organiser sa récupération, il a tout de suite dit : "Elle réussira, elle est tenace, c'est une question de temps et de moyens. Il faut l'aider le plus possible." »

Pascal me donne un paquet du format d'un livre.

« Qu'est-ce que c'est ? »

Il met son bras autour de mes épaules.

« C'est peut-être la liberté de Raymond. Il y a là-dedans soixante-dix billets de cinq mille francs. Il te faut de gros moyens, Lucie ; les gars du Groupe-Franc ont besoin de matériel, de nouvelles planques et aussi d'argent pour eux. Beaucoup sont complètement illégaux. Bernard est formel : il ne faut pas mégoter. Sers-t'en ; s'il en reste, tu me le rendras. »

Cher Bernard ! Il est l'âme de notre Mouvement, celui dont personne n'aurait parié en 1940 qu'il deviendrait un jour le chef avisé et efficace d'un grand Mouvement de Résistance. Nous nous sommes connus en octobre 1940. J'étais allée à Clermont-Ferrand où s'était repliée l'université de Strasbourg à laquelle j'appartenais. Après son évasion de prisonnier de guerre, Raymond et moi avions finalement renoncé à gagner les États-Unis et décidé de nous installer à Lyon en zone non occupée. Auparavant, je devais me mettre en règle avec mon administration, après la grande pagaille de l'été qui avait vu la débâcle, la défaite et l'armistice. Je voulais un poste de professeur à Lyon. Au rectorat de Strasbourg, on me l'accorda sans peine, et je profitai de la journée à Clermont pour renouer avec mes collègues strasbourgeois.

Je rencontrai Jean Cavaillès, démobilisé après une évasion audacieuse depuis la Belgique. Nous étions sur la même longueur d'onde sur tout ce qui comptait alors :

Vichy et les nazis. « Venez donc déjeuner avec moi, me dit-il, je vous ferai rencontrer des gens intéressants. »

Au restaurant, je fis la connaissance de maître Spanien, l'avocat de Léon Blum alors emprisonné à Riom. Il y avait aussi un étonnant personnage à la stature et à l'allure de Don Quichotte, très grand, très maigre, avec des traits accentués, un nez busqué, des lèvres minces. Une quarantaine d'années, les tempes déjà dégarnies, il avait d'épais cheveux noirs frisés avec quelques fils gris. Ses grandes et belles mains, fines et soignées, m'avaient tout de suite frappée. Nous avions tous écouté Spanien parler des conditions de détention de Blum et de l'imminence du procès. Je ne me souviens pas du début de notre conversation sur Vichy. Cavaillès m'avait dit en aparté : « Je connais depuis peu ce journaliste, il s'appelle Emmanuel d'Astier de la Vigerie, il est officier de marine ; avant la guerre il écrivait dans deux hebdomadaires, Lu et Vu. »

Pour moi, de la Vigerie évoquait le nom d'un archevêque d'Alger qui, vers 1890, au cours d'un déjeuner avec l'amiral de l'escadre française, avait porté un toast à la IIIᵉ République : façon indirecte pour l'Église de la reconnaître. Je demandai à d'Astier s'il appartenait à la même famille. Ma question l'étonna, comment se faisait-il que je connaisse ce personnage ? Cavaillès lui apprit que j'étais agrégée d'histoire et que j'habitais Lyon.

Quand Spanien nous quitta, d'Astier nous raconta ce qu'il avait entrepris sur la Côte : un noyau d'opposition contre les occupants, avec René Lefèvre et Corniglion-Molinier. Ils avaient créé ce qu'il appelle « la Dernière Colonne ». « Il faut, par tous les moyens, nous expliqua-t-il, boycotter l'aide de Vichy à nos vainqueurs. » Ils avaient déjà saboté une locomotive qui partait pour l'Italie. « Il faut aussi, et surtout, ajouta d'Astier, informer les gens. Personne ne sait rien. Les journaux d'opinion sont interdits ou se sont sabordés. Les journaux d'information sont tous censurés ; quant à la radio, elle est dans les mains de Vichy en zone Sud, des Allemands en zone Nord. » Nous en convenons tous les trois. Nous devons

*savoir le plus de choses possible sur Vichy et les Alle-
mands, et les faire connaître. Mais comment ?*

Cavaillès nous confia qu'il avait déjà pris des contacts
avec le journal local la Montagne *dirigé par un vieux
radical franc-maçon : Alexandre Varenne. Sa neutralité
était assurée. Il laisserait utiliser les machines et voler
quelques kilos de papier. Les typographes sont, par tradition, à gauche, et un des journalistes, Rochon, était déjà
en cheville avec eux.* « Formidable, s'écria d'Astier, nous
voilà sur la bonne voie ! Nous allons rédiger des petits
tracts courts, simples, percutants. » *Comment les distri-
buer ? Chacun y alla de son idée : nous mobiliserons nos
amis personnels, nos collègues, les relations dont nous
sommes sûrs, et en avant pour le transport et la diffusion.
Et l'argent ? Pour commencer, un apport de chacun de
nous.* « Par Spanien, ajouta d'Astier, je connais un homme
riche : Zéraffa. Il est juif, militait avant la guerre dans les
mouvements antiracistes, et je suis certain qu'il contri-
buera au financement. »

D'Astier connaissait la côte méditerranéenne de Nice
à Marseille, Cavaillès connaissait l'Auvergne et Toulouse,
et moi la région Rhône-Alpes. Cela faisait déjà trois
régions où ancrer nos efforts. D'Astier n'était jamais venu
à Lyon. Il y vint sans tarder. Quand il arriva chez nous,
rue Pierre-Corneille, Raymond, à qui j'avais parlé de nos
projets, était bien décidé à le sonder sérieusement avant
de s'engager. D'Astier, qui prit très vite le nom de Bernard, avait un pouvoir de séduction inouï. Il avait
d'innombrables moyens d'approche : la culture, la poésie,
les voyages, les relations, l'intérêt pour l'interlocuteur, il
usait des uns et des autres avec le même bonheur. Des
êtres aussi différents que Maurice Cuvillon, Yvon Moran-
dat, Raymond étaient vite conquis. Chacun avait l'impression d'avoir tout d'un coup un ami de plus. Et c'était vrai.

D'Astier, dilettante, paresseux, indifférent à la façon
des roués du dix-huitième siècle : c'est ainsi que le
voyaient ses amis d'avant 1939. Nous découvrions, nous
autres dans la Résistance, un autre homme : convaincu,

courageux, passionné, solide en amitié, attentif aux avis de son entourage. Bernard, l'amateur de poésie, qui prenait ses mots de passe dans Apollinaire et Valéry, était devenu un homme politique responsable, un organisateur de premier plan.

Dans notre Mouvement, nous fûmes dès le début un groupe d'amis profondément unis. Nous nous retrouvions chez nous, chez les Martin-Chauffier, malgré les règles de sécurité. Notre amitié était telle que nous avions l'impression de nous protéger mutuellement, d'être invulnérables. Et il ne nous est jamais rien arrivé lorsque nous étions ensemble.

Jusqu'à ce printemps de 1943, j'avais eu la chance de voir préservés notre couple, notre bébé, nos copains. Aujourd'hui, le couple est séparé, le petit garçon est loin, au pied du Vercors, avec d'autres enfants camouflés comme lui ; les copains : plus personne ne vient à la maison. C'est par mon cousin Maurice que j'ai mes rendez-vous. Je n'ai pas le droit de menacer la sécurité de ceux qui sont encore libres. Il est vrai que nos règles étaient moins rigoureuses que celles des communistes : n'avons-nous pas, dans nos Mouvements, accueilli des membres du PC après une évasion qui déclenchait dans leur organisation une longue et minutieuse enquête ?

Plus le temps passait, plus les policiers allemands et vichystes étaient efficaces, plus la prudence obligeait à de sévères précautions. Pour une arrestation, il fallait changer les boîtes aux lettres, les mots de passe, organiser de nouvelles planques, trouver de nouveaux refuges, permuter les agents de liaison, changer les identités et même les signalements.

Quant à moi, je me jugeais totalement en sécurité. C'est une affaire de tempérament. Je n'ai jamais cru les mauvaises nouvelles, jamais accepté le pire, façon peut-être primaire d'exorciser le malheur, mais aussi formidable atout pour être, envers et contre tous, gagnante. Mais, si j'étais sûre d'être invulnérable, les autres avaient le droit d'en douter. Aussi, avais-je fini par admettre leur éloigne-

141

ment et leurs précautions. Quelques-uns prenaient des risques. Je ne parle pas de Maurice, le cousin de Raymond, que je voyais chaque jour ; de Vergaville, l'ami d'avant la guerre, qui venait jusqu'à la maison à chacun de ses passages à Lyon ; de Pierre-des-faux-papiers qui n'avait rien changé de son dispositif clandestin que je connaissais ; de Ravanel et du Groupe-Franc de « Libération » dont j'étais le compagnon pour des coups de main – et qui devenaient mes complices dans mon entreprise pour sauver Raymond. Je ne parle pas non plus de Pascal Copeau qui suivait régulièrement mes efforts, qui me disait chaque fois, de sa belle voix profonde : « Tu me fiches la trouille, tu sais, Lucie. Comment suis-je assez con pour continuer de te voir ? Viens boire un coup avant qu'on se fasse coffrer. »

A côté de tous ceux-là, trois hommes d'autres Mouvements avec de grandes responsabilités m'ont fait plusieurs fois le cadeau précieux de leur présence. Claude Bourdet, de « Combat », pas très à l'aise à cause du rôle équivoque de Didot-Hardy ; Claudius Petit, de « Franc-Tireur », si totalement bon et chaleureux ; et Georges Marrane qui, bravant toutes les consignes rigoureuses du PC, avait introduit, au Front national, plus de souplesse dans la prudence. Il me donna deux fois des rendez-vous invraisemblables. Je n'ai jamais osé lui dire que je connaissais son logement clandestin de Lyon !

J'attends le vendredi 10 septembre, jour de mon rendez-vous avec ce lieutenant de la Gestapo. J'ai un plan. Dans le droit français, il existe un mariage appelé « mariage *in extremis* » qui permet, si l'un ou l'autre des fiancés est à l'article de la mort, de se marier avant de rendre le dernier soupir. En général, ces mariages se font pour légitimer un enfant à naître et qui risquerait de se trouver sans père. Il existe même, dans notre droit, des « mariages *post mortem* », procédure utilisée notamment pendant les guerres. Si un soldat est tué au combat, s'il a prévu et fait connaître son désir de mariage, la jeune fille, surtout si elle est enceinte, peut se retrouver mariée et veuve de guerre en même temps.

Moi, c'est le « mariage *in extremis* » qui m'intéresse.

Vendredi 10 septembre 1943.

J'arrive sans difficulté dans le bureau que m'a indiqué le colonel du Carlton. Me voilà en face d'un officier allemand en uniforme. Un homme grand, sec, brun, quarante-cinq à cinquante ans, une allure stricte, un rien guindée. Il me reçoit poliment, courtoisement même. Rien à voir avec la brutalité vulgaire de Barbie. Je lui présente ma carte d'identité. Il l'examine et ne prend aucune note. Puis je raconte à nouveau mon histoire : Claude Ermelin, connu sur la Côte en mai, le coup de foudre, ma faiblesse, le pépin : une grossesse. Il est prêt à l'assumer. Nous décidons de nous marier vite. Nous sommes majeurs et n'avons pas besoin de l'autorisation des parents ; nous les avertirons après. Mais arrive le drame : le 21 juin à Caluire, chez le docteur Dugoujon, l'arrestation. Malades et résistants tous embarqués. Depuis, je ne sais rien de lui. Le colonel m'a révélé qu'il était vraiment résistant, que son nom est Vallet et qu'il est condamné à mort.

Il ne dit pas un mot. Il écoute, les mains à plat sur son bureau. Il faut bien que je continue :

« Monsieur, je suis d'une famille d'officiers. Je sais ce que sont l'ordre et la discipline. Je ne viens pas plaider auprès de vous la grâce de cet homme. Mais j'attends un enfant de lui. Je ne peux pas, pour ma famille et la société, être une fille mère. Et cet enfant a le droit d'avoir un père. Dans notre Code, il existe une disposition qui permet le mariage à la veille de la mort. C'est le "mariage *in extremis*." Accordez-moi la possibilité de me marier dans ces conditions, puisque vous l'avez condamné à mort. Mon enfant naîtra fils de M. et Mme Vallet, puisque vous dites que c'est son vrai nom. »

Il ne s'attendait pas à cela ; il est complètement abasourdi ! Dans un français convenable, il me dit que, s'il parle lentement, c'est qu'il est très ému et ne sait quoi me répondre.

« Revenez mardi à la même heure, j'aurai réfléchi à votre problème. »

J'ajoute – pour voir – une sorte de provocation :

« Voulez-vous me présenter au chef de la police ? Je pourrai lui exposer mon cas. »

Il bondit : « Malheureuse, je n'en ferai rien et vous n'irez pas le voir, vous seriez immédiatement arrêtée. » Il m'apprend que dans l'affaire qui m'occupe, il y avait l'envoyé du général de Gaulle. Il est mort depuis un mois déjà. Les choses commencent à s'oublier. Il ajoute : « Je vous en ai trop dit, revenez mardi. »

Quand je rapporte cette conversation à Maurice, j'ajoute qu'à mon avis Raymond ne risque rien jusqu'à mardi. Ce policier m'a dit que l'affaire se tassait. Si cela n'avait pas été le cas, il ne m'aurait sans doute pas reçue.

« Ces gars-là, il ne faut jamais s'y fier, conclut Maurice, méfiant. On va essayer de mettre la main sur Copeau, tout de suite. Cette nouvelle de la mort de Max depuis un mois, même sans certitude, c'est important à faire savoir. »

10-12 septembre 1943.

Je me tiens bien tranquille pendant cette fin de semaine. La villa, avenue Esquirol, ressemble déjà à une maison abandonnée, avec de la poussière sur les meubles. J'entreprends de ranger mes livres de classe. Comme chaque été, je détruis les cours que j'avais préparés pour l'année scolaire. Je m'étais promis, quand j'ai débuté, de préparer un nouveau cours tous les ans.

« La mort d'Henri IV et la bataille d'Austerlitz, c'est toujours à la même date », m'avait dit Raymond en riant, l'été précédent. Oui, mais les élèves ne sont pas les mêmes. Les circonstances non plus, et je ne veux pas m'encroûter. Je classe mes documents pédagogiques d'histoire et de géographie. J'ai l'impression d'avoir encore une vie normale où l'avenir est assuré. Au fond de moi, je sais bien que, quel que soit le sort de Raymond, rien ne sera plus pareil à la prochaine rentrée scolaire. Il faut pourtant agir comme si tout devait continuer. Je vais commander mon attribution de charbon et toucher le tabac pour l'employé de la morgue, le vin pour les gars du Groupe-Franc.

Lundi 13 septembre 1943.

Dans la soirée, j'ai une longue conversation avec Serge. C'est lui qui se charge d'utiliser une petite partie de la fortune que m'a remise Pascal. C'est lui qui assure une sorte de paye mensuelle aux membres du groupe qui n'ont pas de ressources.

Tout cet argent ! Je n'en ai jamais tant vu. Je le planque soigneusement dans mon logis de la place des Jacobins et j'essaie de dormir paisiblement. Par la fenêtre ouverte, la pleine lune éclaire ma chambre. Je suis un moment sa course brillante, d'est en ouest, et je m'endors quand, haute dans le ciel, ses rayons s'arrêtent au rebord de la fenêtre et que je ne peux plus la voir de mon lit.

Mardi 14 septembre 1943.

Nous déjeunons ensemble, Maurice et moi. Il veut absolument aller faire une reconnaissance autour de l'École de santé, avant mon rendez-vous. Nous nous retrouverons sur le quai Claude-Bernard, près du pont Gallieni, à trois heures moins le quart.

A l'heure dite, il revient et me donne le feu vert : « Fais attention à toi tout de même, je t'attendrai place des Jacobins. Ne me fais pas faire trop de cheveux blancs ! »

Quand j'arrive près de l'avenue Berthelot, tout semble calme. D'une rue perpendiculaire qui longe l'École de santé débouchent en trombe deux tractions noires. Où vont-elles si vite ? Quelle filature ou quelle dénonciation mettra fin aujourd'hui à l'activité d'un groupe de résistants ? Et si mon gestapiste était de l'expédition ? Non. Il est dans son bureau.

Il entame, aussitôt la porte refermée : il s'est renseigné, c'est vrai que le droit français autorise ce genre de mariage, il me reconnaît une grande dignité, il ajoute, à la fois sévère et débonnaire, que j'aurais dû avoir plus tôt le souci de ma respectabilité. Il comprend ma démarche. Mais puis-je garantir que mon fiancé aura le même comportement ? Avec ces terroristes, rien n'est acquis.

« Il vous a trompé sur lui-même, il ne se soucie sans doute plus de vous, vous n'avez fait que passer dans sa vie.

– Demandez-lui ; vous pouvez le voir, vous !

– Il se méfiera ; j'ai vu le procès-verbal de son interrogatoire, il a toujours tout nié, il dira qu'il ne vous connaît pas. »

Je saisis la balle au bond :

« Alors, confrontez-nous, ce sera pénible pour moi, mais je suis prête à tout pour me marier. Monsieur, j'ai

146

eu pour lui une grande passion et je l'aime encore, c'est
le père de mon enfant, j'aurai le courage de le revoir, je
garderai mon sang-froid ; ce que je veux, uniquement,
c'est qu'il accepte ce mariage. »

Il se tait un long moment, je sens qu'il est ébranlé. Il
commence à consulter des papiers sur son bureau, feuillette un cahier, coche une date et, finalement :

« Venez mardi prochain à la même heure, je le ferai
venir dans mon bureau, s'il n'y a pas du nouveau d'ici là,
ajoute-t-il cassant.

– Merci, monsieur, je serai à l'heure, je vais aller me
reposer chez des amis à la campagne, cette semaine sera
longue pour moi. »

Il y a presque trois mois, je sortais désespérée sur ce
même trottoir de l'avenue Berthelot. Aujourd'hui,
l'espoir me donne la même envie de crier. Je ne veux
pas me souvenir de sa dernière phrase. J'ai les moyens
de récupérer Raymond, et mon plan se précise, le temps
ne peut pas me manquer ! Être prudente quand même,
partir posément, m'arrêter dans un couloir, le coup de la
jarretelle. Le pont Gallieni. Le tram jusqu'à l'Hôtel-
Dieu. Puis, par les routes animées du centre, me voilà
place des Jacobins. Maurice est assis sur un banc, il se
lève et se dirige vers les Terreaux. Je le suis. Il va lentement, je comprends et le dépasse. Il me rejoint près de
l'hôtel de ville.

« Tout va bien, arrive au magasin. »

Je n'en peux plus. Dans la minuscule arrière-boutique,
je l'embrasse avec passion.

« Eh là ! eh là ! Qu'est-ce que Raymond dirait ?

– Je verrai Raymond mardi prochain. Nous avons une
semaine pour préparer l'attaque du camion qui le trans-
portera. Il faut mettre tout de suite la main sur Ravanel.
C'est gagné, Maurice. »

Mon prudent cousin, comme chaque fois qu'il est
ému, se met à transpirer, à rougir, et ne tient pas en
place. Nous allons vite au garage. Au gars de surveillance je demande de prévenir Ravanel pour qu'il vienne

chez moi ce soir même si possible. En tout cas, je ne bougerai pas demain mercredi. Puis, nous dînons tous les deux place Morand.

« Je rentre, Maurice. Pas besoin de m'accompagner, je suis dans un jour faste. »

A dix heures du soir, Serge n'est pas là. Il ne viendra plus aujourd'hui. Je vais me coucher. La lune est en plein sur mon lit. Ma grand-mère disait que c'est un visage et que son expression est prémonitoire. Vraiment, elle me regarde ! Elle me cligne de l'œil pendant que je m'étends. J'ai, dans mes bras, comme chaque soir, le pyjama que Raymond a laissé le matin du 21 janvier. Qu'est-ce qui se passe ? Mon ventre a frémi. Une onde ? Une espèce de mouvement ample qui va d'une hanche à l'autre. C'est le bébé qui bouge pour la première fois ! L'autre jour, le docteur, à qui je disais ma certitude d'avoir conçu le 14 mai, m'a rappelé que le premier enfant bougeait vers quatre mois et demi mais que pour le second c'était plus tôt, souvent même avant quatre mois de gestation. Je pleure de joie. Elle est là, bien vivante, la future petite fille, cette Catherine qui m'aide à gagner et sauver son papa. Car je suis sûre d'avoir une fille. Raymond, avec qui je m'entretiens tous les soirs – c'est ma prière à moi, ce monologue où je lui raconte ma journée ! –, Raymond, dans une semaine, sera près de moi pour se réjouir de notre victoire.

Mercredi 15 septembre 1943.

Avec Serge, nous passons la matinée à mettre au point notre opération. Nous sommes tout de suite d'accord sur le moment : en fin de journée, au retour vers Montluc. J'aurai vu Raymond l'après-midi, il saura qu'il doit s'attendre à quelque chose, et nous, nous serons certains qu'il est dans le camion. Il faut reprendre à zéro toutes les observations faites en juin pendant les surveillances autour de la prison, quand on cherchait à sauver Max. Dès cet après-midi, Serge va répartir les tâches entre les membres du Groupe-Franc : s'assurer que la camionnette part toujours le matin et rentre toujours le soir ; s'assurer qu'elle n'a pas de protection spéciale en avant et en arrière ; s'assurer qu'elle prend chaque jour le même itinéraire.

Jeudi 16 septembre 1943.

Deux jours à tout observer, deux jours pendant lesquels j'ai fait un peu la mouche du coche, avec mon vélo, à tourner autour de Montluc, à aller de l'un à l'autre, à parcourir dans les deux sens le boulevard des Hirondelles.

Ce jeudi soir, je rejoins le groupe dans l'arrière-salle d'un café ami, à Vénissieux. Chacun fait le compte rendu de ses observations. Serge note tout. Nous répétons encore une fois, puis nous établissons la stratégie de l'opération. Serge a fait un croquis de l'itinéraire. Le camion part de l'École de santé, remonte l'avenue Berthelot, tourne à gauche à angle droit sur le boulevard des Hirondelles. A ce moment, il longe la voie ferrée, en tranchée, qui va de Perrache aux Brotteaux. Sur ce parcours, deux ponts l'enjambent : l'un au bout de la rue de la Guillotière, l'autre dans le cours Gambetta. Il faut opérer avant les deux ponts. Les voitures seront dans une rue perpendiculaire, barreront le chemin de la camionnette. L'attaque devra être rapide et l'évacuation aussi. Lardanchet, à qui Raymond avait raconté ses transports vers la Gestapo, m'a dit que les prisonniers étaient menottés deux par deux. Donc, Raymond sera avec un autre détenu. Il faut se procurer des pinces coupantes, autre chose que de simples tenailles. Au dépôt du matériel du chemin de fer, on doit trouver de ces pinces à longs bras, capables de briser les anneaux d'acier des menottes.

Une voiture emmènera tout de suite Raymond vers une planque que je suis chargée de trouver vite. Un des gars suggère qu'il pourrait se mettre au volant de la camionnette allemande et filer avec son chargement vers Bron, s'en débarrasser dans les taillis, une fois les détenus libérés.

« Non, dit Serge, on ne s'en va pas avec ce véhicule. Nous allons acheter une camionnette pour y mettre tous les autres prisonniers. A n'importe quel prix, il faut la trouver pour samedi. Le temps de la vérifier au garage, de transformer son aspect, de peindre le numéro qui correspondra aux faux papiers que Pierre nous procurera, ça fait deux jours. Dimanche, en fin de journée, nous irons, Daniel, Lucie et moi, repérer les lieux et ajuster notre tactique. »

Nous décidons de nous retrouver tous lundi soir, ici.

Vendredi 17 septembre 1943.

Cette occupation, cette Résistance, quand plus tard j'en parlerai à mes enfants, le souvenir le plus tenace sera cette impression d'avoir passé ma vie à attendre : la levée du couvre-feu le matin, les attributions de vivres selon les tickets validés, l'échange des cartes chaque mois, les permis de circuler, tout est attente. Sur le trottoir devant les magasins, aux arrêts des trams, sur les quais de gare, aux guichets des mairies. En plus, pour nous, dans notre vie clandestine, il y a d'autres attentes : l'agent de liaison, le copain venu de loin, l'arrivée des journaux clandestins, le démarrage d'une action, tout le tissu du quotidien avec ses dangers. Et moi, j'attends le 21 après-midi, j'attends Raymond, j'attends un BÉBÉ ! Heureusement, j'aurai beaucoup à faire pendant ces quatre jours.

Pour ce vendredi, j'ai deux choses importantes à faire. D'abord, trouver une planque pour Raymond. Mais je m'assure une espèce de chance supplémentaire. Puisque je verrai Raymond, je lui donnerai le moyen d'être malade, assez malade pour qu'il soit transporté à l'hôpital, au cas où l'évasion ne réussirait pas. Je pars chez le docteur Riva et lui expose mon plan. Peut-il me procurer, sous une forme anodine, quelque chose qui rende un prisonnier très malade ? Quelque chose qui donne une maladie contagieuse par exemple. Les Allemands en ont grand peur, et peut-être enverront-ils le contagieux à l'hôpital. Le docteur Riva a ce qu'il me faut : les services sanitaires allemands ont envoyé au laboratoire de l'Institut Pasteur, pour analyse et identification de l'élément dangereux, des échantillons de viande d'Argentine que leurs médecins jugent responsable d'une grosse épidémie de dysenterie. Il a fait une culture de ces agents épidémiques.

« C'est une forme de virus typhique, me dit-il. Comment le faire prendre au détenu ? Je ne peux pas ensemencer un morceau de viande ! J'ai une idée. Débrouillez-vous pour trouver un petit paquet de bonbons enveloppés dans un papier transparent, non écrit, pour qu'ils n'imaginent pas un message, et apportez-le-moi. »

Je file à « La Marquise de Sévigné » où j'achète, en vente libre, des bonbons acidulés enveloppés de papier cristal. Le docteur, avec une seringue, ensemence une dizaine de bonbons, referme soigneusement l'emballage de chacun et me recommande les plus grandes précautions dans le maniement de ces petites armes biologiques.

Deuxième tâche : trouver un refuge pour Raymond. Plutôt que dans un appartement, plutôt qu'en dehors de Lyon, il me semble que le meilleur endroit c'est encore l'hôpital. Pas question des hôpitaux de l'Assistance publique, ils sont surveillés par toutes les polices. Un instant je pense à la clinique où j'ai accouché et dont le docteur est résistant. Malheureusement, c'est une maternité ! Je me souviens que Simone Martin-Chauffier allait voir sa fille Claudie opérée dans une clinique lyonnaise. Comme je

151

connais Simone, elle a dû faire copain avec le chirurgien. Intuitive, elle sait sûrement ce qu'il faut penser de lui. Notre Bernard est chez eux pour quelque temps. Ils habitent une grande maison aux multiples sorties à Collonges. Maurice Cuvillon y va tous les jours prendre les consignes de Bernard. Par Copeau, je l'ai chargé d'un rendez-vous : je veux voir Bernard sur les bords de la Saône, à la sortie de Saint-Rambert. Je pense qu'il est plus habile et plus efficace que ce soit lui qui demande à Simone de rencontrer le chirurgien pour obtenir, le 21 au soir, une chambre dans sa clinique.

J'ai fixé le rendez-vous ce vendredi en fin de journée. A cette heure-ci des promeneurs viennent sur les bords de la Saône jouir de l'été finissant. On ne nous remarquera pas. Quand j'arrive, c'est Simone qui m'attend. Elle m'explique :

« Il n'est pas raisonnable que Bernard se promène en plein jour, son signalement est largement diffusé, il est facile à reconnaître, ce serait idiot de vous faire prendre tous les deux, d'autant qu'il part cette nuit... »

Je commence par rager, par lancer des mots violents et blessants, qu'elle écoute avec un petit sourire.

« Vous n'en pensez rien, dit-elle. Qu'y a-t-il donc de si important à dire à Bernard ? »

Je me calme.

« Je voulais qu'il soit mon avocat auprès de vous ! Il y a peu, Claudie était en clinique à Lyon, vous connaissez bien le docteur qui la dirige, vous l'avez sûrement sondé. Il faut lui demander de prévoir une chambre pour un malade, le 21 au soir. Un malade pour lequel il doit être discret. Il s'agit de Raymond que nous allons essayer de libérer. Simone ! Il faut que votre chirurgien accepte. Mais vous lui en dites le moins possible. Bien entendu, Raymond sera en chambre individuelle, il aura l'air d'une vraie momie sous ses pansements, et une seule infirmière triée sur le volet sera auprès de lui. »

Elle me regarde sans manifester de stupéfaction démesurée. Comment me préviendra-t-elle du résultat de sa démarche ?

« Nous nous retrouverons devant les panneaux d'affichage du *Nouvelliste*, dimanche à midi. Il faut que ça marche. Dites-lui aussi que, si personne ne vient mardi soir, il peut considérer la chambre comme disponible. »

Simone me prend par le bras. Puisque je suis venue jusque-là, je peux bien l'accompagner jusque chez elle. Elle pouffe à l'idée de la tête que feront Bernard et Louis, son mari, quand ils me verront ! Superbement, je refuse :

« A dimanche, ma chère, expliquez-leur que je sais ce que sécurité veut dire. »

C'est plus fort que moi, je suis ulcérée de la légitime prudence de Bernard et je marque le coup méchamment.

Dimanche 19 septembre 1943.

Devant *le Nouvelliste*, Simone ne s'attarde guère. « C'est d'accord », me chuchote-t-elle.

Je retrouve Serge et Daniel à six heures et demie, le long du boulevard des Hirondelles. Nous arpentons la rue plusieurs fois. Il y a une petite montée avant d'arriver au croisement de la rue de la Guillotière et du boulevard. La camionnette ralentira. Je me tiendrai sur le pont et j'agiterai mon parapluie quand je la verrai aborder le boulevard. A ce moment-là, les autres voitures se mettront en place, l'une devant la camionnette, l'autre derrière, et nous laisserons de l'autre côté du pont, moteur tournant, une voiture pour évacuer Raymond, et notre camionnette pour emmener les autres détenus. L'opération doit durer cinq minutes tout au plus. Serge minute : notre première voiture s'arrête au milieu de la rue, ses occupants exécutent le chauffeur et le soldat à l'avant du camion bloqué ; l'autre voiture s'occupe des soldats qui sont à l'intérieur. Dès que Raymond apparaît, l'un des gars coupe les

menottes et l'emmène vers la voiture, à l'écart, où j'ai
couru m'asseoir. Les autres prisonniers sont embarqués
dans notre camionnette : départ immédiat dans deux directions, la clinique pour Raymond, Bron et les bois pour les
autres.

Sous la pluie qui s'est mise à tomber, le boulevard est
vite désert. La Manufacture des tabacs est fermée le
dimanche, et les trams sont rares. Nous convenons avec
Serge de revenir encore une fois, en reconnaissance, le
lendemain soir, avant de retrouver toute l'équipe à Vénissieux.

Mardi 21 septembre au soir.

Je rentre seule à la maison. L'opération a raté, ou plutôt
elle n'a pas été tentée. A trois heures, j'étais sans encom-
bre dans le bureau du lieutenant de la Gestapo. Il m'a
reçue quasi cérémonieusement.

Nous parlons de ma famille. Je raconte que mon père
a fait partie du Cadre noir de Saumur, que c'était un cava-
lier hors pair, que j'ai deux frères, encore adolescents. Il
est très détendu, et me dit qu'il va faire venir mon fiancé,
que l'entrevue sera brève et qu'il souhaite que j'obtienne
satisfaction. Il appelle un soldat dans le couloir, lui donne
un ordre. Dix minutes après, la porte s'ouvre, deux soldats
encadrent Raymond. L'un d'eux lui enlève les menottes,
ils se retirent ensuite tous les deux.

Mon pauvre Raymond ! Il est sale, ses habits n'ont plus
de forme, il a terriblement maigri, ses cheveux sont longs
et ternes, il est mal rasé. Une invraisemblable moustache
lui recouvre les lèvres, une moustache noire aux pointes,
et rousse pour l'essentiel. La teinture qui nous faisait tant
rire à Carqueiranne était solide. Le résultat, en d'autres
lieux, déclencherait un fou rire. Je vois bien que ma pré-

sence lui donne un drôle de choc ! L'Allemand le laisse debout et lui demande s'il me reconnaît. Raymond :

« Non, je n'ai jamais vu cette dame.

– Vous vérifiez, mademoiselle, ce que je vous avais dit ; ces gens-là n'ont ni foi ni morale. »

Il me prend la main, la baise, ce qu'il n'avait jamais fait, et me conduit à une chaise, l'imbécile ! Il ne pouvait pas s'y prendre mieux s'il avait voulu faire comprendre à Raymond que je n'étais pas arrêtée !

Je me lève en me rapprochant de Raymond et je commence mon discours : « Je sais que vous vous appelez François Vallet. Ne vous étonnez pas de mon vouvoiement, c'est Claude Ermelin que je tutoyais. Je viens vous demander de tenir votre promesse et de confirmer devant ce lieutenant votre désir de mariage. J'attends un enfant de vous. »

Raymond n'a pas besoin de se forcer pour manifester une grande émotion. Il est blanc, il a le nez pincé et les yeux embués. Il avale péniblement sa salive. Il me regarde bien en face. Il a compris : « Bien entendu, je n'ai qu'une parole, et je suis désolé de vous avoir mis dans un tel embarras. »

Il vacille. Je demande : « Où peut-il s'asseoir ? »

Réponse sèche : « Ce n'est pas l'habitude pour les détenus ! »

Je parle, je parle, je parle, je pose mille questions sur sa situation, son confort, son hygiène.

« Ça suffit, dit l'autre, vous avez votre promesse, mademoiselle. Réunissez les papiers, demandez à un officier d'état civil de venir enregistrer votre mariage dans mon bureau.

– Monsieur, j'ai quelques bonbons, puis-je les lui donner ? Regardez, il en reste une dizaine dans mon paquet. »

Il dit oui, en même temps qu'il ouvre la porte. Les deux soldats, les menottes, le départ, une sorte de répétition à l'envers de ce qui s'est passé il y a une demi-heure. Le voilà parti, mon amour, après un long regard qui voulait dire : « Tu as compris, Raymond ? – Oui, Lucie, j'ai

155

compris. » Quelle épreuve ! Je me laisse tomber sur une chaise.

Et l'autre qui monologue : « Comment avez-vous pu vous laisser abuser ? Vous avez vu, il ne m'a même pas salué, ni en arrivant ni en partant. Il ne m'a jamais regardé. Il me hait, ils sont tous les mêmes, aucune humanité chez eux. »

C'est un comble ! Ce personnage que j'allais presque trouver sympathique a le culot de parler d'humanité dans ce sens-là. Quel goujat ! Pour montrer qu'il était le maître, il m'a baisé la main, m'a manifesté des égards, tandis que mon courageux Raymond n'avait qu'à encaisser et se taire. Je suis bouleversée et je fais remarquer à cet officier que ce monsieur Vallet doit être malade, qu'il a bien mauvaise mine et qu'il a beaucoup maigri. J'ajoute, en le remerciant très poliment, que je le ferai prévenir, par le colonel du Carlton, dès que j'aurai les actes matrimoniaux.

Il faut ménager mes arrières, je lui tends la main, en me forçant à sourire.

Il reste deux heures avant de retrouver les copains. Je prends un tram pour aller boire un Viandox place Bellecour. Puis je vais me changer et je redescends au rendez-vous avec mon parapluie. Toute l'équipe est en place. Les rôles sont distribués. Je m'installe sur le pont, il ne pleut pas, mais j'ouvre tout de même mon parapluie quand je vois poindre la camionnette après son virage boulevard des Hirondelles.

Rien ne se passe ! Nous avons mal minuté. Elle va beaucoup plus vite que prévu, et les voitures n'ont pas le temps de prendre position. Elle va bon train vers Montluc. J'entrevois par l'arrière, les pans de la bâche étant relevés, deux rangées d'hommes assis le long des parois. A l'extrémité extérieure, deux soldats allemands regardent les prisonniers, leurs mitraillettes pointées vers eux.

Avec Alphonse et Daniel, nous partons chez Chifflot, le bistrot ami. Je suis déçue, découragée, au bord des larmes.

Daniel déclare :

« Au fond, c'est une chance de n'avoir rien tenté aujourd'hui, tu as vu la position des soldats, ils assaisonnaient vite fait leur chargement si on avait attaqué. Il faut réviser notre tactique ! »

Il a raison. Quelle opération à la gribouille si nous les avions tous tués pour les sauver ! J'avale moins péniblement mon casse-croûte. Mais que la maison est calme ce soir, que le lit est grand ! Heureusement, je ne suis pas seule. Dès que je m'allonge, le bébé se déplie, se retourne, s'enroule, et trouve sa bonne position pour la nuit.

Mercredi 22 septembre 1943.

Ce matin je ne me sens pas vaincue. Évasion manquée certes, mais je n'ai pas l'impression d'une défaite. Il faut reprendre l'affaire plus sérieusement, et je ne dois pas lâcher mes contacts allemands. Le colonel du Carlton va revenir d'un jour à l'autre de sa permission en Allemagne. Je le reverrai sous peu. Ces jours-ci ils seront probablement moins compréhensifs, mes Chleus ! Après la capitulation des Italiens et l'internement de Mussolini, voilà que le général Badoglio a invité avant-hier les Italiens à combattre aux côtés des Alliés contre les hitlériens. La riposte a été rapide. Une opération de commando allemand a enlevé ce matin Mussolini que la Résistance italienne avait arrêté. Il est maintenant complètement dans la main des nazis. La radio de Vichy annonce, communiqué après communiqué, la mise au pas de l'Italie. Toute la côte méditerranéenne, de la Toscane à Marseille, est zone interdite. La Résistance italienne, qui s'était découverte après la reddition de Badoglio le 8 septembre, est décimée. Toutes les prisons de l'Italie du Nord se remplissent sous le contrôle de la Gestapo et de la Feldgendarmerie, pas tendres pour leurs anciens alliés.

En France, les GMR (Groupes mobiles de réserve, créés

pour « doubler » la gendarmerie) sont, avec la Milice, de plus en plus répressifs. La chasse aux Juifs est féroce sur la Côte. Vichy publie un décret qui interdit aux Juifs étrangers d'habiter à moins de dix kilomètres des grandes villes. Bon moyen pour arrêter tout de suite un grand nombre d'entre eux, avant qu'ils aient pu prendre des mesures de sécurité. A Grenoble, la Milice vient chercher à la maternité une jeune femme autrichienne qui avait accouché trois jours avant. Partout, les dénonciateurs sont au travail.

Mes camarades de l'hiver 1940-1941 se font rares à Lyon. Un certain nombre a disparu, qui dans les prisons, qui en déportation, qui fusillé. Les responsables encore libres sont à Paris, regroupés dans les grands services de la Résistance. Les autres sont répartis dans les régions. Je vois Serge Ravanel, Vergaville, Maurice notre cousin, et, de temps en temps, Pascal Copeau qui est celui qui descend le plus souvent à Lyon. D'Astier est à Paris. Simone Martin-Chauffier est partie le soir de notre rencontre. Elle prenait un train de nuit pour être à Paris et fêter l'anniversaire de son fils Jean. J'apprends aujourd'hui qu'il a été arrêté le jour même. Bêtement, paraît-il, dans un endroit où il n'aurait pas dû se trouver.

Vendredi 24 septembre 1943.

Je m'oblige à aller chaque jour à la morgue où j'apporte au gardien complaisant sa provision de tabac. J'ai mis en alerte un interne et deux infirmières à Grange-Blanche pour qu'ils surveillent les services des contagieux. Si un typhique arrive de Montluc, il faudra jouer serré pour le sortir de l'hôpital. Le truc des policiers de la Gestapo commence à être connu. Mais, avec de la chance ! Personne, au bout d'une semaine, n'est hospitalisé. Le docteur Riva m'avait bien dit pourtant que l'incubation était rapide. Attendre, toujours attendre...

Mardi 25 septembre 1943.

Retour au Carlton. Le colonel est là, très heureux de son séjour en Allemagne, pas du tout optimiste quant à l'issue de la guerre. Cet homme, qui pourrait être mon père, tremble pour tout : la crainte de bombardements alliés sur sa famille, l'incertitude de son avenir ; si ça va mal en Italie, peut-être va-t-on y envoyer des réservistes. Il est sans illusions sur l'issue de la guerre, mais voudrait tant la finir à Lyon ! Je lui relate mes visites à son ami de la Gestapo, lui demande conseil : comment le remercier d'avoir permis une rencontre et d'autoriser mon mariage ?

« Je m'en chargerai, dit-il. Si vous pouvez me procurer un carton de bouteilles de cognac, je le lui remettrai discrètement. »

Je m'engage à trouver deux caisses, il aura la sienne lui aussi.

Plus tard, je raconte la scène à Maurice.

« Ils sont gourmands, ces messieurs ! Je vais te trouver cela, c'est une question d'argent. Tu le porteras en deux fois. C'est lourd : six bouteilles ce n'est pas loin de dix kilos. Bientôt, il leur faudra la tour Eiffel ! »

Je dis à Maurice :

« Maintenant, ce n'est pas tout, il faut que mon histoire soit crédible. Est-ce qu'il connaît un notaire qui me ferait un projet de contrat de mariage ? »

Maurice reprend son souffle.

« Qu'est-ce que tu as encore imaginé ?

– Laisse-moi faire, Maurice ; je veux fignoler ce mariage. Le réaliser en deux temps, en somme. La signature du contrat d'abord, le mariage une autre fois, si nous ratons encore l'évasion.

– Ma pauvre Lucie, tu perds les pédales. Comment peux-tu supposer qu'il marchera ? »

Je lui réponds que c'est à tenter et que « qui ne risque rien n'a rien ». A la fin de la semaine, je referai une visite à mon gestapiste.

Mardi 28 septembre 1943.

Il me reçoit sans surprise, mon gestapiste. Poliment même. J'affecte d'être tout à fait à l'aise avec lui. Comme le colonel, je parle des événements d'Italie sans prendre parti, de la guerre de 14-18 que mon père a faite comme commandant dans l'infanterie et dont il m'a souvent parlé.

« Ah, mademoiselle, soupire le lieutenant, en allant vers la fenêtre qui donne sur l'avenue, c'était une guerre loyale ! Venez près de moi, regardez ! Sur cinq personnes qui passent sur ce trottoir, deux sont des terroristes, deux sont des gens qui ont peur et le dernier est un dénonciateur. On ne peut être sûr de rien dans ce Lyon ! Il y a des pièges partout. On risque sa vie loin du front. On ne peut pas prévoir d'où viendront les coups. »

Que puis-je répondre ?

« Il y a sûrement eu une résistance à l'occupation française dans la Ruhr en 1918. C'est une affaire de patriotisme que vous comprenez, vous, militaire de carrière.

– Les terroristes ne sont pas des militaires, mademoiselle, ils ignorent le patriotisme, ce sont des Juifs, des communistes et, dans les cas les moins graves, des faibles et des exaltés. Ils ne font pas la guerre ouvertement, ils tuent dans l'ombre ! »

Je vais un peu loin en répliquant qu'ils n'ont guère le choix, les Juifs et les communistes.

« Vous les tuez parce que juifs ou communistes. Les Français, depuis Montoire, n'ont pas la possibilité de se

160

battre au grand jour et, depuis novembre 1942, il n'y a plus d'armée française. »

Son visage se ferme ; il faut que je rattrape cette insolence car j'ai quelque chose à lui demander.

« Monsieur, tout cela me dépasse. Me voilà enceinte d'un homme que vous appelez terroriste et que j'aime encore. Je ne suis pas responsable de ses actions, il les nie d'ailleurs. Je me soumets à votre loi, si rigoureuse soit-elle. Moi, je veux me marier. Je suis en train de faire établir par le notaire un contrat de mariage. Il faudra que M. Vallet l'accepte et le signe.

– Qu'est-ce que c'est ça, un contrat ?

– Je vous ai parlé de ma famille. Nous avons des biens, mon enfant sera mon héritier. Ce Monsieur Vallet est condamné à mort. Je ne sais rien de sa famille. Je ne veux pas qu'un jour elle puisse revendiquer quelque chose de ma fortune. Le notaire établira un contrat en séparation de biens. »

Alors là, le coup a porté ! Il n'en revient pas, mon Chleu.

« Ah, ces Français, ils pensent à tout ! On a raison de dire qu'ils sont rationalistes et cartésiens. Penser à l'avenir lointain quand votre présent et votre avenir proche sont si incertains ! Tout dépend de moi, mademoiselle, ne l'oubliez pas, et pour maintenant, et pour longtemps peut-être.

– Je le sais, monsieur, c'est pourquoi je vous tiens au courant de toutes mes démarches, puisque vous avez bien voulu m'écouter et me comprendre. »

Il est assommé, il branle la tête comme un boxeur sonné.

« C'est égal, vous êtes forte, on voit que vous êtes d'une race de militaires ! »

Je le laisse à sa stupéfaction et lui dis au revoir et merci, en l'assurant que j'aurai vite les papiers. J'ai acquis une sorte de routine et maintenant je sors tranquillement de l'École de santé. Je suis certaine que personne d'autre que son ami colonel n'est au courant de nos rencontres.

Je m'éloigne avec la même prudence que les autres fois,

pour me retrouver, plus tard, chez le docteur Riva. Quand nous avons constaté que le service des contagieux n'avait reçu personne, le docteur s'est demandé si Raymond avait survécu aux bonbons à la typhoïde. La visite à la Gestapo, aujourd'hui, me donne la certitude qu'après avoir reçu ces bonbons, Raymond est toujours à Montluc.

« Que s'est-il passé, docteur ? Je connais Raymond, il a mangé les bonbons. Deux fois déjà, il est passé par le chemin de la maladie pour aboutir à l'hôpital. Dites-moi la vérité, vous avez eu peur, n'est-ce pas ? vous n'avez pas ensemencé ces bonbons ?

– Pas du tout, si je n'avais pas voulu le faire, je vous l'aurais dit. Je vois maintenant ce qui s'est passé, j'y ai longuement réfléchi. Ces bonbons sont confectionnés avec du sucre de raisin. C'est un produit peu stable et qui fermente facilement. Pour l'empêcher, les fabricants ajoutent un antiseptique. Voilà qui a détruit en partie, en tout cas atténué, la force du virus. C'est bête et sans parade. »

Comme je ne renonce pas à l'idée du transfert à l'hôpital, je lui demande un autre moyen. Il faut donner l'apparence d'une maladie contagieuse que redoutent les Allemands, et pour laquelle ils prendront éventuellement des mesures d'éloignement. Il réfléchit, mon bon docteur. Il sait tout de la santé de Raymond et de ses tendances aux allergies. Le plus sérieusement du monde, il me fait un amphi sur les chocs anaphylactiques : sur certains organismes, le contact d'une ortie, une simple piqûre de fourmi peut déclencher une terrible éruption d'urticaire géant. C'est spectaculaire, paraît-il. Mais comment frotter Raymond avec une ortie, comment le faire piquer par une fourmi ? Le docteur a une idée.

« J'injecte de l'acide formique dans un savon. Quand votre mari se lavera, sa peau sera en contact avec l'acide formique et l'éruption se produira. »

Le savon s'obtient avec des tickets, c'est un petit parallélépipède verdâtre avec autant d'argile que de vrai savon. Avec une aiguille hypodermique, il répand dans tous les sens et à toutes les profondeurs 2 centimètres cubes d'acide formique dans le savon. Maintenant, il s'agit de le faire parvenir au prisonnier. Pas question que je me risque à porter un paquet. Une de mes collègues de lycée emploie son été à faire des colis pour les prisonniers de guerre au Secours national, organisme de Vichy. Je ne sais quelles sont ses idées, mais peut-être connaît-elle une de ces bénévoles de la Croix-Rouge qui distribuent des paquets aux internés dans les prisons de Lyon. Elle me donne deux noms de dames patronnesses. Je me présente à l'une d'elles, sous mon nom, en ma qualité de prof et avec la recommandation de ma collègue. Je propose mon aide et suis bien reçue. J'aiderai à répartir dans des cartons vivres et vêtements. Une grande partie de ces cartons sont anonymes. Quelques-uns portent un nom et un numéro de cellule.

Dans l'un d'eux, je place mon savon et j'écris sur l'étiquette « Ermelin Claude – cellule 77 », puis je jette le tout dans le grand panier en partance pour Montluc. Je promets de revenir pour aider à la prochaine répartition dans huit jours si ma grossesse se passe bien. Cela finira bien par réussir !

Quand j'apporte le premier carton de cognac au Carlton, le colonel est au courant de mon entrevue avec son copain et n'est pas loin de me trouver inhumaine. Il s'inquiète : est-ce qu'on m'a vue monter avec mon carton ? Je le rassure et lui annonce pour bientôt une deuxième livraison, comme convenu.

Jeudi 30 septembre 1943.

Serge Ravanel m'a littéralement kidnappée ce matin.

« Viens, je t'emmène à Mâcon. Un train de voyageurs a quitté la gare des Brotteaux ce matin, il y avait deux wagons de détenus venant de Montluc. Nous filons à

Mâcon, là on saura si le train roule sur la grande ligne, auquel cas il y aura un déraillement vers Sennecey. S'il est détourné en Bresse par Saint-Amour, on essaiera de joindre à temps les copains de Cuiseaux. Ton homme est peut-être du convoi. C'est un coup à tenter ! »

Serge a une vraie voiture de dragueur, une Torpédo rouge décapotable. Assise à côté de lui, je suis d'abord conquise par la vitesse, puis secouée par les cahots, je n'en mène pas large. Il conduit vite et sec. Il a raison, Serge, nous sommes trop excentriques pour que l'on puisse nous soupçonner. En revanche, j'ai un bébé qui n'aime pas ça du tout et je ne veux pas connaître, une deuxième fois, la glace sur le ventre. Je demande à Serge de ralentir. Dès l'arrivée à Mâcon, je m'installe au bar de l'Hôtel des Champs-Élysées pendant que Serge se renseigne sur le train. Il revient déçu. Le train est passé par la Bresse. Derrière la locomotive, il y avait une plate-forme de DCA, à l'arrière aussi. D'après les renseignements, il n'y a pas de voyageurs ordinaires dans ce train ; à part deux wagons de détenus venant de Montluc, tous les autres wagons étaient pleins de soldats italiens en uniforme : prisonniers ou volontaires ?

Les maquis de Cluny ont fait sauter la voie principale à Sennecey-le-Grand : un train de marchandises a déraillé et un wagon-citerne a pris feu. Les traverses ont brûlé, il faudra au moins deux jours avant que le trafic ne soit rétabli. Ça va grouiller de flics en tout genre, et il ne manque pas d'indicateurs dans le coin. Nous ne nous attardons pas.

Sur la route, nous réfléchissons : à mon avis, Raymond n'est pas du voyage. Pour deux raisons. On lui a signifié, à Lyon, qu'il était condamné à mort, donc c'est à Lyon qu'il sera exécuté. Deuxième raison : si le lieutenant de la Gestapo a reçu son cognac, engagé comme il l'est envers son ami colonel, il doit couver son prisonnier – si je puis dire – et s'arranger pour que la situation dure. Serge, optimiste lui aussi, est de mon avis. Nous discutons sur la manière dont il faudra s'y prendre pour réussir à la deuxième tentative d'évasion. Nous avons appris une chose le 21 septembre : en cas d'attaque, les gardes à l'intérieur du camion commencent par mitrailler les prisonniers. On ne peut donc provoquer un arrêt brutal qui les mettrait sur leurs gardes. L'expérience a montré que la camionnette arrivait trop vite pour que nous nous mettions en branle en l'apercevant. Le mieux est donc d'être en train de rouler sur l'avenue et de se trouver à sa hauteur sur le boulevard des Hirondelles. En allant à la même vitesse, si on ajuste le chauffeur et le garde sur le siège avant, on ne les ratera pas, mais le bruit des coups de feu alertera les gardes à l'arrière et ils tireront sur leur chargement.

Conclusion : il faut nous équiper de « silencieux ». Dans les romans policiers, j'ai lu que les gangsters et les tueurs ajoutaient un « silencieux » sur leurs armes. J'avais toujours cru qu'il s'agissait de science-fiction.

« Pas du tout, me dit Serge, ça existe. »

Il me décrit méthodiquement ce gadget et m'explique pourquoi il étouffe le bruit des détonations. J'ai bien compris, mais nous ne possédons pas cet engin. Où peut-on s'en procurer ? Serge sait qu'il se fabrique en Suisse. C'est plus ou moins en vente libre, mais il faut trouver le fournisseur et le moyen de le joindre. Vite décidé : j'irai en Suisse. Par mes copains cheminots de Lyon, j'aurai la filière à Annemasse et j'arriverai bien à franchir la frontière ! On a fait passer comme cela beaucoup de familles juives.

« Pas si vite, dit Serge, il faut réfléchir. D'abord s'assurer l'approvisionnement, le passage est devenu très difficile. Depuis leur volte-face ce ne sont plus les Italiens qui surveillent. Les Allemands contrôlent jour et nuit toute la frontière franco-suisse avec des chiens. »

Je conviens que, en effet, avant de risquer le passage, il faut d'abord être sûr d'obtenir ce « silencieux ». Il en faut un absolument ; en avoir deux serait magnifique.

Qui pourra nous croire quand nous raconterons, si nous sortons vivants de cette guerre, que rien ne nous paraissait impossible, qu'une complicité unissait le professeur d'histoire aux cheminots de Vénissieux, que des Suisses, citoyens d'un pays neutre, prenaient des risques pour aider les résistants et la Résistance chez leurs voisins ?

Lundi 4 octobre 1943.

Trois jours, pas un de plus ! Et j'ai eu la filière pour la Suisse. Des douaniers suisses me prendront en charge en gare d'Annemasse, je passerai chez eux, ils me remettront deux boîtes avec deux « silencieux ». Bien entendu, il faudra payer ; c'est cher, mais j'ai de l'argent. Pascal me l'a donné pour que je l'utilise au mieux afin de sauver Raymond.

Le 1er octobre tombait un vendredi. C'était la rentrée scolaire. Comme j'étais dispensée de la deuxième session du baccalauréat, je n'ai commencé qu'aujourd'hui *lundi 4 octobre*. Je ne croyais pas, en signant le procès-verbal le 13 juillet, que je reverrais mon lycée et que ma vie professionnelle reprendrait comme avant. J'ai le même emploi du temps que l'an passé, mais des visages nouveaux dans les classes. Les collègues n'ont pas changé. Manque la jeune professeur d'allemand que j'avais vue le 21 juin attendant devant le lycée, quand je partais pour le dîner prévu avec Max. Personne ne sait rien d'elle. Où est-elle ? Arrêtée ? Clandestine ? Abattue ? La liberté et la vie sont choses précaires en cet automne 1943 !

J'aime l'atmosphère d'une classe quand on fait connaissance avec de nouvelles élèves. La prise de contact, les fiches, les conseils, les explications sur le programme occupent la première journée. Des bons spéciaux, que le professeur doit signer, permettent d'acheter cahiers, crayons, livres de cours. Je démarre comme si l'année scolaire devait se dérouler sans accroc.

J'annonce à mes élèves que j'attends un bébé. Étonnant,

le lien qui se crée aussitôt. Je ne suis plus seulement un professeur, je suis aussi une maman. Je serai absente trois semaines en février, c'est le congé légal de maternité, mais j'assure que nous rattraperons le temps perdu.

A midi, je ne remonte pas déjeuner chez moi dans cette maison vide. Avec quelques collègues, nous allons dans un bistrot de la place Morand. Quel casse-tête que ces tickets ! Il faut détacher ce qui correspond à notre repas : 60 grammes de pain, 10 grammes de matières grasses, 25 grammes de charcuterie. Seuls les raisins et quelques légumes sont en vente libre. Chacune parle de ses vacances, de ses soucis matériels : nourriture, vêtements d'hiver. On se passe des recettes économiques. L'une propose même une omelette sans œuf ! C'est fou ! Les restrictions, les conseils de débrouillardise, tout concourt à orienter vers le quotidien le plus terre à terre les pensées et les efforts de chacun. Après tout, mes collègues ont peut-être elles aussi une double vie, une trajectoire que j'ignore et qui passe par une clandestinité aussi secrète que la mienne !

Comme d'habitude, je m'arrête en fin de journée au magasin de Maurice et l'avertis de ma prochaine expédition à Annemasse.

« J'irai jeudi. Si je ne peux pas faire l'aller-retour dans la journée, je coucherai en route, puisque je n'ai pas cours le vendredi.

– Je vais avec toi, me dit Maurice, ça ne se discute pas. S'il y a un pépin, je pourrai, au moins, revenir prévenir ici. »

J'accepte de bon cœur, je n'aime pas la longue solitude dans ces trains de cauchemar.

Mercredi 6 octobre 1943.

Cet après-midi, nous avons décidé d'aller voir le notaire qui habite à deux pas du magasin. Maurice a pris le rendez-vous dès hier matin. Quelle séance ! Maurice, sur la chaise à côté de moi, a sa tête des grands jours : les yeux ronds, il est rouge, transpire. Je ne le regarde pas. J'ai peur de ne pas tenir mon sérieux, car je suis en train de faire un numéro qui laisse le notaire pantois. Je lui présente ma carte d'identité : Mlle Ghillaine de Barbentane, née le 27 juin 1912 à Blanzy, domiciliée 3, place des Jacobins. Je lui explique mon intention d'épouser un homme qui est en prison à Montluc, condamné à mort, et que je tiens à un contrat de mariage susceptible de préserver mes droits.

Il retrouve sa voix pour me demander si j'envisage un « mariage *in extremis* », auquel cas le contrat pourra être signé juste avant l'exécution en même temps que le mariage. Je lui réponds qu'il a bien compris, mais qu'il me faut présenter le document aux autorités allemandes le plus tôt possible, et qu'elles fixeront ensuite la date du mariage et de la signature. Nous y allons de l'énumération des biens de ma famille, des miens propres. Le futur conjoint a-t-il de la fortune ? Je n'en sais rien. Je n'ai même pas son état civil précis. Le notaire, stupéfait, me demande si j'ai bien réfléchi. Je dis oui, et je laisse une provision pour les honoraires. Nous prenons rendez-vous pour le 13 octobre à quatre heures et demie.

En descendant l'escalier sombre, en longeant le couloir étroit qui ne laisse pas deviner l'étude cossue d'où nous sortons, nous ne disons pas un mot. C'est seulement dans la rue voisine, invisibles des fenêtres du notaire, que nous libérons un formidable éclat de rire ! Nous en pleurons, Maurice tousse et reprend péniblement son souffle. Mon cousin, pour fêter la chose, m'invite chez la mère Brazier. Je mange une délicieuse poule au pot et une énorme part de tarte. Maurice négocie l'achat, à prix fort, de sandwichs pour notre voyage du lendemain : jambon, fromage, pommes et raisins. C'est royal !

Jeudi 7 octobre 1943.

Le voyage, jusqu'à Annemasse, se passe sans histoire. Nous arrivons à trois heures. Le filtrage policier à la sortie, côté français, ne pose aucun problème. « Où allez-vous ? – Nulle part. Nous venons attendre une vieille tante qui habite Lussy pour la ramener à Lyon. On aimerait bien qu'elle arrive vite. On voudrait reprendre le train le plus tôt possible. »

Maurice restera dans la salle d'attente, moi je vais surveiller l'arrivée du car. Nous nous parlons le plus naturellement du monde, comme s'il s'agissait d'une petite promenade entre Lyon et Annemasse.

A la sortie, près des toilettes, un cheminot m'attend. J'ai *Signal* à la main. Il me fait entrer dans la salle des bagages, puis me fait passer par un tourniquet marqué « Service ». « Voilà, dit-il, à un douanier suisse, la dame qui a oublié deux paquets dans le train de Lausanne. Je l'ai rattrapée à la sortie française. »

Le douanier dit « ah bon » et m'emmène dans son bureau. Je lui donne les deux mille francs, prix des deux « silencieux », et il me remet deux paquets assez lourds, enveloppés de papier brun, pas plus gros que deux boîtes à chaussures d'enfant. Sur chacune une étiquette : clous carrés pour maréchal-ferrant. Vingt minutes après, le tourniquet me recrache dans la salle des bagages, côté français ; je repasse devant les toilettes et rejoins Maurice dans la salle d'attente.

« La tante n'était pas dans le car, mais j'ai trouvé des clous dans la quincaillerie, c'est une bonne affaire. Quand est-ce qu'on s'en va ? J'ai hâte de ficher le camp !

– Et moi donc, répond Maurice, je n'ai plus un poil de sec. »

Un train part pour Lyon à cinq heures moins le quart.

169

Nous trouvons facilement une place, nos deux paquets dans le filet au-dessus de nous, avec le reste de notre casse-croûte. Avant qu'il ne s'ébranle, quatre gendarmes montent dans le train et s'installent devant les portes aux deux bouts du wagon. Nous sommes peu nombreux dans ce train. Qu'est-ce qu'ils veulent ? Accoudés aux barres d'appui des fenêtres, dans le couloir, nous les surveillons. Le train est lent, il longe la frontière ; aux passages à niveau, des soldats allemands armés sont postés avec des voitures et des chiens. Je n'y tiens plus. Je m'approche des gendarmes :

« Personne ne se risque à passer en Suisse, par ici, avec cette surveillance ?

– Vous croyez, me répond l'un d'eux ; maintenant, en effet, personne ne passe par les chemins, les tentatives se font par le train. Au ralentissement, il y en a toujours pour sauter et se retrouver de l'autre côté. Nous, on est là jusqu'à Saint-Julien. On fait le va-et-vient et on finit par connaître chaque mètre du parcours, personne ne peut sauter, nous bloquons les portes. »

Je dis qu'il faut du courage pour sauter d'un train en marche.

« Oui, il y en a qui se tuent. Et, une fois à terre, il leur faut encore traverser la route pour tomber, quelquefois, sur une patrouille. »

Tout à coup je réalise qu'il y a une heure, j'étais en Suisse, sous la protection d'un douanier suisse, et que j'aurais pu rester en pays neutre. Je le dis en riant à Maurice.

« C'est vrai, dit-il, il faut être folle pour revenir volontairement dans ce merdier ! »

« Ce merdier », comme dit Maurice, pour moi c'est retrouver les copains, toute cette préparation qui doit aboutir à la libération de Raymond. Alors j'y reviens de bon cœur. Après, on verra.

La nuit tombe peu à peu. Pas de lumières dans le train. A Ambérieu, un contrôle de police sans histoire. Nous mangeons le reste de nos sandwichs dans la lueur bleuâtre de la petite veilleuse qui s'est allumée au-dessus de la porte. Un employé passe contrôler que tous les rideaux sont tirés devant les fenêtres. Nous allons sûrement arriver après le couvre-feu à la gare de Perrache, à la vitesse où roule ce train. Nous ne pouvons pas demander un laissez-passer pour aller jusque chez soi. Il faut répondre à trop de questions pour l'obtenir !

On sait comment ça se passe la nuit. Les groupes de miliciens, les patrouilles allemandes sont les maîtres de la rue. Souvent ivres, excités, dans les meilleurs des cas ils dévalisent, mais il leur arrive aussi de violer et de tuer. Sûrs de l'impunité !

Nous arrivons vingt minutes avant le couvre-feu. Je n'ai plus le temps de monter jusqu'à l'avenue Esquirol. Pas de contrôle systématique à la sortie. Notre petit paquet brun sous le bras – moi j'ai toujours *Signal* à la main –, nous courons attraper le dernier tramway pour la place Morand. Maurice occupe le logement de la rue Pierre-Corneille où nous avons commencé notre vie lyonnaise en septembre 1940. C'est à deux minutes. Pas question de se précipiter sans précaution dans cet appartement au premier étage. Nous passons devant la porte. Tout semble calme, nous montons au deuxième étage, en agitant nos clefs. Maurice redescend doucement, écoute à sa porte. Aucun bruit après notre passage. Il entre et revient me chercher avec mes deux colis. Nous tirons les rideaux avant d'allumer, buvons un ersatz de café qui ne nous empêchera pas de dormir. J'ai tant sommeil !

« Prends le lit, dit Maurice, tu as besoin de te reposer. Je vais te passer l'un de mes pyjamas ; moi, je me débrouillerai dans un fauteuil de la salle à manger. »

Je m'endors aussitôt, mais suis réveillée bientôt par un bruit insolite. Il y a de la lumière dans la salle à manger. Maurice, qui ne trouve pas le sommeil, est en train de déplacer des chaises pour se faire une place par terre.

« Écoute, Maurice, ce lit est grand, nous y dormions, Raymond et moi. Viens me rejoindre. Au moins nous aurons une bonne fin de nuit tous les deux. »

Le nez dans l'oreiller, tournée contre le mur, je

commence à somnoler. Mon cousin n'a pas éteint sa lampe. Je me retourne.

« Qu'est-ce que tu fais avec cette lumière ? Éteins et dors. »

Comiquement appuyé sur son coude, à moitié étendu à l'extrême bord du lit, il me regarde et soupire :

« Tu te rends compte ! Coucher avec la femme de mon cousin germain ! Qui croira qu'il ne s'est rien passé ? J'ai toujours eu une politesse pour les femmes qui partageaient mon lit ! »

J'en ai marre de ses états d'âme.

« Tu raconteras ça à Raymond quand nous l'aurons sorti. Moi j'ai sommeil, éteins et dors. »

Son bon visage, si mobile et expressif, s'éclaire d'un sourire :

« D'accord, Lucie, mais avoue que c'est une drôle de situation.

– Plus que tu ne le penses, Maurice, mon bébé n'aime pas quand je suis sur le côté, reste au bord, moi il me faut de la place, je dors à plat dos. Bonsoir, ou plutôt bon reste de nuit. »

Vendredi 8 octobre 1943.

Quand j'apporte les « silencieux » aux gars du Groupe-Franc, c'est le délire. Chacun veut les toucher, les fixer sur le canon de la mitraillette. Un petit essai au fond du garage nous convainc de leur efficacité. Pas plus de bruit qu'un léger « toc toc » à une porte. En même temps, nous nous apercevons que la puissance de l'arme est fort diminuée et qu'il faudra tirer de près. Nous avons mis au point la tactique ébauchée avec Ravanel, à notre retour de Mâcon : une des voitures roulera à la même vitesse que la camionnette allemande ; tout en roulant, le tireur ajustera le chauffeur et son voisin. La réussite doit être totale, il n'est pas question de s'y reprendre à deux fois. Comme il n'y aura pas de bruit de fusillade, nous avons une chance pour que les gardes à l'arrière croient à un incident mécanique. Une chance...

Les gars décident de commencer tout de suite l'entraînement : un coin de campagne tranquille, loin de Lyon, apprendre à tirer sur une cible mobile en étant soi-même mobile. Sans user trop de munitions, nous n'en sommes pas riches, et un chargeur de trente balles est un capital. Puisque je suis libre, je vais avec eux. Nous nous amusons comme des enfants, sommes très contents de nous, et finissons la soirée chez Chifflot où je me bourre de lard et de pommes de terre. J'écluse aussi avec les copains notre ration de vin du mois que je leur ai donnée, puis Christophe me raccompagne jusqu'à Grange-Blanche. J'achève le chemin à pied. Je suis lourde, j'ai trop mangé, j'ai trop bu, le bébé n'aime pas ça. Au lit, il met une bonne demi-heure à se calmer. Ça tangue un peu ce soir. Gravement, j'explique, dans mon compte rendu quotidien, au pyjama de Raymond, que tout marche bien, que c'est pour bientôt, que demain samedi j'ai classe à huit heures du matin, que je me lèverai tôt pour préparer mes cours, puis je m'endors comme un caillou.

Mercredi 13 octobre 1943.

Le notaire m'a remis un projet de contrat. Il a eu le temps de réfléchir et crève visiblement de peur. En aucun cas, prévient-il, il ne viendra au siège de la Gestapo pour assister à la signature. Il va se renseigner pour savoir si la présence d'un officier d'état civil, indispensable pour légaliser le mariage, peut être considérée comme suffsante pour authentifier les signatures du contrat. « A situation exceptionnelle, dit-il, entorse possible aux conventions. » Il me demande de préciser aux autorités allemandes « qu'il ne me connaît pas autrement que comme cliente et qu'il ne s'intéresse pas du tout à la politique ».

Jeudi 14 octobre 1943.

Je suis passée à la mairie du VIIᵉ prendre des formules pour la publication des bans, et à trois heures me voilà de nouveau dans le bureau du lieutenant allemand. Nous sommes de vieilles connaissances. Il me fait asseoir, ne dit pas un mot au sujet du carton de cognac. Cette fripouille de colonel aurait-il tout gardé pour lui ? Je lui montre le projet de contrat. Il veut avoir l'air informé et discourt longuement sur le Code Napoléon. J'étale sur son bureau la formule de la mairie.

« Je n'ai pas l'état civil du père de mon enfant. Vous dites qu'il s'appelle Vallet. Avez-vous sa date et son lieu de naissance ? »

Je l'agace avec mon côté méticuleux.

« Ah, ces Français, je ne vous comprendrai jamais, avec votre respect des lois. Savez-vous, mademoiselle, que je vous ai fait une grande faveur en vous permettant de voir ce bandit. Vous parlez loi alors qu'il s'agit de sa vie et de sa mort. Que tout cela est long et inconfortable pour moi. J'ai cédé trop vite à la compassion. Enfin, je vais me renseigner. »

Il prend son bloc de rendez-vous sur son bureau.

« Venez mardi, j'aurai cet état civil. Et puis non, on va finir par remarquer vos visites ici, venez jeudi 21, à quinze heures, avec votre contrat à signer. J'aurai convoqué Ermelin. Ce jour-là, mon chef sera à Paris. »

Mon cœur bat à grands coups. Est-il possible qu'il ne l'entende pas ?

« Merci, monsieur ; moi aussi je suis pressée d'en finir. Me permettez-vous de vous faire envoyer par votre ami une caisse de champagne pour vous remercier ? »

Il ne répond pas, je comprends qu'il accepte ; donc, mes deux larrons se sont déjà partagé mes largesses précédentes. Sinon, il aurait protesté. Il m'accompagne à la porte de son bureau et me baise la main :

« Au revoir, mademoiselle, au jeudi 21 à quinze heures. »

Si quelqu'un a remarqué mes allées et venues à la Gestapo, il doit penser que je suis ou une indicatrice ou la bonne fortune d'un de ces messieurs. Pas plus ragoûtantes l'une que l'autre, ces deux suppositions ! Au diable la prudence. Je vais tout de suite au Carlton voir le colonel. C'est la meilleure des précautions, après tout ! Je le mets scrupuleusement au courant de mes démarches. Il connaît d'ailleurs tous les épisodes du roman, côté allemand bien entendu. Comment des hommes de cet âge peuvent-ils se laisser berner par une jeune femme qui raconte une histoire si invraisemblable ? Quand je lui dis que je me propose de faire envoyer une caisse de champagne à son ami, ses yeux brillent si manifestement d'envie que je lui promets le même envoi. En mon for intérieur, j'espère bien que ce sera ma dernière dépense à leur intention.

Vendredi 15 octobre 1943.

Attendre le 21 ! J'aurai attendu pendant tout cet été ! Mais le but est proche maintenant, et je suis sûre du succès. Serge et les gars du groupe sont aussi impatients que moi. Ils continuent de vivre au rythme de leurs activités clandestines, sabotages de pylônes, de voies ferrées pour les uns ; Serge a ses inspections, ses contacts avec les maquis et les autres responsables de l'Armée secrète dans la région Rhône-Alpes : « R.1 », comme nous disons. Toujours par monts et par vaux, Serge est d'une activité débordante, d'une audace inouïe, passe partout, convainc et emballe ses interlocuteurs en un tour de main. Avec certitude et allant, il a toujours mille projets en train. Avec lui, comment échouer ?

Dimanche 17 octobre 1943.

J'ai revu Serge. Tout va bien. Le groupe est fin prêt, matériel et voiture en ordre pour fonctionner sans accroc. Serge doit s'absenter de Lyon et ne reviendra que mercredi. Nous tiendrons alors notre dernière « conférence », comme il dit. Maurice s'occupe de la planque pour Raymond. Un jeune couple de notables lyonnais, amis d'enfance, accepte sans hésiter de recevoir ce « cousin » dont il leur parle : évadé d'un camp de prisonniers, il doit être à l'abri quelque temps, avant de reprendre la route vers l'Angleterre. M. et Mme Nicolas, « soyeux », connus sur la place de Lyon, invitent donc à dîner pour jeudi soir Maurice, le cousin en question, et son épouse.

Lundi 18 octobre 1943.

Grande journée de classe. Le temps passe plus vite. En 6e, l'année scolaire commence avec l'histoire de l'Orient ancien. Des noms qui font rêver : Mésopotamie, Babylone, Nabuchodonosor, Abraham, le Temple de Jérusalem, les Hébreux, Moïse et le mont Sinaï. Les petites Juives de la classe s'épanouissent, et ce n'est pas fréquent ! Aujourd'hui, nous parlons du peuple hébreu, comme du premier peuple antique qui a abandonné les totems, les idoles, les dieux multiples, pour croire en un seul dieu. Il n'est pas particulièrement tendre, ce dieu-là ! Mais les Tables de la Loi, transmises à Moïse, sont une suite de commandements que toutes les petites catholiques ont appris au catéchisme pour faire, cette année, leur première communion. Mes jeunes élèves se reconnaissent égales dans l'identité d'une foi venue, par les pasteurs nomades du désert, puis les agriculteurs sédentarisés du Croissant fertile, jusqu'au monde occidental.

Avec les terminales, nous étudions les grandes puissances du monde. J'ai commencé une série de cours sur l'industrie métallurgique des États-Unis et de l'URSS. Pas besoin de gonfler les statistiques – celles de 38-39, car nous n'avons aucune information plus récente – pour que toute la classe comprenne qu'en 1943 la puissance industrielle est du côté des Alliés.

Ma collègue de français, dans la salle des profs, à l'interclasse, fait un esclandre de tous les diables. On a retiré de la bibliothèque littéraire des classes de première et de philo Anatole France, Erkmann-Chatrian, Zola et Bergson. En voilà une qui acceptera sûrement de rendre service quand on le lui demandera !

La journée n'est pas finie : une circulaire passe dans les classes. Il faut émarger, on ne pourra pas dire qu'on ne l'a pas lue : les cinémas, à Lyon, vont projeter *le Juif Süss*, film antisémite produit par les nazis. Pour préparer les élèves, notre ministre nous demande de les conduire à l'exposition itinérante sur les caractères raciaux, qui ouvre demain dans l'ex-Bourse du travail. Ce sont les professeurs d'histoire, de lettres et de sciences naturelles qui sont concernés. Dans la salle des profs, celles qui protestent le plus fort sont, probablement, les moins engagées dans une vie clandestine. Personne ne comprendrait qu'avec mon nom et mon franc-parler je ne proteste pas, moi aussi. Il y a des moments où le silence n'est plus prudence mais lâcheté, et je propose de rédiger, à l'intention de la directrice, un texte court : « Les professeurs de lettres et d'histoire, qui ont pour tâche de donner à leurs élèves le goût de la liberté et de la tolérance, en même temps que la culture, considèrent qu'elles jugent indigne de leur mission de conduire leur classe à une telle exposition. »

Sur onze collègues, nous sommes cinq à signer. Cinq sur onze ! Les autres affirment qu'elles sont d'accord avec nous, mais proposent de ne pas prendre le problème de front. « Ayons des certificats médicaux pour nous absenter », disent-elles. Quatre se rangent à cet avis. Neuf sur onze. Pas mal ! Les deux autres – au début de leur carrière – tremblent encore devant l'administration. Allons, elle se tient pas mal ma profession ; si toute la France était comme ça !

Le soir, je prépare mes cours pour le lendemain. La maison est calme, trop calme. L'heure d'hiver, l'heure allemande, comme nous disons, en retard de deux heures sur le soleil, fait que la nuit tombe vite. La lune est pleine, elle se lève tôt. Quand je vais au lit, lumière éteinte, rideau tiré et fenêtre ouverte, elle est encore là, qui éclaire ma chambre comme le mois dernier avant la tentative ratée. C'est elle qui me permet de reconnaître, sous mes fenêtres, la silhouette de Serge Ravanel : il m'appelle doucement depuis le trottoir. Je descends ouvrir. Il est pâle, suant, sale, sa veste déchirée.

« D'où *sors-tu* ?

– Je suis blessé, nous avons été cernés dans l'Ain, par la Feldgendarmerie, dans la maison où nous nous réunissions. J'ai réussi à m'évader. »

Ils étaient cinq ou six à discuter des mesures intéressant l'Armée secrète quand ils ont été cernés et faits prisonniers. Les gendarmes allemands se sont partagé la garde de leur prise. Serge était au premier étage, dans une chambre, avec un Allemand qui l'avait fouillé, sans découvrir le deuxième pistolet caché dans son pantalon, au niveau du pubis. Au bout d'une heure, la surveillance étant moins sévère, il a saisi son pistolet par le canon, assommé son gardien, bondi à la fenêtre et sauté sur une verrière qui a fait un bruit terrible en se brisant. Sans se préoccuper du remue-ménage, il a couru vers le lit de la rivière proche et s'est enfui le plus vite possible dans les buissons. Une balle l'a atteint au bras et a traversé le biceps. Fiévreux, il est arrivé tout de même jusqu'à Lyon. Avant le couvre-feu, il a l'intention de rejoindre l'appartement du « fromager » qui l'avait hébergé après sa sortie de l'Antiquaille. Je le retrouverai là-bas demain soir.

Mardi 19 octobre 1943.

Après mon cours, je suis passée voir Serge. Notre ami médecin l'a soigné, a désinfecté les nombreuses coupures en plus de la plaie par balle. Il est mal en point, avec une grosse fièvre, un début d'infection. Pas question qu'il participe à l'opération de jeudi. Je passe au garage prévenir le groupe. Un peu désemparés, les copains proposent de remettre à plus tard. Pour moi, c'est terrible ! J'use de tous mes moyens : persuasion, colère et mépris.

« Qui va se dégonfler ? Tout est prêt. Daniel tire vite et bien. Il n'y aura pas d'autres occasions. Ceux qui ne veulent pas en être, personne ne les force ! Moi, j'irai avec ceux qui sont d'accord. Nous avons une drôle de chance : il y aura, jeudi soir, une conférence – elle est annoncée partout – d'un Allemand, théoricien du racisme : le docteur professeur Grimm. Toute la police sera mobilisée dans le secteur de la salle où il parlera, au centre de Lyon. Nous sommes sûrs de gagner. »

Les gars se regardent. Alphonse parle le premier : « Moi, j'y vais. » « Moi aussi ! » dit Daniel. « On y va tous, ajoute José. Nous sommes treize, avec toi ça fait quatorze. »

Je rectifie : « Nous serons quinze, Maurice est avec nous, c'est lui qui emmènera Raymond dès qu'il sera libéré. Demain, après l'école, nous ferons avec les chauffeurs une dernière reconnaissance du terrain. Rendez-vous ici à cinq heures et demie. Nous choisirons l'emplacement près de l'École de santé d'où nous verrons s'ouvrir le portail. Nous démarrerons dès que sortira le nez de la voiture cellulaire, nous la laisserons nous dépasser. Sur le boulevard des Hirondelles, nous roulerons à sa hauteur et nous tirerons. Derrière nous, les deux autres voitures s'arrêteront, les gars se mettront en place pour abattre les gardes quand ils descendront. La voiture de José chargera ensuite Maurice et Raymond, dès qu'on aura coupé les menottes qui l'attachent à un autre détenu. Puis vous embarquerez tous les prisonniers dans notre camionnette, conduite par Février. Vous les emmènerez à Vancia, c'est là que nous les libérerons, après les avoir munis de ce dont ils ont besoin pour recommencer une vie d'hommes libres. Dans la voiture où je serai, c'est Christophe qui conduira. A côté de lui, Daniel, avec la mitraillette et le "silencieux". Derrière, Julien et moi armés. Le camion cellulaire ne va pas s'arrêter en douceur. Nous devrons descendre tout de suite, nous mettre à l'abri de notre auto, car nous serons sans doute les plus près pour cueillir au bout de nos armes les gardiens qui sauteront de l'arrière. Il faut les abattre avant qu'ils aient le temps de réaliser et de tirer. Tout ça va aller très vite. La vitesse, c'est notre chance de succès. Attention ! A six heures, il fait noir, il ne faut pas tirer dans tous les sens, et se tromper de cible ! Daniel, tout repose sur toi. Ne les loupe pas ! Nous reparlerons de tout cela demain soir. On mange ensemble, n'est-ce pas ? Je vais me débrouiller pour trouver quelque chose de bon. D'accord ?

– Ça boume », répond Daniel pour tous les autres.

Le grand garçon, silencieux, méticuleux dans sa tenue, que nous appelons Février, m'accompagne un bout de chemin. En me quittant, son visage grave s'éclaire et il me dit en souriant : « Catherine, tout ira bien ; les copains, tu peux compter dessus. »

J'ai horreur de revenir dans cette villa solitaire. Un rosier sur la façade grimpe de chaque côté de la fenêtre en vitrail et étale de grosses roses, bêtes, lourdes, jaune pâle, et qui ne sentent rien. J'aime, au ras du sol, l'exubérance des soucis sur lesquels s'appuient les longues tiges anémiques des derniers pétunias. La lune les éclaire. Sa clarté blanche ponctue le sol foncé des fleurs jaune orangé des soucis, des corolles mauves des pétunias. Personne pour m'accueillir : ouvrir la porte, entrer dans le noir, l'automatisme des gestes : tirer les rideaux puis éclairer la pièce. Avant de me coucher, je prépare une valise qui, demain, doit être portée chez les Nicolas : du linge, un costume, des chaussures, pour débarrasser Raymond des fripes qu'il porte depuis quatre mois. Pyjama, trousse et serviette de toilette ; en ces temps de pénurie, même à l'hôtel on ne fournit ni le linge ni le savon, et on prend toujours l'habitude d'en avoir dans ses bagages. Pour moi, j'avais déjà entreposé, en septembre, chez une amie une malle avec mes vêtements d'hiver, un début de layette, une boîte de ces bijoux bon marché, en bronze, en céramique, des colliers, des bagues, des clips dont je raffole.

Mercredi 20 octobre 1943.

Sur le porte-bagages de mon vélo, j'ai amarré la valise que je dépose rue Pierre-Corneille chez Maurice. Il m'apportera, à la sortie du lycée, un saucisson, un gros pâté et, espère-t-il, une bouteille de gnôle pour le repas du soir avec les copains. Il n'a pas encore le champagne pour mes Allemands, mais me donne deux boîtes de cigares.

« Ça va les faire attendre, dit-il. Si ça réussit demain, ils ne verront pas la couleur du champagne. »

Il pense à tout, Maurice ; superstitieux, il use du « si » que moi je refuse.

Comme toujours, quand je suis en classe, j'oublie les soucis extérieurs. Ça doit être cela qu'on appelle « la vocation pédagogique ». Un mot de la directrice me convoque dans son bureau, avant la reprise des cours de l'après-midi à une heure quarante-cinq, pour une communication. Nous nous retrouvons devant elle, les cinq qui ont signé le texte hier. L'avertissement est bref et menaçant :

« Mesdames, je suis obligée d'adresser votre protestation à M. l'Inspecteur d'académie qui m'avait transmis la convocation ministérielle à laquelle vous refusez de vous rendre. Vous avez déjà, l'année dernière, refusé de défiler au stade, avec vos élèves, en faisant le salut olympique, sous prétexte qu'il ressemblait au salut hitlérien. M. l'Inspecteur vous avait reçues à cette occasion, et l'a sûrement noté dans vos dossiers. Attendez-vous à des ennuis. »

Nous sortons de son bureau pas inquiètes du tout. L'inspecteur, en novembre 1942, nous avait fait comprendre ses sentiments : « Les rapports de votre directrice sont classés dans mes archives. Tant qu'elle me considère comme le passage obligé de la voie hiérarchique vers le ministre, vous ne risquez rien. Elle est trop respectueuse de l'autorité pour passer par-dessus mon service. »

De quatorze à dix-sept heures, trois heures de cours sans difficulté. Nous avons bien ri en classe de seconde : la moitié des élèves ne comprenait pas comment la lune, qui tourne sur elle-même et autour de la terre, présentait toujours la même face aux Terriens. Nous avons mimé la chose : une élève est la terre qui tourne sur elle-même, une autre est la lune avec son double mouvement, une troisième est le soleil. Ça s'est terminé dans un tournis et une confusion générale.

A cinq heures et demie, nous sommes cinq à repérer les emplacements exacts des voitures pour le lendemain. Mes camarades ont déjà choisi la rue perpendiculaire à l'avenue Berthelot d'où nous déboucherons pour suivre le camion allemand quand il quittera l'École de santé. La voiture qui doit nous dépasser a trouvé un lieu de stationnement discret, avant le tournant vers le boulevard des Hirondelles. Pour les deux autres voitures, c'est tout simple. Notre camionnette suit, à partir du virage, et la traction prévue pour Raymond se range juste au dos de la Manufacture des tabacs.

« Ça colle, les gars, je suis tout à fait confiante. J'ai

trouvé de quoi casser la croûte ce soir, il ne manque que le pain et le vin.

– On s'en occupe », dit Chevalier.

Quand nous arrivons au bistrot de Vénissieux, la patronne est en train de dépouiller deux lapins dans l'arrière-cour. Ils viennent d'être tués ; les entrailles, la peau qu'elle retourne comme un bas qu'on retire fument dans la demi-obscurité de cette nuit un peu fraîche. Elle prévoit une petite heure pour cuire son civet. Les copains prennent l'apéro. Un ersatz de Pernod. J'en déteste l'odeur. Le café est fermé, rideau de fer baissé. Le couvert est vite mis sur les tables de marbre. Ça commence bien, avec saucisson, pâté, une salade de pommes de terre pour faire durer le pain. En sirotant un petit beaujolais, je demande d'où sortent les lapins. « Pose pas de questions », dit Daniel. Mes copains, ce ne sont pas des enfants de chœur, comme me disait Vergaville.

Les gars ont sorti leurs couteaux et coupent méthodiquement des carrés de pain recouverts de pâté, bouchée après bouchée. Ils ont un appétit ! Le civet arrive. Je n'ai jamais mangé de lapin aussi dur. Chacun mastique d'abord consciencieusement. On s'était fait une telle fête de ce civet.

Finalement, l'un d'eux explose : « Ils ne sont pas cuits, tes lapins, patronne. »

La cuisinière riposte : « Ils ne seront jamais plus tendres, la viande est trop fraîche. Vous étiez tous si pressés que, pour un peu, il aurait fallu les faire cuire tout vivants. »

Elle est reconnaissante quand je lui dis que sa sauce est formidable. Je distribue les cigares que Maurice avait achetés pour mes contacts allemands. Quelle excitation autour de moi, mes camarades sont heureux et exubérants. L'atmosphère est irrespirable, ils tirent sur leur cigare avec une telle ardeur qu'il est manifeste qu'ils n'en ont jamais fumé. Je veux rentrer tôt : « C'est ma veillée d'armes, ce soir ; si je ne suis pas consacrée chevalier demain, je ne le serai jamais. » Ils ne comprennent rien à mon discours.

Me voilà en train de leur expliquer les règles de la chevalerie.

Daniel s'esclaffe : « En fait de lance et d'épée, tu vas voir demain, le travail des sulfateuses ! »

En les quittant, je leur recommande la prudence : « Ne circulez pas trop tard ; surtout ne vous faites pas repérer. S'il y en a un qui se fait prendre, c'est foutu. Surveillez bien le garage. J'y passerai demain dans la matinée. »

Jeudi 21 octobre 1943.

Je quitte la maison de bonne heure. Le soleil se lève dans un ciel bleu, les soucis plient sous le poids de la rosée. Derrière moi, j'entends le bruit mat d'une pomme qui tombe. Il me semble que c'est l'au revoir de cette petite villa que j'abandonne pour toujours. Je pars dans un état un peu second. Il va se passer quelque chose qui changera ma vie. En juillet 1914, quand mon père a quitté sa vigne, sa femme et ses petites filles pour partir à la guerre, il a dû être dans le même état d'esprit ? Tout d'un coup, une mobilisation qui force à rompre avec tout un passé et un environnement. C'est peut-être comme ça qu'on entre en religion ? Je me rappelle cette impression de renoncement que j'avais ressentie en assistant à la prise de voile de ma cousine : j'avais quatorze ans.

La porte refermée, je me demande si la maison a une mémoire. Se souvient-elle de nous deux, de notre bonheur ? de la détente que notre accueil procurait à tous ces résistants, amis de longue date, ou connus récemment ? Notre adresse ! Combien l'ont notée ? « Vous allez à Lyon, passez donc chez Lucie Bernard et Raymond Samuel, ils sont dans un Mouvement. Ils vous aideront, et il y a toujours de la place chez eux. » Chaque année à Noël, je décore un arbre. Trois Noëls depuis l'été 1940, avec des petits paquets cadeaux, modestes cartes, que je distribue à qui passe à cette période. La surprise de ces hommes rudes, engagés dans le combat clandestin, leur émotion et leur merci ! Un petit peu de chaleur, un souffle de vie normale au milieu des dangers et de l'anonymat. Je me débrouillais pour avoir toujours quelques provisions qui me permettaient d'improviser un petit repas. Aujourd'hui, je laisse dans la cave les réserves que j'avais constituées, comme si l'hiver devait être normal pour moi. Maria, notre bonne qui rentre demain de son été dans l'Indre, les trouvera.

Finie la vraie maison d'une vraie famille, comme au temps de la paix, celle qui rendait aux clandestins le souvenir de la stabilité et leur donnait le goût de la reconquérir. Une vraie maison où nos camarades avaient vu naître et grandir, depuis le printemps 1941, un petit bonhomme joyeux, seul enfant dans notre monde de solitaires, présent comme une promesse de retour au bonheur et à la sécurité.

Pour tout bagage, j'emporte le sac en tapisserie que ma belle-mère m'a brodé l'hiver dernier. Il contient le reste de l'argent que Pascal Copeau m'a confié, quelques pipes, la dernière ration de tabac et une petite bouteille de rhum. J'imagine Raymond retrouvant les gestes lents de ses belles mains pour bourrer sa première pipe d'homme libre. Ce sac, je le déposerai chez une tante où je le reprendrai après l'opération. C'est chez elle que Maurice viendra me chercher pour rejoindre Raymond, car je dois rester avec le groupe jusqu'à la fin, jusqu'à la dispersion.

En allant au terminus du tramway, je passe devant l'Institut médico-légal. Je n'irai plus voir de cadavres, le gardien n'aura plus son tabac-pourboire tous les dix jours. C'est l'automne ; les bouleaux, sur la place, commencent à perdre leurs feuilles, petits disques dorés, elles voltigent, planent et n'en finissent pas de tomber. Je fais un pari, en suivant l'une d'elles des yeux. « Si j'ai le temps de compter jusqu'à vingt avant qu'elle touche terre, ça marchera ce soir. » Et je gagne à tous les coups ! Je passe voir Ravanel chez le « fromager ». Fiévreux et nerveux, il ne tient pas en place sur le divan où il devrait rester tranquille. Irrité de ne pouvoir se joindre à nous aujourd'hui, il n'en finit pas de parler de prudence et d'audace. Je l'embrasse de toute mon amitié et lui promets la réussite, même sans lui. J'ai une matinée chargée. Je passe embrasser mes beaux-parents, rue des Charmettes. Ils ne se doutent de rien et croient fermement leur fils à Londres. Ma jeune belle-sœur, Ginette, me fait un bout de conduite : elle est au courant et ne manifeste aucune inquiétude, je crois qu'elle a confiance en moi : après tout, j'ai déjà sorti deux fois son frère d'affaire ! Elle portera le sac chez notre tante. Je lui fais répéter l'adresse de notre petit garçon, façon de prendre des précautions pour l'avenir, mais je suis sûre qu'elles sont inutiles.

Dans le garage, je retrouve mes camarades. Deux d'entre eux achèvent de remonter la portière avant droite de notre traction. Ils ont sorti la vitre qui ne coulissait pas complètement à l'intérieur de la porte, et aurait gêné l'aplomb et l'équilibre de la mitraillette pour viser le chauffeur allemand. Je ne peux m'empêcher de recommander une dernière fois :

« Daniel, nous roulons en double file, tu sors l'arme, tu la cales, tu vises et tu tires : juste et vite. Tu t'es bien entraîné, tu as bien minuté ?

– T'en fais pas, Catherine, je la connais par cœur cette "Sten". Je l'ai bien essayée dans les mêmes conditions, elle se révèle au seizième coup, le silencieux lui enlève de sa force mais c'est un bon moulin. Les trois premiers coups feront mouche. T'inquiète pas, c'est comme si c'était fait ! »

Je suis là, debout, un peu lourde. J'entame le sixième mois. L'odeur d'huile et d'essence me barbouille le cœur. Je suis là, sans me décider à partir, avec ces garçons prêts pour ce soir. Ils savent qu'ils s'engagent dans une affaire difficile et périlleuse. Plusieurs ont femme et enfants. Ils savent qu'ils vont sauver un homme qui était l'un des

dirigeants de l'Armée secrète. Je leur ai dit, depuis longtemps, qu'il était mon mari. Ils connaissent la force de
mon amour, ma détermination, ma volonté de vaincre. Plus
que tout, ils me savent gré d'avoir pris, malgré ma grossesse, les mêmes risques qu'eux ces derniers mois, et
d'être avec eux ce soir, en combattant comme les autres.
Entre nous, la fraternité, l'estime sont totales, c'est pour
ça qu'il ne peut pas y avoir de désertion. Tout simplement,
je les quitte. « A ce soir, les gars, chacun à sa place à
partir de cinq heures et demie. » A la porte du garage, je
me retourne pour un dernier salut. Sous la lumière tamisée
par les vitres du toit passées au bleu, cinq hommes, debout,
me regardent m'éloigner. Mon dernier souvenir :
Alphonse claque la porte sans vitre de la traction, tandis
que José et Février s'essuient lentement les mains dans
un chiffon graisseux.

J'ai faim. Dans le centre-ville, j'achète sans tickets une
galette baptisée macaron. Je la grignote en marchant. J'ai
l'impression de manger un mélange de sable et de son. Il
fait une belle journée d'automne ; sur le trottoir, le bruit
rythmé des semelles de bois : épaisses, elles allongent les
silhouettes que grandissent encore les coiffures écha-
faudées en bouclettes au-dessus de la tête des femmes. Il
y a des queues devant tous les magasins. Chaque jour
recommence la quête à la nourriture, en échange de tickets. Comme je me sens loin de ces problèmes quotidiens ! Aujourd'hui, ma quête à moi a un autre objet. Dans
les files d'attente, l'une de ces femmes est peut-être la
mère ou la sœur d'un des garçons aux côtés de qui je me
battrai ce soir. J'imagine les conversations demain dans
les queues : « La Résistance a attaqué un camion allemand, plein de prisonniers, juste avant Montluc. »

J'imagine les épaules qui se redresseront, les regards
qui seront plus vifs, la jubilation inexprimée : l'invincible
Gestapo a mordu la poussière. Avec le bouche à oreille,
je me demande de combien d'Allemands tués on nous
créditera demain. Chez Mme Gros, place des Jacobins, je
me change. Dans un petit troquet voisin, je mange une

saucisse aux choux avec un Viandox, et, pour la dernière fois, je m'en vais jouer le rôle de jeune fille séduite. Depuis le pont Gallieni je remonte l'avenue Berthelot. Je m'étonne de n'être pas nerveuse. L'action est le meilleur des calmants.

Raymond est déjà debout dans le bureau du lieutenant quand je me présente. Il prend ses précautions, celui-là, pour éviter que les soldats qui accompagnent les détenus ne me voient ! Je parie qu'il me renverra la première. Le même cérémonial : il m'accueille avec la plus grande courtoisie, affecte de ne pas voir Raymond, lui adresse la parole avec mépris, me tend un papier avec la date et le lieu de naissance de François Vallet, nous regarde examiner le contrat que Raymond accepte tout de suite, et me dit : « C'est tout, n'est-ce pas ? Ne revenez pas sans rendez-vous. Faites-moi prévenir par mon ami du Carlton, et attendez ma convocation par la même voie. »

J'ai la nette impression qu'il a peur : bavardages de ses subordonnés ? Son supérieur a peut-être flairé quelque chose ? Je ne sais. En tout cas, il est nerveux, ouvre la porte de son bureau, regarde dans le couloir et me dit : « Partez, maintenant. Au revoir, mademoiselle », sans baisemain cette fois.

J'ai à peine pu parler avec Raymond. Il a juste risqué un petit clin d'œil au moment où je tournais la tête vers lui, pendant que l'autre inspectait le couloir. Il a donc compris.

Au milieu de l'escalier, les jambes me manquent ! Tout d'un coup, j'entends courir derrière moi. En un éclair, je me dis que Raymond n'a rien compris et qu'il essaie de se sauver tout seul de ce bureau. Un grand diable de jeune soldat, avec des dossiers plein les bras, me dépasse en dévalant les marches deux à deux, pour traverser la cour jusqu'au bâtiment du fond. Ouf !!

En sortant, je vais directement à la mairie de l'arrondissement, je rentre dans le bureau de l'état civil et je dépose une formule de publication de bans. Peut-être le lieutenant m'a-t-il fait suivre ? Peut-être surveille-t-il mes allées et venues et mes démarches ? Quand je sors de la mairie, Maurice, mon ange gardien, me précède puis se laisse dépasser avant l'arrêt du tramway. Je vais dans le salon de thé de « La Marquise de Sévigné », je commande un chocolat. C'est une décoction d'écorce de cacao sucrée à la saccharine. C'est chaud, avec une vague odeur de chocolat. J'ai envie d'en avoir un second. Je résiste. Avec ce bébé qui a commencé son sixième mois, j'ai des problèmes de vessie. Ne pas trop boire ! Ce serait le bouquet d'être obsédée par une terrible envie de faire pipi tout à l'heure ! C'est l'heure d'abandonner ce joli tailleur, d'effacer ce maquillage. Je commence à peiner en montant les six étages jusque chez Mme Gros qui n'est pas là. Je laisse un petit mot pour lui dire au revoir. Cette chambre qui fut la retraite d'Ermelin, avant d'être l'adresse officielle de Mlle de Barbentane, garde bien peu de traces de notre passage ! Elle aura été un vestiaire. Nos mues successives, à Raymond et à moi, vont aboutir ce soir : nous allons faire peau neuve.

Comme je les connais ces rues, ces quais, ces tramways, ces ponts de Lyon. A cinq heures vingt, je quitte le tram rue Jean-Macé. A cinq heures et demie, je suis assise à l'arrière de la traction, derrière le chauffeur. Pourvu que le portail de l'École de santé s'ouvre vite et que nous n'attirions pas l'attention si nous sommes là longtemps ! A six heures moins cinq, le dernier acte s'annonce : en lever de rideau deux soldats allemands viennent contrôler la très rare circulation sur l'avenue Berthelot. Christophe met en marche. Le portail s'ouvre, voilà la camionnette qui sort de la rue perpendiculaire à l'avenue. Elle s'engage dans l'avenue et prend de la vitesse, nous suivons. Aucun de nous ne parle. Daniel tient sa mitraillette sur ses genoux. Je serre le pistolet dans ma main. Virage à gauche, nous sommes boulevard des Hirondelles.

Je dis à Christophe : « A nous. »

Il accélère. Nous arrivons à hauteur de la cabine du

chauffeur. Daniel tire, on n'entend aucun bruit de détonation.

Il se passe alors quelque chose de stupéfiant : le fourgon allemand ralentit, s'arrête sans heurt au bord du trottoir. « Tu les as ratés », dit Christophe. Pendant que nous sortons par la portière de gauche, pour nous mettre à l'abri derrière notre voiture, nous voyons s'effondrer sur son volant le chauffeur allemand, tandis que le soldat voisin se couche sur lui. A l'arrière, les gardes, surpris de cet arrêt sans raison, sautent, leurs armes à la main. Les copains, eux, ont déjà pris position derrière leur voiture ; l'un des gardes, plus rapide, fait un roulé-boulé et disparaît dans la tranchée du chemin de fer. En deux minutes nous avons vidé nos chargeurs, les Allemands aussi. Mais ils sont tués. En plein combat, à la lueur des phares de nos voitures, je vois Raymond sauter avec un autre homme lié à lui. Je crie :

« Attention, la gabardine c'est Raymond.

– Merde, dit Lyonnet, en détournant sa mitraillette, je l'ai touché. »

Maurice appelle Raymond, les menottes sont coupées avec les pinces spéciales, et ils filent dans la troisième traction vers le refuge prévu. Pendant ce temps, les copains transfèrent dans notre camionnette le reste des prisonniers.

A six heures, c'est la sortie de la Manufacture des tabacs. Devant les phares restés allumés du fourgon allemand, je vois, à l'abri derrière ma traction, une foule d'ouvriers se jeter à plat ventre sur la chaussée. Tous, sauf un, qui avait un vélo, il le tenait par le guidon, posé sur la roue arrière et semblait se protéger le visage avec la roue avant. Un sac de pommes de terre tombe de son porte-bagages. Il hésite, revient sur ses pas et le ramasse. Un épisode grotesque dans la pièce que nous jouons.

Je crie : « On dégage maintenant et vite. »

Dans ma voiture, à côté de moi, il y a Chevalier qui saigne. Il est conscient et valide, mais il a reçu une balle dans la bouche. Il faut tout de suite le conduire chez notre médecin que nous avons mis en état d'alerte.

Moi qui croyais le spectacle terminé, ce n'est pas encore le moment de baisser le rideau. Le docteur fait asseoir Chevalier à califourchon sur une chaise, la tête et les bras appuyés sur le dossier. Il déboutonne le col de sa chemise.

« Tu reviens de loin, dit-il, regardez, la balle est ressortie par-derrière. Du moment qu'il peut bouger, c'est que rien d'important n'est touché. Il me faut évacuer tout ce sang qui forme un gros hématome, puis on désinfectera. Christophe, tiens la cuvette. »

Le docteur commence de presser et le sang coule.

« Daniel, remplace-moi », dit Christophe, blanc comme un linge, qui s'en va vomir aux cabinets.

Dans la minute, Daniel est dans le même état. « A vous », dit le docteur en me tendant la cuvette.

Une fois bien nettoyé et pansé, le docteur dit à Chevalier, qui n'a pas bronché : « Je te fais une piqûre antitétanique, c'est plus prudent. »

Notre copain qui était muet, la bouche ouverte, depuis le boulevard des Hirondelles, retrouve sa voix : « Ah non, les piqûres, je n'aime pas ça. »

Comme je les chéris, mes trois terreurs ! Ils risquent leur vie, sont prêts à toutes les audaces, mais la vue du sang ou d'une seringue les épouvante. Nous en rions ensemble.

Il faut faire vite et partir. Je veux être à temps chez ma tante pour que Maurice me conduise auprès de Raymond. Je les quitte rue de la Martinière. Ils ont aussi, eux, hâte de rentrer la traction au garage. La ville, à neuf heures du soir, est quadrillée par toutes les polices disponibles. On a annoncé par haut-parleur le couvre-feu à dix heures : il ne fait pas bon traîner dans les rues ce soir.

Je commence à sentir la fatigue de la journée en montant l'escalier qui me conduit au troisième étage chez ma tante. Elle est sur le palier. Je ne suis pas encore sur la dernière marche qu'elle m'apostrophe : « Ma pauvre enfant ! » Je ne sais pas comment je suis arrivée jusqu'à un fauteuil chez elle. J'ai pensé : Raymond a été blessé à mort. Je suis prête à m'évanouir. Elle me réconforte d'un verre d'alcool et me rassure. Elle voulait seulement dire que je montais péniblement et que j'avais l'air épuisée.

Maurice a hâte de m'emmener auprès de Raymond. Nous partons vite vers la ficelle de la Croix-Rousse. J'ai, avec moi, mon sac en tapisserie et les présents pour Raymond. Les Nicolas sont parfaits. Ils ont accueilli Raymond, l'ont soigné et laissé avec une bonne provision d'eau chaude dans sa chambre. Maurice, en montant, m'avait dit : « Tu verras, il a une blessure de rien du tout », et en riant : « Un petit trou de balle au milieu de la joue. »

On me laisse seule avec Raymond. Je le trouve en train d'achever une grande toilette. Il s'est débarrassé de la crasse de quatre mois, il s'est lavé et relavé, il est là, aux trois quarts nu, maigre et blanc. Il reste, au creux des reins, difficile pour lui à voir dans la glace, une plaque de peau grise et croûteuse : le témoin de son passage à la Gestapo. Il a un pansement sur la joue. Sous la mâchoire, en travers du cou, un autre pansement.

« Je l'ai échappé belle. La balle qui est entrée dans la joue est sortie en biais par le cou ! Un sillon long comme le doigt. Si vous m'aviez tué, je crois que j'aurais été content en mourant de savoir que j'échappais aux nazis ! »

Nous n'en finissons pas de nous regarder.

« Mais, c'est vrai que tu es enceinte ! Dans moins de quatre mois, nous aurons un autre enfant ? »

Comme je l'avais imaginé, il a bourré lentement une de ses pipes, il la fume en marchant. Il ne peut pas mâcher avec sa blessure ; je mange tout ce qui est sur le plateau que Mme Nicolas a préparé dans la chambre. J'ai sommeil, je voudrais bien écouter ce qu'il dit. Il a quatre mois de silence à rattraper. Il parle, il parle, en fumant, en buvant le rhum de la petite bouteille. J'ai sommeil, je m'engourdis au son de sa voix.

J'ouvre un œil quand je sens sur mon ventre la douceur

de ses lèvres et une humidité tiède. Est-ce qu'il pleure ? Non. A force de parler, ses blessures saignent, le panse-ment sur sa joue est rouge, tout imbibé de sang. Nous ne réveillons pas nos hôtes. Je m'endors à côté d'un homme qui ressemble à un œuf de Pâques, avec une serviette de toilette nouée au-dessus de sa tête.

Vendredi 22 octobre 1943.

Mme Nicolas nous a apporté notre petit déjeuner dans la chambre. Cette jolie femme blonde, discrète et en appa-rence sereine, a tout de même l'air un peu dépassée par la présence de ces deux personnages. Elle sent bien que la situation n'est pas tout à fait conforme aux explications que notre cousin lui a fournies. J'imagine la stupéfaction de ce jeune couple, quand, hier soir, Maurice leur a amené Raymond saignant, hirsute et sale. Pour un prisonnier de guerre évadé qu'ils devaient héberger quelques jours, c'est un drôle de personnage !

Avec une blessure à balle récente, les moins avertis n'auront pas de mal à faire le rapprochement avec la fusil-lade d'hier et les mesures sévères que les Allemands ont prises dans la ville. Les Nicolas ont de petits enfants qu'il ne faut pas mettre en danger. Eux-mêmes « pensent bien », certes, mais leur hospitalité est surtout guidée par l'amitié. Ils ne sont pas engagés dans notre jeu dangereux et, de toute manière, n'ont pas été avertis des risques qu'ils cou-raient. Pour la première fois, nous sommes, Raymond et moi, non seulement des clandestins mais de véritables bombes : tous ceux qui nous approchent risquent de sau-ter. Raymond, plus que moi, en a conscience :

« Il ne faut pas rester ici, ce serait terrible pour eux en cas de pépin.

– Nous ne resterons pas. Mais, tu sais, nous ne risquons rien. » Je rappelle que Maurice, notre ange gardien, est dans son monde lyonnais, ce monde qu'on dit froid mais où l'amitié est sacrée : qu'en son nom, n'importe quel service peut être demandé et obtenu, que nous avions tout prévu, qu'il y a un deuxième relais hors de Lyon. Mme Nicolas nous a dit que le docteur Joie viendrait nous chercher tout à l'heure. La troisième étape, ce sera pour la prochaine lune, quelque part sur les bords de la Saône : l'envol vers Londres.

Maurice accompagne bientôt son copain, le docteur Joie, jusqu'à la rue Coste où nous sommes ; il se réjouit bruyamment de notre réussite d'hier :

« Pendant la bagarre, j'ai perdu mes clefs. Je m'en suis aperçu seulement quand je suis rentré chez moi hier soir. Après réflexion, j'étais sûr qu'elles étaient par terre boulevard des Hirondelles. J'y suis retourné ce matin ; je les ai retrouvées. »

Je suis fâchée : « Idiot, risquer sa vie pour des clefs !

– Comment, risquer sa vie ? Ce n'est pas là que les Allemands nous attendent. Il faut voir les gares et les grandes sorties de Lyon ce matin ! »

Nous ne sommes pas tranquilles malgré le caducée dans la petite Juva Quatre du docteur.

« Ne vous inquiétez pas, je connais tous les chemins, nous serons en dehors de Lyon sans nous en apercevoir. »

A Pollionnay, les parents du docteur Joie dirigent une clinique tranquille dans un grand parc. L'état physique de Raymond légitime aux yeux du personnel une cure de repos avec sa femme près de lui. Les pansements sur la joue et sous le maxillaire droit ? Des furoncles infectés que le docteur tient à nettoyer lui-même. Nous voilà installés tous deux dans une chambre calme, au premier étage, avec une grande fenêtre qui donne sur le jardin.

Raymond est fatigué, irritable, nerveux, toujours sur le qui-vive :

« Je veux qu'on m'apporte un revolver. Pendant ces quatre mois de Montluc, j'ai trop vu ce qu'ils peuvent faire d'un homme ! Je ne me laisserai pas reprendre ! Toi non plus, ils ne t'auront pas vivante ! »

194

Tant que ce foutu revolver n'est pas là, je suis tranquille. Mais quand il l'aura, Dieu sait ce qui pourrait se passer ! En attendant, il exige une grosse corde.

« Ce soir, je la fixerai au rebord de la fenêtre, s'il y a du pet la nuit, on fout le camp par le jardin. »

Je m'imagine, avec ce bébé qui commence à bouger, en train de descendre à la corde lisse ! Mais il vaut mieux me taire maintenant, on verra bien plus tard, à Dieu vat. Pascal Copeau – notre « Salard » – arrive au bout de deux jours, amené par Maurice. Il nous aime bien. Il a suivi jour après jour mes efforts, mes ruses, mes démarches pour aboutir à la liberté de Raymond. Son amitié nous est précieuse, mais il vient aussi parce qu'il a besoin de savoir. Raymond est le seul, hors la bonne et les vrais patients du docteur Dugoujon, à être sorti des pattes de la Gestapo, depuis l'arrestation du 21 juin. Bernard est parti à Londres, il ne reviendra plus en France. De Gaulle l'appelle pour lui confier à Alger un poste important dans le gouvernement qu'il préside.

« Je le remplace, dit Pascal. Ce n'est pas un intérim comme cet été, c'est du définitif. »

Il fait raconter longuement à Raymond l'arrestation du 21 juin et le comportement de tous ceux qui ont été pris. Pour Raymond, la culpabilité de Hardy ne fait aucun doute. Il ne comprend pas sa présence au rendez-vous. La veille, au parc de la Tête-d'Or, Max lui avait parlé seulement d'Aubry. Il a aussi appris le premier soir dans la cave de l'École de santé militaire les conditions de son évasion au moment de monter dans les voitures de la Gestapo.

« Tout le monde était menotté, même les clients, sauf lui... »

Copeau l'interrompt :

« Tout cela, nous le savons. Les témoins à Caluire nous avaient renseignés dès le lendemain. Parle-moi de Max. Qu'en sais-tu ?

– Nous avions rendez-vous, Max et moi, place Carnot, et nous devions retrouver le colonel Schwartzfeld en haut de la "ficelle[1]". Il n'était pas à l'heure, nous l'avons attendu une vingtaine de minutes. A cause de notre retard, la bonne du docteur Dugoujon nous a introduits dans la salle d'attente avec les patients. J'ai complimenté Max du sérieux de la préparation de ses rendez-vous. Quoi de mieux qu'un jour de consultation chez un médecin connu comme un homme paisible, aux idées modérées et bon catholique ? "D'ailleurs, me dit Max, pour assurer mes arrières j'ai avec moi un mot d'introduction d'un docteur pour son confrère." Nous n'avions pas fini de nous féliciter de notre prudence quand, dans un grand remue-ménage, les policiers allemands ont fait irruption. Nous les avons entendus hurler au premier étage. Dugoujon, en blouse blanche, est sorti de son cabinet. "Qu'est-ce qui se passe ?" Ils l'ont poussé brutalement dans la salle d'attente : "Tout le monde debout, le nez au mur, les bras en l'air." J'ai posé ma pipe sur la cheminée et j'ai obtempéré près de Max. Nous avons joint nos protestations à celles des clients. Rien n'y fit. Pendant qu'ils surveillaient le jardin et fouillaient le bureau du docteur, Max eut le temps de me dire : "Dans ma poche droite, deux petites feuilles, attrapez-les et mangez-les. Je m'appelle Martel." Je lui ai répondu : "Moi, je suis Ermelin, rapatrié de Tunisie en avril." C'était la première fois que je mâchais du papier. J'avais la bouche sèche, difficile d'avaler. Un Allemand gardait la porte avec sa mitraillette pointée vers la salle. Nous avons entendu qu'on dévalait brutalement les escaliers. Il y eut des ordres en allemand, quelques coups de feu dehors, puis des bruits de portières brusquement fermées. Trois Allemands en civil sont entrés et ont mis les menottes à tout le monde. Nous ne sommes pas restés longtemps sur place. Ils nous ont vite embarqués dans les tractions qui attendaient à la porte, et en route pour l'avenue Berthelot.

— Es-tu resté avec Max ? demande Pascal.

— Oui, répond Raymond. Il n'y eut, ni pour lui ni pour

1. La « ficelle » est le nom que les Lyonnais donnent au funiculaire.

moi, d'attention spéciale. Nous sommes restés ensemble dans la cave ; on nous avait ôté les menottes comme au docteur et à ses patients. Nous étions assis par terre, surveillés par une sentinelle. Nous avons très peu parlé, pas très sûrs que l'un des clients du docteur ne soit pas un mouton. Pour nous, de toute manière, il n'y eut pas d'interrogatoire ce jour-là. Le soir, on nous a remis les menottes et expédiés en voiture à Montluc. En arrivant, après nous avoir libéré les mains, on nous a fait inscrire sur un registre notre nom, notre religion et notre profession. Je voudrais bien retrouver cette page après la guerre ! Ensuite, on nous a séparés et je me suis retrouvé seul dans la cellule 77, un espace de 2 m 50 sur 2 m, avec rien, absolument rien qu'un bidon dans un coin, et une tablette en maçonnerie dans un angle à hauteur d'homme.

– Et, pour Max, qu'est-ce que tu sais d'autre ?

– Je l'ai revu deux fois. Ma cellule était juste en face de l'escalier. Dès que j'entendais marcher, je me précipitais à l'œilleton. Le surlendemain de notre arrestation, je l'ai vu passer, intact, le matin. Je ne l'ai pas vu revenir ; mais, le lendemain matin, il descendait, soutenu par deux soldats, mal en point, le visage tuméfié. Je me demande même si ses pieds auraient pu le porter. C'est tout. Je ne l'ai jamais revu. Le même jour, j'ai croisé Aubry. Le soldat chleu qui m'accompagnait pour la corvée de tinette m'a bousculé quand il a vu que nous nous parlions. Aubry était torse nu, il avait le dos tout noir ; je veux dire noir de coups. Il m'a dit : "C'est dur, tu sais, je n'ai pas pu tenir, j'ai un peu parlé." Je n'ai pas eu le temps de lui répondre et d'en savoir plus, un soldat allemand nous a séparés. »

Pascal, assis sur le lit, les coudes sur les genoux, la tête dans les mains, est consterné :

« Pauvre Max, tu vas voir qu'ils l'auront tué, ce qui confirme ce que Lucie a su ! Il a dû en baver pour être dans l'état que tu décris ! Ensuite, qu'est-ce qui s'est passé pour toi, Raymond ?

– Lucie a dû te dire que j'ai essayé de vous informer.

Quand elle m'a fait porter, le 22, ce paquet de linge propre, j'ai vu qu'un journal enveloppait les chaussettes. Il y avait des mots croisés et déjà un commencement de solution, avec des gribouillis autour et des définitions soulignées. Pour prénom féminin j'ai inscrit Léonie, en soulignant.

– Quelle drôle d'idée ! s'exclame Pascal. Qu'est-ce que ça voulait dire ?

– J'étais sûr que Lucie comprendrait. Quand j'étais à Saint-Paul, j'avais l'habitude de marcher de long en large, si l'on peut dire, dans la cellule. Pour ne pas gesticuler en parlant, je tenais de la main gauche le bouton de ma veste. Les copains m'avaient baptisé Napoléon. Tu vois : Napoléon, Léon, Léonie, Léon-nie, du verbe nier !

– Il n'y a que vous deux pour avoir des combines pareilles !

– Moi, j'ai tout de suite compris que Raymond voulait me faire savoir qu'il ne parlerait pas. J'avais confiance et j'ai eu raison de refuser d'abandonner ma vie légale et mon enseignement !

– Il y avait, continue Raymond, une autre définition qui m'a été précieuse. C'était : "physicien moderne". J'ai écrit Maxwell et plus ou moins raturé tout autour, me disant que le "well" n'échapperait pas à Lucie.

– Pour cette définition aussi j'ai compris tout de suite et je t'en ai parlé, Pascal, le 23, quand nous avons rencontré le commissaire Henry.

– Malheureusement, je n'ai jamais eu d'autre colis et je n'ai pas pu vous faire connaître les changements rapides de notre situation. »

Pascal a assourdi sa belle voix optimiste. Il remplit nos verres de ce petit vin blanc qu'il a apporté et se tourne à nouveau vers Raymond :

« Essaie de raconter ce qui s'est passé ensuite pour toi, dit-il.

– Moi, on m'a interrogé le quatrième jour et, chaque jour, ensuite, pendant une semaine. C'était toujours le même cérémonial. Le matin, dans les couloirs, les gardiens ouvrent la cellule : "Interrogatoire." On part en camion avec les autres détenus pour les caves de l'École de santé : l'espoir d'évasion en route est vite abandonné. On est assis sur des bancs, en long, menottés deux à deux. Et, sur le bord, vers la sortie, deux ou trois soldats ont leurs mitraillettes pointées vers l'intérieur. Ils se croient si forts qu'ils n'envisagent pas une attaque de l'extérieur. Dans ce camion, entre quinze et vingt types de tous âges, de tout genre. Des amochés, la figure enflée, avec des plaques de sang séché sur les vêtements et sur les mains. Ceux-là, quand on y va pour la première fois, on les regarde en se disant : "Qu'est-ce qu'ils ont dérouillé ! Comment ça va se passer pour moi ?" Puis quand on y est passé à son tour, ces voyages répétés deviennent de plus en plus angoissants. Alors, on prend le même regard absent, la même impassibilité. C'est le seul moyen pour tenir quand on a déjà tâté des méthodes nazies.

» Dans la cave, on nous enlevait les menottes qui nous liaient deux à deux, on nous les remettait individuellement au moment des interrogatoires. En attendant, nous étions tous assis par terre, sans rien à manger ni à boire, sans pouvoir parler aux voisins, avec un dispositif de sécurité spécial pour aller aux toilettes. Les soldats qui nous gardaient ne bougeaient pas, ils en appelaient d'autres pour nous y accompagner.

» La première fois que j'ai monté l'escalier pour me trouver dans le bureau du chef de la Gestapo, je croyais fermement que mon alibi allait tenir le coup, et je suis entré sans trop de crainte.

» Un grand bureau avec, derrière, un homme plutôt blond, pas très grand, à peu près de mon âge. A ses pieds, un gros chien. Près de la porte, à côté d'une petite table, une jeune "souris grise" en uniforme, bien sapée, bien fardée. Debout, devant le bureau, j'avais décidé d'oublier que j'étais sale, pas rasé, sans cravate, avec des vêtements chiffonnés. Depuis l'arrestation de la rue de l'Hôtel-de-Ville en mars, je sais qu'il faut avant tout garder sa dignité malgré les apparences. J'avais la vague impression de l'avoir déjà vu quelque part, ce type-là, peut-être simplement parce qu'il gueulait si fort chez le toubib lundi après-midi. Il a tout de suite entamé : "Nous avons identifié Jean Moulin, votre Max, l'envoyé du général de Gaulle, de votre de Gaulle. J'ai là – il feuilletait une quinzaine de pages dactylographiées – les dépositions et les aveux des hommes arrêtés à Caluire. Vous étiez avec Max, vous êtes arrivé avec lui. Quelle est votre fonction ? Qui est votre chef ? Qui commandez-vous ? Où est Bernard[1] ? Où est Charvet[2] ?"

» Il m'a fait asseoir à califourchon sur une chaise, le dossier supportant mes bras entravés. J'ai commencé : "Monsieur, je ne comprends rien à vos questions, je suis venu consulter et me suis trouvé bien malencontreusement pris dans une affaire dont j'ignore tout." Pendant que je parlais, il s'est levé, a commencé à marcher lentement dans la pièce en jouant avec une sorte de cravache ou un nerf de bœuf qu'il ployait entre ses mains, puis tapotait le long de sa jambe. Tout à coup, sans avertissement, vlan, un coup magistral sur les épaules. "Cochon ! J'en ai maté de plus durs que toi. Tes soi-disant copains ont parlé ! Parle maintenant. Tu as intérêt, de toute façon tu y viendras !" Et il ponctuait de coups ses hurlements. Au bout d'un moment, il est allé à la porte, a appelé les soldats dans le couloir et leur a donné un ordre en allemand. Pendant qu'ils entraient, il se tenait près de la jeune Allemande et lui souriait, détendu. Ils m'ont empoigné par les bras et descendu brutalement à la cave. Ce fut tout pour le premier jour.

» Affreuse, cette cave ! Il y avait des types intacts, d'autres inanimés, d'autres gémissants, d'autres comme moi serraient les dents, après cet avant-goût de ce qui les attendait.

» Tu sais, Pascal, je n'ai pas encore réalisé ce qui est le pire dans tout ça : la douleur des coups ? L'humiliation d'être battu enchaîné ? Ce jour-là, ce qui a dominé chez

1. Bernard : d'Astier de la Vigerie, chef de « Libération ».
2. Charvet : Frenay, chef de « Combat ».

moi, c'est la colère. Ça aide ! Le soir, le camion est reparti pour Montluc avec son chargement. Je regardais mes compagnons de voyage, amochés ou non. Vous allez trouver que je suis un peu tordu, mais j'en étais réconforté. Je me disais : tous ces types, ils sont contre les occupants ; la Gestapo en arrête tous les jours, en interroge, et comment, tous les jours. Donc, il y a relève, donc nous sommes gagnants. Mais, pour les Chleus, ce n'était que le train-train quotidien. Mettre les menottes, les enlever, les remettre, les ôter de nouveau, transporter ces détenus, les enfermer en cellule. Et recommencer le lendemain : appel, menottes, camions, cave...

» Enfermé dans ma cellule 77, j'étais abruti de faim et de soif, arrivé trop tard pour la soupe du soir. J'avais sommeil. Mais comment trouver une bonne place sur ce sol de ciment, avec un dos aussi meurtri ? »

Et moi : « Tu n'avais pas de lit, pas même une paillasse ? »

Raymond : « Rien, ni lit ni paillasse, rien que quatre murs, un sol de ciment et dans un coin la tinette. Le lendemain, l'espèce de jus noir matinal avalé, avec un bout de pain moisi, la tinette vidée, je n'ai pas eu le temps de passer à la rangée de robinets dans la cour pour me laver un peu. Un appel : "Ermelin, *schnell, schnell, komm, komm*, interrogatoire." Pour ce nouveau voyage, j'étais moins guilleret que la veille. J'avais perdu mes illusions quant à mon système de défense et je me demandais ce qui allait se passer. Ce ne fut pas original. Le même policier, le chef, l'Obersturmführer Barbie, comme le disait la plaque sur la porte, d'emblée brutal, la même fille, le même chien. La même chaise et la même posture. Il a cogné, cogné, tant que je me suis évanoui. Tombé à terre, il m'a réveillé à coups de pied dans les côtes ; c'est curieux, ça, une douleur endort, une autre réveille.

– Comme dans la chanson, dit Pascal. Mais c'est l'amour qui réveille. Tiens, bois un coup et ne t'endors pas ! »

Notre bon Pascal s'efforce de détendre l'atmosphère.

Moi, je serre les dents, au bord de la nausée. Raymond continue :

« C'était toujours la même litanie : "Parle. Qui est ton chef ? Qu'est-ce que tu fais ? A qui obéis-tu ? Sale cochon ! (C'était son adjectif favori.) Où est Bernard ? Où est Charvet ? Tu vois ces dépositions, je sais tout ! Pauvre con ! Aubry a tout dit ! Et les autres ont confirmé et complété !" Pour Aubry, je savais, puisqu'il m'avait lui-même prévenu, mais je pensais bien qu'il n'avait rien dit d'essentiel. Et si ce type disait : "les autres", sans les individualiser, c'était la preuve qu'il ne savait pas grand-chose. Et tout en tapant : "Ermelin, ce n'est pas ton nom !" J'ai eu peur tout à coup et j'ai pensé : ça y est, Lucie va être prise. "Tu t'appelles François Vallet et tu as été en prison à Saint-Paul. La police française est idiote. Elle t'a relâché, ça ne t'arrivera pas ici." Alors, j'ai compris pourquoi, la veille, j'avais eu cette impression de déjà-vu. C'est devant lui que nous avions comparu, fin mars, à l'Hôtel Terminus, lui qui avait dit en allemand à ses collègues, sans savoir que Valrimont comprenait : "On perd notre temps avec ceux-là, ce sont de pauvres types, même pas équipés pour des affaires économiques d'envergure. De la merde, on les renvoie." Et m'en souvenant, j'ai pensé : si on t'a bluffé une fois, mon salaud, je pourrai bien réussir une seconde fois ! Et si tu crois que je m'appelle Vallet, tu n'iras pas imaginer que je suis juif ! Les autres, comme tu veux me le faire croire, n'ont rien dit, ceux qui ont fréquenté mon ménage, comme Lassagne et Dugoujon, n'ont rien dit. Donc à moi de tenir le coup !

» Lui continuait de cogner en jurant : "Chien, cochon. Ah ! on vous tient tous, vous y resterez tous !" Je me suis évanoui plusieurs fois. Voyons, Lucie, ne pleure pas. C'est un privilège de tourner de l'œil ! Ça laisse un répit entre les coups. On ne sent plus rien, on n'entend plus rien. Bien sûr, il est le plus fort mais, en même temps, il ne peut rien contre cette absence momentanée. Il doit se dire : "Pourvu qu'il se réveille." Peut-être qu'un jour ce genre de tortionnaires trouveront un médecin pour leur dire jusqu'où on peut aller sans risque. Une fois, j'ai mis plus longtemps à me remettre. En ouvrant un œil, j'ai vu mon bourreau et sa souris grise vachement occupés : incontestablement, ces séances les excitaient. Quand je pouvais prononcer un mot, je me bornais à dire : "Je ne sais rien, je ne suis au courant de rien, je n'ai pas de chance : arrêté une première fois pour marché noir, me voilà embarqué bien pire." »

Moi : « Tu ne répondais jamais directement à ses questions ?

– Je crois que ça n'avait pas grande importance pour lui. Il gueulait, tapait, gueulait ; manifestement, il aimait ça et la fille aussi. J'ai pensé que, finalement, son souci essentiel était de montrer sa force et d'humilier. Ce type n'est pas normal, c'est un sadique ; un vrai policier n'agit pas comme ça ! Il avait de ces raffinements : une fois – ce fut la pire de toutes –, il s'est mis à côté de moi et ponctuait ses questions de tapes rythmées à la base du crâne. Pas des gifles, pas des coups, des petits chocs réguliers et pendant longtemps. Un supplice qui rend fou et qui ne fait pas évanouir. A partir d'un certain moment, tu vois tout bleu, tu crois que tes yeux vont tomber et ta tête pèse des tonnes. Ce petit jeu a duré une bonne dizaine de jours. Puis plus rien. Je suis resté seul, dans ma cellule 77, jusqu'à la fin de juillet. Puis on m'a transporté en voiture jusqu'à un bureau de la Gestapo avenue Berthelot. Là, un officier m'a lu une décision d'un tribunal militaire à Paris, qui me condamnait à mort. A partir de là, j'ai eu de quoi m'occuper l'esprit. Comment ça va se passer ? Je revoyais, comme sur une image d'Épinal, la gloire du soldat face à un peloton d'exécution et qui tombe en criant : "Vive la France !" J'en rêvais. Mais je connaissais la réalité. Dans une cellule, seul dans un coin, le nez au mur, à genoux, on attend la balle dans la nuque que le tueur ajuste paisiblement. J'avais, sous le ruban de mon chapeau, une lame de rasoir trouvée près des robinets dans la cour. Je me disais : est-ce que j'aurai le temps ?

– Arrête, Raymond ! »

Je n'en pouvais plus d'écouter ses monologues, de le voir s'agiter, blanchir, prêt à défaillir, revivant ces horreurs.

« Tais-toi. Nous avons gagné. Nous attendons un nouvel enfant. »

Je mets sa main sur mon ventre. Mon bébé, gagné par ma passion, gigote et roule sous ma peau, comme un petit chat qui cherche, en tournant sur lui-même, la meilleure position pour un sommeil paisible.

Mardi 2 novembre 1943.

Pascal et Maurice sont les seuls à connaître notre refuge de Pollionnay. Dans ce lieu de repos, les jours s'écoulent tranquilles. Raymond se remet peu à peu. Il n'a plus mal aux reins. Il fait encore des cauchemars affreux et se réveille tantôt gémissant, tantôt les deux poings en avant. La cicatrisation de ses blessures se fait bien. Difficile, pour l'environnement, de les laisser à l'air. Si, sur la joue, le petit rond en creux pouvait à la rigueur passer pour le cratère d'un furoncle, le sillon sous la mâchoire n'en a pas du tout l'allure. Les bords, en bourrelets rouges, sont assez inquiétants. Je me demande si le temps les effacera.

Pascal a fini par apporter à Raymond le pistolet qu'il réclamait. Il ne le quitte pas, le démonte, le graisse, contrôle le mécanisme, remet le chargeur et engage une balle dans le canon. Le soir, il le glisse sous son oreiller.

Le docteur m'a conseillé : « Il vaut mieux qu'il s'endorme le premier, puis vous enlevez le revolver. Il n'a pas encore tout à fait retrouvé son équilibre. Je n'aime pas l'idée d'un réveil en sursaut et d'une pétarade dans la clinique silencieuse. Attention ! En cas d'hallucination, vous êtes la cible la plus proche. »

Veiller, ne pas m'endormir en même temps que lui ! Pendant les quatre longs mois de séparation, je m'étais appliquée à trouver un rythme de sommeil aussi régulier que possible. Dès que j'avais été certaine d'être enceinte, j'avais voulu donner à la petite fille attendue – j'étais sûre d'avoir une fille – tous les atouts d'une grossesse calme. Le soir, au lit, je m'étais entraînée à une relaxation méthodique, et je m'endormais vite, profondément et pour la nuit entière. Maintenant, il faut veiller !

Comme j'ai sommeil ! Le bébé aussi. Dès que je m'allonge, il cherche une position confortable, un coude, un genou pointent sous ma peau. Puis mon ventre redevient bien rond, mon bébé s'assoupit et m'invite au sommeil. Comme c'est douloureux de ne pas dormir quand on a sommeil ! J'arrive tout de même chaque soir à subtiliser le revolver. Au réveil, Raymond ne s'en formalise pas. Il se sait encore fragile, et son abandon, confiant, est pour moi un cadeau magnifique.

Ce matin – il y a presque deux semaines que nous sommes là –, Pascal et Maurice sont arrivés avec de drôles de têtes. C'est sûr, il s'est passé quelque chose de grave. Maurice, en s'adressant à moi, raconte :

« Tu m'avais demandé d'envoyer Ginette chez vous, avenue Esquirol, prendre une valise de linge pour Raymond et toi. Hier soir, elle est arrivée à la maison dans tous ses états : "Maurice, il y a la Gestapo chez Raymond et Lucie ! Je suis arrivée ce matin à leur villa en vélo, je l'ai posé contre le mur sur le trottoir. J'ai sonné. Maria est venue m'ouvrir comme si de rien n'était et à l'intérieur il y avait deux hommes : 'Police allemande, vos papiers.' J'avais mon sac sous le bras, j'ai dû les montrer. Comment dire, après, que je n'étais pas la belle-sœur de Lucie. Car c'est elle qu'ils ont localisée et qu'ils veulent attraper. D'après ce que j'ai compris, ils n'ont pas fait le rapport entre Ermelin et Samuel. Quand ils ont questionné Maria, elle a dit ce que Lucie raconte, sous le sceau du secret, que son mari est parti rejoindre de Gaulle depuis plusieurs mois. L'un des policiers est allé téléphoner pour qu'on envoie une voiture me chercher. L'autre m'a fait asseoir dans la salle à manger. Maria m'a préparé une tisane. La fenêtre était ouverte, quand il s'est tourné vers la cuisine, j'ai pris mon élan, j'ai sauté par la fenêtre puis sur mon vélo et j'ai foncé prévenir les parents : 'Sauvez-vous tout de suite, la Gestapo a mon sac avec mes papiers et notre adresse.' Ils sont partis comme ça, chez des amis de Lyon. Moi, je vais coucher chez Marthe qui me gardera quelque temps à la crèche qu'elle dirige, puis me fera quitter Lyon. Je m'en sortirai. Je t'en prie, Maurice, occupe-toi des parents. Voilà l'adresse." »

Nous sommes sans voix. Puis Raymond demande :

« Qu'est-ce que nous pouvons faire ?

– Rien du tout, répond Pascal, seulement nous tenir tranquilles. Crois-tu que tes parents ont besoin d'argent ?

– Non, dit Maurice, pas pour le moment, tant que nous sommes tous là, la famille se tient les coudes. »

Nous reparlons longuement de tout cela, le soir après dîner, Raymond et moi. Comment la Gestapo a-t-elle trouvé notre trace ?

« Après ce coup réussi, les Allemands doivent être enragés, dit Raymond, leur prestige en a pris un coup, ils ne sont plus invulnérables, ils ne peuvent pas rester sur un échec. Ils ont dû mettre le paquet pour retrouver d'où venait le coup de main. Tu te doutes bien que le capitaine chleu qui m'a fait venir de Montluc pour te rencontrer n'a pas raconté le rôle qu'il a joué là-dedans. C'est évident qu'il n'a rien dit ! Il est mieux à Lyon que sur le front russe ! »

J'ajoute à mon tour : « Ils n'ont pas arrêté un gars du Corps-Franc ; d'abord il n'aurait pas parlé, surtout il ne se serait pas laissé prendre. Ils sont toujours plusieurs ensemble. Il y aurait eu des dégâts et Maurice serait au courant.

– Peut-être ont-ils repris un des types que tu as sortis de là ? se demande Raymond. Il y en avait trois ou quatre qui venaient manifestement d'être arrêtés ?

– Nous avions une camionnette, dis-je, qui les a emmenés hors de Lyon, pour ne les relâcher que le lendemain matin.

– Il y en a sûrement un qui n'a rien dû comprendre,

imagine Raymond. Arrêté par hasard, il aura cru normal
de retourner chez lui. La nuit, les copains ont parlé de toi,
ça l'aura frappé, et il a tout raconté aux Chleus quand ils
l'ont repris. En tout cas, le résultat est là, c'est toi qu'ils
cherchent. Tu ferais bien de rester tranquille ! »

Je hausse les épaules :

« Je ne vois pas ce que je pourrais faire d'autre ! Moi,
je crois qu'ils se sont tout de même rendu compte qu'il y
avait de gros poissons dans notre coup de filet. Maurice
nous a dit qu'il y avait deux responsables MOI[1] qui sont
tout de suite repartis pour un maquis dans l'Ain, il y avait
aussi un responsable MUR[2] de Savoie.

– Pourvu que les parents aient songé à prendre les cartes
d'identité que je leur ai données en février, dit Raymond.
Je suis inquiet pour eux. Toute cette famille est connue à
Lyon, il suffit d'un salaud raciste qui les dénonce. »

Jeudi 4 novembre 1943.

Les coups durs se succèdent. Aujourd'hui, Maurice,
l'infatigable Maurice, si paisiblement courageux, qui fait
simplement les opérations les plus hardies, qui connaît
tout le monde, en qui tout le monde a confiance, Maurice
arrive et entame tout de suite :

« Il y a encore un sale coup !

– Les parents ?

– Non. Eux, pour le moment, sont à l'abri, mais il faudra bien que je les décide à quitter Lyon, avec cette Milice
qui rôde partout. Je suis loin d'être rassuré. On connaît la
technique des miliciens : ils repèrent des Juifs ayant
quelques moyens, les arrêtent, sans mandat bien entendu,

1. MOI : Main-d'œuvre immigrée, composée en majorité d'étrangers
d'origine juive qui avaient fui les persécutions racistes de l'Europe nazie.
2. MUR : Mouvements unis de Résistance.

les brutalisent pour leur extorquer leurs biens, argent et bijoux. Ensuite, ou bien ils les abattent dans un fossé, ou bien ils les livrent aux Allemands qui, bien entendu, les félicitent. »

J'interromps :

« Attends un peu, Maurice. Tu connais des cas précis à Lyon ?

– Bien sûr, et plusieurs des petites gouapes lyonnaises engagées chez les miliciens, et qui sont bien placées pour identifier les familles juives d'ici. Ils connaissent assez bien leur ville pour apprendre vite les adresses des nouveaux arrivés.

– Et les autorités françaises n'interviennent pas ?

– Les flics ont peur des miliciens. Gueule tordue et Touvier, ce chef qui vient de Chambéry, sont plus puissants qu'eux. Un commissaire de police vient d'en faire l'expérience. Il avait envoyé promener Touvier à propos d'une histoire de coffre que celui-ci voulait faire ouvrir. Mais la banque exigeait la présence d'un policier. Il est à Montluc maintenant, avec le sous-directeur de la banque. »

J'écoute d'une oreille. Il y a quelque chose qui ne va pas ! Qu'est-ce qui rend Maurice si bavard, donnant un tel luxe de détails ? Il a sûrement une très mauvaise nouvelle à nous annoncer. Il faut qu'elle soit vraiment mauvaise pour qu'il retarde tant le moment de la dire !

« Qu'est-ce que tu es venu nous apprendre, Maurice, accouche vite. »

Il se lance enfin, les yeux ronds, la voix perchée :

« Je ne vais pas tourner autour du pot. Ils savent où est Boubou. »

Nous nous regardons décomposés. Quoi ? Je sens les battements de mon cœur à grands coups dans la gorge. Raymond serre les dents. Son visage a la couleur du pansement sur sa joue.

Maurice ajoute vite :

« J'ai mis la main sur Daniel. Ils sont partis à trois le chercher. »

Mais qu'est-ce qui s'est passé ? Je ne comprends pas.

Après l'arrestation de Raymond, en juin, il me fallait être totalement disponible. Côté enseignement, c'était la fin de l'année scolaire, les terminales en congé de révision, donc peu d'heures de cours. Avec un enfant petit, j'avais été dispensée du jury de baccalauréat. Bien entendu, j'avais tout de suite cherché un refuge sûr pour mon gosse. Dans le Vercors, une maison d'enfants, dans un site merveilleux, à l'abri des grands axes, avec un ravitaillement possible en lait, abritait déjà, au milieu d'enfants convalescents, quelques gamins juifs ou dont les parents étaient dans la Résistance. Ma sœur l'avait conduit dès la fin juin. Elle était revenue avec une excellente impression, et la directrice avait promis des nouvelles régulières par une filière discrète.

« Voilà, dit Maurice, exceptionnellement, la directrice a écrit à votre adresse de la rue Esquirol. Il lui fallait, rapidement, une autorisation parentale pour le vaccin BCG conseillé dans le milieu où est Boubou. Bien entendu, le policier allemand a lu la lettre, il a dit : "Nous la tenons ! Avec le gosse, nous l'aurons." Maria a entendu. Elle adore l'enfant. Elle faisait la cuisine des deux hommes, elle a pris la porte en leur criant : "Il n'y a plus de sel, je vais vite en chercher, j'en ai pour cinq minutes." Elle a couru jusqu'au terminus du tram à Grange-Blanche. Elle savait que j'y passais régulièrement. Par chance, elle m'a vu et m'a tout raconté. Au garage, les gars ont été vite prêts, ils sont partis sur les chapeaux de roues et bien armés, je vous le garantis. Ils seront là demain en fin de matinée. Je leur ai donné rendez-vous dans la montée derrière le cimetière. Maintenant, il n'y a rien à faire qu'attendre demain. C'est moi qui viendrai vous prévenir. Il faut que je parte. J'ai un copain qui va à Paris avec Marguerite, je veux leur donner du ravito, ils feront des colis pour ceux qui sont à Fresnes. C'est Freddy (Dugoujon) qui me fait souci. Il n'y a pas longtemps qu'il est guéri de son affaire pulmonaire, et Fresnes, c'est loin d'être un sana ! Pour Ginette, ne vous tracassez pas, elle est partie, sous la protection de ses copines éclaireuses, dans l'Isère. Je n'en sais pas plus, mais, pour elle au moins, on est tout à fait peinards. »

Il nous voit si atterrés, et, bien qu'il ait hâte de filer :

« Allez, vous deux, ça va marcher. Tu verras, Lucie, que ça finira bien. Et puis, zut, j'aurais pu attendre le retour des copains, mais vous êtes de taille à tout savoir sans détours. »

Il ne voit pas, Maurice, que sitôt la porte de la chambre refermée, notre courage consiste surtout à pleurer longuement l'un contre l'autre.

« Qu'est-ce qu'on va faire, Raymond ? Qu'est-ce qu'on va faire ?

– Tu penses qu'il faut y aller s'ils ont le gosse ? Je les connais, ces brutes, ça ne servira à rien. Ce sera pire pour lui. De toute façon, pour lui comme pour nous, nous serons liquidés. Seule solution : s'il est pris, on se fout en l'air. Ainsi, il aura peut-être une chance d'être épargné.

– Mais comment en finir et où ? On ne peut pas faire ça ici ? Tu vois dans quel pétrin on mettrait le docteur Joie et tout le monde autour de lui ? Il faut trouver un endroit qui ne mette personne en cause, et que la Gestapo le sache pour que le gosse ait une chance d'en profiter. »

Toc, toc, frappent les presque six mois de vie dans mon ventre. Qu'est-ce qu'il devient, cet espoir de vie dans tout cela ?

« Touche, Raymond, notre petite fille s'agite. Tu verras, on s'en sortira tous, et demain soir c'est Boubou qui mettra sa main sur mon ventre pour dire bonsoir au bébé.

– Il y a de la place aussi pour ma main », dit Raymond, en essayant un pauvre sourire.

Alors, faisons comme. A table, nous ne parlons à personne de notre angoisse. Les Joie sentent bien qu'il s'est passé quelque chose. Ils font tout pour nous détendre. Le soir, au dîner, le docteur nous donne à chacun un somnifère.

« Prenez-le sans crainte, c'est sans danger pour le bébé, vous passerez une bonne nuit et demain ça ira mieux. »

Dans la chambre, nous regardons les deux pilules. Pourquoi les prendre ? Peu importe le sommeil. A quoi rime

210

une bonne nuit devant la menace qui nous crucifie ? Raymond ouvre la fenêtre, nous jetons les pilules. Ce soir, il n'installe pas la corde qui pend chaque nuit dans le jardin. Il laisse le pistolet dans la poche de sa veste. Nous sommes entre parenthèses. Il y avait un « avant », mais on ne peut rien dire d'un « après ». Nous n'osons pas nous parler. Finalement, je dis :

« Si ça n'avait pas marché, on nous aurait prévenus !

– C'est le contraire, dit Raymond. Une mauvaise nouvelle, on a toujours le temps de la donner. »

Étendus comme deux gisants, nous entamons la plus longue nuit de notre vie. Une nuit d'agonie. Je reste immobile, j'attends, j'écoute le souffle de Raymond. Ce n'est pas celui d'un dormeur. Près de moi, l'homme blessé, meurtri, anxieux est tout d'un coup devenu le compagnon solide, le protecteur de ma vie, de mes vies. Il a mis ma tête sur son épaule.

« Repose-toi, ma Lucette, détends-toi, tu es en train de nous faire notre deuxième petit enfant. Il est là notre bébé. Demain, nous aurons aussi notre petit garçon. »

Nous voilà en harmonie totale, l'un est calme pour que l'autre le soit. L'un espère et le dit pour que l'autre ne désespère pas. L'un et l'autre, nous nous remercions de connaître un tel amour, un amour que peu de gens ont connu. C'est de cet amour que nous continuons de parler au petit jour, en chuchotant, comme pour conjurer un destin dont nous savons qu'à cette heure il est inexorablement fixé.

Vendredi 5 novembre 1943.

Comme pour l'évasion de Raymond, je me veux gagnante. Le 21 septembre, quand nous n'avons pu engager l'attaque du camion cellulaire, j'avais dit à l'équipe, avec un bel entrain : « Bah ! C'est une répétition. La prochaine fois, ça marchera comme sur des roulettes ! » Et, une fois libre, quand j'ai demandé à Raymond : « Tu n'as pas été abominablement déçu de te retrouver en cellule le soir quand tu espérais que nous allions tenter quelque chose ? » Il m'a répondu : « Je me suis dit : c'est comme à la pêche. Lucie a repéré le poisson, elle a lancé la ligne ; la prochaine fois, elle va ferrer et me sortir de là. »

Pour Jean-Pierre, il ne peut pas y avoir de prochaine fois. C'était hier ou jamais. Les minutes s'écoulent, lentes. Si Maurice arrive, il faut que je sois la première informée. Alors je vais souvent aux toilettes qui sont entre l'escalier et notre chambre. J'en laisse la porte entrouverte. Au retour d'un de mes séjours, Raymond, mine de rien, annonce :

« Je vais fumer une pipe dans le couloir. »

Il a la même idée que moi, mais sa solution est plus élégante ! Nous nous regardons et nous restons dans la chambre, porte ouverte, main dans la main.

Quelqu'un monte les marches en courant. C'est gagné ! Avant même d'avoir vu entrer Maurice, je sanglote de joie.

« Ce n'est pas le moment de pleurer, dit-il, viens avec moi chercher ton lardon. Je ne veux pas que les copains sachent où vous êtes. On a eu assez d'emmerdements comme ça, sans les mettre dans le coup plus qu'il ne faut ! »

Je pars avec lui et déboule en courant vers la traction garée sous les noisetiers du chemin. Les trois gars se baladent dans les parages en surveillant les alentours. J'arrive à la voiture. Jean-Pierre, à genoux sur la banquette, joue sur la plage arrière avec une grenade quadrillée qu'il tient par l'anneau. Horreur ! Il joue avec la mort !! Je lui fais signe. Il répond de sa main libre. Alors j'esquisse, les mains tendues bien haut, la pantomime des marionnettes : ainsi, font, font, font... ; parfait imitateur, il pose la grenade et agite, joyeux, ses petites mains au-dessus de sa tête. Maurice le sort prestement de la voiture ; moi, je m'évanouis au bord du chemin. En revenant à moi, je les vois tous les quatre penchés sur moi et les entends s'engueuler sur le meilleur moyen de me ranimer. Oubliée la sécurité ! Leur Catherine est par terre, et ils se sentent impuissants.

« Ça va mieux les gars. Une autre fois, ne laissez pas traîner des armes dans une voiture où il y a un gosse !

– Ce n'est pas tous les jours qu'on fait un boulot pareil, dit Daniel. J'espère bien que c'est la première et la dernière fois. La directrice n'était pas chaude du tout pour nous remettre ton fiston. En réalité, il a fallu l'enlever. Alors, pour son linge et ses jouets, c'est tintin ! »

Je les embrasse de toutes mes forces. Les voilà émus, embarrassés de ces baisers qui ne sont pas dans nos habitudes.

« Bon, dit Maurice, assez traîné par ici, faites attention au retour, les gars. Moi, je les accompagne jusqu'auprès de Raymond, ces deux-là. »

Pendant que son père l'étreint en silence, Jean-Pierre, tout tranquillement : « On va dire bonjour à la mer et aux coquillages ? » Pour lui, papa et maman retrouvés, c'était l'occasion d'un voyage à trois. Comme six mois plus tôt, lorsque nous avions passé dix jours au soleil de Carqueiranne.

Maurice : « Moi, je m'en vais. Il faut que j'aille expliquer la présence du gosse au docteur. Il n'était pas prévu au programme, celui-là. A demain. »

Une heure plus tard, le docteur nous rejoint dans la chambre : « Venez chercher un matelas pour coucher l'enfant. Nous vous apporterons ses repas. Essayez de l'occuper pour qu'il ne soit pas trop bruyant. J'aimerais aussi que votre mari ne circule pas trop avec lui dans le parc. Ça pourrait paraître insolite aux malades et au personnel. Déjà, pour vous, les infirmières ont posé des questions du genre : "Si c'est un grand malade, nous pouvons nous en occuper. D'habitude, les convalescents n'amènent pas leur femme !" J'ai dit que vous étiez une parente de ma femme et que je n'avais pas pu vous refuser. »

Je comprends fort bien. Pas besoin d'aller imaginer

qu'on nous soupçonne d'être clandestins. Il suffit de la jalousie toute bête en ces temps de pénurie pour alimenter les rancœurs. « Pourquoi elle et pas les autres ? »

Je promets la plus grande discrétion à cet homme courageux qui risque tout simplement sa vie et celle des siens en nous cachant. Mais, aujourd'hui, une seule chose compte : nous avons notre enfant, près de nous, à nous. Le soir, je fais sa toilette dans le lavabo de la chambre. Je ne l'ai jamais trouvé aussi beau, si parfait de forme, avec cette chair si ferme et cette jeune peau si douce. Mon précieux ! Je le lave doucement avec des gestes lents. Puis je l'embrasse tendrement partout, puis passionnément. Il ronronne de plaisir.

« Laisse-m'en un peu », dit Raymond qui, ce soir, est calme et presque gai. Tous les trois, dans le silence de la clinique, nous nous endormons, rompus et paisibles. Pour la première fois, le sommeil nous prend tous ensemble. La petite veilleuse orange au-dessus de la porte éclaire simplement une famille réunie.

Samedi 6 novembre 1943.

On ne peut garder un enfant dans une chambre de clinique. Hier soir, Maurice n'avait rien voulu nous dire ; aujourd'hui, il nous annonce qu'il a trouvé une famille où loger Jean-Pierre, tant que nous serons à Pollionnay : les parents de la directrice de la crèche où est cachée Ginette, la sœur de Raymond. Voilà encore une fois une famille séparée. Depuis le départ de D'Astier pour Londres, Pascal Copeau, qui le remplace comme responsable de « Libération », a encore plus d'autorité au sein du comité directeur des MUR.

Il vient quand il peut, à n'importe quel moment de la journée. Il apporte toujours quelque chose : un livre, une bouteille, un paquet de Caporal pour la pipe de Raymond.

Sa présence, c'est plus que la solidarité du résistant, plus que l'amitié, c'est une extraordinaire chaleur et c'est aussi des nouvelles des copains et des Mouvements.

Il règle aussi notre sort et vient nous en parler. D'Astier, qui est, depuis peu, commissaire à l'Intérieur dans le gouvernement provisoire à Alger, réclame Raymond près de lui. Londres, par où il faut transiter, est d'accord pour le transférer le plus tôt possible. Pour moi, une femme, le problème est différent. Après mes aventures, avec mon gamin et ma grossesse, tout le monde souhaite que je sois planquée définitivement et le plus loin possible ! Chacun sait ce qui m'arriverait si j'étais capturée. Beaucoup craignent des retombées. Je sais trop de choses depuis l'automne 1940 et le démarrage de « Libération ». Je connais trop de gens à tous les niveaux. Beaucoup de personnages en vue et recherchés, beaucoup de responsables de services, beaucoup de liaisons en province. En quelques mots : je suis devenue très dangereuse !

Claudius Petit et Claude Bourdet, qui ont été pour moi des amis si attentifs après Caluire, qui ont mis à ma disposition de gros moyens financiers pour réussir l'évasion de Raymond, sont d'accord avec Pascal. Il faut que je parte en même temps que Raymond, avec notre fils, et le plus tôt possible.

« Rendez-vous compte, dit Pascal, que ce n'est pas évident pour Londres ! Après tout, c'est la guerre ; il y a beaucoup de femmes et de gosses en danger en France, et ce n'est pas le moment de remplir les rares avions avec des réfugiés. Bien sûr, c'est différent lorsqu'il s'agit de mettre à l'abri la famille d'un agent, pour qu'il ait l'esprit libre dans son travail et qu'aucune pression ne puisse être exercée sur lui s'il est pris ! Nous avons eu une idée : de Gaulle et le gouvernement à Alger ont proclamé que les femmes de France étaient maintenant citoyennes à part entière. Nous avons décidé de désigner Lucie comme représentante de la Résistance intérieure pour siéger à l'Assemblée consultative. Tu les remueras un peu tous ces rescapés de la IIIe, qui sont au milieu des nôtres ! Après tout, tu n'es pas qu'une pétroleuse, tu es aussi agrégée de l'Université, professeur d'histoire, mariée, mère de famille, d'origine bourguignonne et catholique. Qu'est-ce qu'ils veulent de mieux ? »

Mon Raymond est manifestement heureux de cette solution, et assez fier de voir sa femme à l'honneur.

Moi, émue, je demande, pour dire quelque chose : « Est-ce qu'ils voudront ? Quand ils verront arriver une femme qui doit accoucher en février prochain, ils diront : ce n'est pas sérieux.

– C'est nous qui le voulons, c'est nous qui sommes sur le tas ! s'exclame Pascal, cynique ; eux, ils sont notre agence de voyages. Tu es enceinte, ça commence à se voir, ma jolie. Eh bien, ils comprendront qu'entrer en Résistance, ce n'est pas entrer au Carmel, et que pour nous la vie continue. Tout de même, là-bas, tâche de bien te tenir. Louis Martin-Chauffier raconte partout que, sous tes airs pudibonds, tu es encore plus mal embouchée que lui avec ses airs de bénédictin. Attention ! Ce n'est pas du tout cuit. Nous attendons la réponse. Il faut deux places et demie. Dans ton état, on ne peut pas te mettre dans un Lysander. Mais ils commencent à utiliser des bimoteurs ; en plus du courrier, il y a une bonne dizaine de places dans ces coucous-là : confort, exactitude et sécurité non garantis. La lune est pleine le 13. Donc, les opérations commenceront le 9 ou le 10 et s'échelonneront jusqu'au 16, peut-être le 17. Je voudrais bien que vous soyez de cette fournée. On vous a assez vus, et vous n'êtes pas faciles à camoufler avec vos exigences d'amoureux ! »

Il verse un dernier coup de vin, la dernière goutte est dans mon verre :

« Le dicton est bon, ma jolie, un bébé dans l'année ! Il est en route !

– Chez moi, on dit : "pendu ou cocu". Il faut choisir ?

– C'est tout choisi pour moi ; cocu, on s'en remet, dit-il, avec son grand rire de basse, en se levant pour partir. A bientôt les enfants, continuez à bien vous aimer. »

Dimanche 7 novembre 1943

Nous ne sommes plus majeurs. Je ne suis plus un professeur écouté dans sa classe ni une maîtresse de maison préoccupée de ravitaillement. Nous avions ensemble organisé et dirigé notre vie et nous voilà tout à coup dépendants, pris en charge, comme des enfants abandonnés ou des handicapés à protéger. On « s'occupe de nous ». Et nous ne savons pas qui ni comment.

« Cet après-midi, a dit Maurice, nous viendrons vous dire au revoir, Pascal et moi. Une voiture vous emmènera près du terrain où vous embarquerez.

– Chez qui logerons-nous en attendant ?

– Je n'en sais rien et je ne veux pas le savoir. A partir d'aujourd'hui, je passe la main.

– Où allons-nous ? insiste Raymond.

– Je n'en sais rien.

– Est-ce loin ? Raymond n'est pas encore très costaud, et il est recherché.

– Toi aussi, Lucie, tu es en danger, et facile à reconnaître. Je ne connais pas les conditions de départ. Mais, tu sais, lorsqu'on embarque quelqu'un, c'est sérieux, et toutes les précautions sont prises. Tout ce que j'ai à vous dire, c'est : tenez-vous prêts.

– Mes parents ? questionne Raymond.

– Je les ai vus ; pour le moment ils ont un petit logement discret, ils ne veulent pas quitter Lyon. Ta mère voit sa sœur chaque jour. Ils croient fermement que tu es à Londres et ils pensent que Lucie t'a rejoint, ou est sur le point de te rejoindre avec le gosse. Mes parents sont près d'Aix. Avec eux, j'ai pu être ferme. Ils ont au moins compris que la Milice pouvait les trouver, vite fait, et je les ai installés loin de ce centre dangereux. A mon avis, ils ne risquent rien.

– Et Yvon, dans son Oflag, qui va s'occuper de lui ?

– Pour le moment, tes parents continuent à lui envoyer des paquets. Ça passe par le service de prisonniers de Vichy où il y a des gars à nous. Pas de risque de recoupement par la Gestapo. Pour ce qui vous concerne, il doit croire ce que tes parents lui ont fait comprendre dans leurs lettres. C'est égal, tes parents, je les voudrais bien hors de Lyon ! J'espère que vous êtes sur la bonne voie, vous. Allez, au revoir, on se retrouvera après la guerre. »

Maurice, mon frère de cœur, je l'embrasse et ne peux desserrer mes bras.

« Bon ça va, après tout on se reverra peut-être plus tôt qu'on ne pense », dit-il en se dégageant, les yeux humides.

Je lui dois tant ! Dès 1940, il s'est joint à notre aventure sans la moindre hésitation. Débrouillard en diable, n'avait-il pas, en août 1940, quitté la colonne de prisonniers qui partait pour l'Allemagne, pris le plus naturellement du monde les deux bras d'une brouette qui se trouvait au bord de la route, cheminé un moment au même pas que les soldats, puis bifurqué dans la cour d'une ferme, sans que les sentinelles allemandes, de chaque côté du convoi, manifestent la moindre méfiance. Son adhésion fut précieuse. Il savait toujours trouver le logement disponible, convaincre les femmes de ses copains prisonniers de guerre de louer tout ou partie de leur appartement, ou de loger provisoirement un résistant en cavale.

A Lyon, il connaissait les avocats, les médecins, les commerçants sur qui nous pouvions compter. Il avait ses entrées dans tous les petits troquets où l'on pouvait manger une andouillette en buvant une fillette de mâcon blanc, à prix normal, du moment qu'on était avec lui. C'est lui qui avait indiqué un garage à louer pour planquer et entretenir voitures et matériel de notre Groupe-Franc ; lui qui avait repéré un soir près de Bron un camion-citerne d'essence avion, et l'heure à laquelle il n'était pas gardé. Notre groupe en avait fait son profit, alimenté pour longtemps en carburant après avoir modifié les carburateurs des moteurs de nos trois tractions.

Il était, comme moi, de bien des coups, de bien des actions et contacts ponctuels, sans avoir plus que moi de responsabilité précise. Ses amis le disaient imprudent. Pas plus que moi il ne s'est fait prendre, sans doute parce que nous avions le même flair pour repérer le danger et que nous nous engagions franchement en étant sûrs de gagner. Mon Maurice, avec son inénarrable accent lyonnais, sa manière unique de raconter en mimant, avec son visage si vivant aux traits qu'il est convenu de caractériser de sémites. Il appartenait à la société lyonnaise distante et secrète pour les étrangers. Mais, dans cette société, la fraternité et la discrétion étaient totales. Nous en avions eu la preuve avec Nicolas, le « soyeux » de la rue Coste, et Joie, le médecin de Pollionnay.

Après déjeuner, Pascal arrive comme prévu.

« Ça y est, les enfants, en route ! Vous partez comme une bonne petite famille pépère, avec ses valises, pour un séjour à la campagne.

– Nous n'avons pas de valise et si peu de choses à mettre dedans ! »

Il ouvre la porte. Par terre, une valise de cuir.

« En voilà une, je vous en fais cadeau. Moi, je n'en veux plus, elle pèse le poids d'un âne mort, elle est aussi lourde vide que pleine. Mais comme ces messieurs-dames seront en voiture puis en avion, le poids importe peu ! Je regrette, la maison ne m'a confié ni vos billets, ni la date, ni le lieu d'embarquement ! Il y aura un message un de ces jours à la radio qui vous préviendra. »

Pour dissiper l'émotion du départ, il blague encore sur les billets, les places louées, comme s'il s'agissait d'une croisière normale. Et pour finir :

« Là-bas, vous expliquerez bien comment ça se passe ici, que les polices de tout poil font des ravages, que les maquis se remplissent et s'entraînent, qu'il est urgent d'envoyer des armes. Dites-leur qu'ils se dépêchent de débarquer avant qu'on soit tous ramassés. Ce bébé, Lucie, tu vas le faire en février. Comment le saurons-nous ? Il est un peu à nous tous !

– Pas difficile, je l'ai déjà dit à Maurice. Le 20 février, pour l'anniversaire de Ginette, il y aura un message personnel à la BBC. C'est Boubou qui annoncera la naissance.

– Et si tu ne l'as pas encore fait ?

– J'ai bien calculé, elle naîtra le 12 au plus tard : je suis sûre de l'avoir conçue le 14 mai. »

Un au revoir rapide à nos hôtes. A peine le temps de les remercier. « De quoi ? » demande le docteur.

Pascal ouvre la porte de la traction. Nous nous embrassons longuement tous les trois. Les hommes ont les larmes aux yeux. Moi, je pleure pour de bon, tandis que Jean-Pierre savoure seulement la certitude de partir dans cette auto, entre papa et maman. Derrière nous restent nos amis, nos parents, nos copains de Résistance. Lyon, où nous sommes arrivés en septembre 1940, où nous avons célébré trois anniversaires de mariage, le 14 décembre de chaque année. C'est dur à quitter.

Je ne connais pas le chauffeur. Près de lui, un jeune homme blond, silencieux, indique l'itinéraire. Nous voilà sur les routes du Beaujolais, au milieu des vignes qui ont leurs glorieuses couleurs d'automne. Tous les paysages de mon enfance. Je reconnais tous les chemins, je mets un nom sur tous les hameaux. Chaque clocher est un souvenir : première communion ou mariage dans ma famille, presque chaque cimetière a une tombe que j'ai vue ouverte pour y descendre le cercueil d'un parent.

A gauche, devant moi, la roche de Solutré où ma grand-mère Vincent m'emmenait voir les Américains qui fouillaient, sous les cailloux blancs et l'argile rouge, les traces de la préhistoire. Peut-être l'amorce de mon goût pour l'archéologie ? J'ai mangé là mon premier chewing-gum. « Crache ça, disait grand-mère, ça colle les boyaux ! »

Plus loin, la roche de Vergisson et sa légende de la « bête pharamine » qui venait visiter les femmes quand les maris étaient trop longtemps absents, et arrachait la langue des bavards ou des médisants. Survivance de la crainte du loup caché sous ces croupes sauvages couvertes de buis et de taillis avec, à mi-pente, la nette délimitation des vignes si bien soignées, entourant les villages aux maisons de belles pierres blondes où la vie était gaie.

En cette saison, les vignes sont désertes, vendanges faites, et c'est le moment de goûter le vin nouveau. Tout à coup, dans cette voiture, avec ces inconnus, il me semble réaliser pleinement pourquoi nous en sommes arrivés à cette situation insolite. Toutes mes racines sont là : cette terre avec son passé, ses traditions, ses habitants qui la travaillent puis qui dorment sous elle, c'est cela que je ne veux pas perdre. Notre gaîté, notre liberté, nos plaisirs, notre mode de vie, l'accueil que mes oncles font aux passants sur le pas de leur cave, leur tasse à dégustation à la main. Il n'est pas possible que tout cela disparaisse. La grisaille chevrotante, la servilité camouflée sous une morale de punition, c'est Pétain et Vichy. Ce n'est pas la France ! Et ces conquérants pillards, pleins de morgue, qui remplissent les trains de marchandises d'êtres de tous âges, de toutes races, et aussi d'ouvriers communistes ou de prêtres qui ont caché des enfants juifs, ils ne seront jamais nos alliés, et nous refusons qu'ils deviennent nos maîtres.

« Raymond, regarde cette campagne, cette harmonie. Nous ne pouvons pas perdre tout cela !

– Nous ne payerons jamais trop cher le droit de la garder », dit Raymond.

Je suis inquiète. Va-t-on nous laisser dans cette région où beaucoup de gens nous connaissent et croient Raymond à Londres depuis longtemps ? La voiture change de cap, arrive à Crèches et traverse la Saône au pont d'Arciat. Enfant, j'y venais avec la famille vigneronne manger la friture du dimanche. A ces terriens, l'eau faisait peur. Aucun d'eux ne savait nager. Il ne leur serait jamais venu à l'idée de s'exhiber torse nu et en slip. Seuls les étrangers en vacances se trempaient dans la Saône. « Ils vont attraper la mort », disait ma grand-mère. J'ai vu là mon premier cadavre : un jeune homme noyé ; il avait perdu pied tout bêtement sur la berge en lançant sa canne à pêche. Une barque l'avait retrouvé et halé sur le bord.

La route, sur la rive gauche, traverse des prés encore verts, avec des haies épaisses. Quelques plantations de peupliers rompent la monotonie du paysage. De ce côté de la Saône, c'est la Bresse. Les maisons, dispersées dans la campagne, sont en pisé, basses et longues, avec de grands toits pentus qui, au midi, dépassent largement les murs. C'est là que sèche, pendue aux poutres, la récolte de maïs. Comme j'aimerais maintenant une bonne assiette de « gaudes », cette épaisse bouillie de maïs qu'on arrose de lait froid. Enfant, c'était le repas des jours pauvres. C'est à cause de la couleur que ma famille, comme tout le monde d'ailleurs, appelle les Bressans : les ventres jaunes.

Pont-de-Vaux. Devant l'Hôtel des Voyageurs, à la nuit tombée, un homme jeune, brun, beau, avec le plus doux sourire du monde, une pipe à la main, nous attend : « Venez avec moi. »

Nous traversons une petite place, et voilà l'escalier d'une grande et belle maison. Une porte s'ouvre, avant même que nous ayons gravi les dernières marches : « Entrez, les petiots, venez vous reposer ! »

Devant nous, un homme, la main tendue grande ouverte, tel le voyageur de *la Rencontre* de Courbet. Un homme chaleureux qui tient de Gambetta et de Jaurès. Il en a la stature, la barbe et, nous le verrons vite, le verbe.

« Je me présente : Jean Favier, et voilà ma femme et ma fille. Alors, Charles-Henri (ainsi j'apprends le nom de l'homme à la pipe), il a combien d'étoiles celui-là ? »

Nous tombons des nues. Qu'est-ce que les étoiles ont à faire avec nous ?

Charles-Henri sourit : « C'est lui qui a reçu le général de Lattre après son évasion, et qui s'est occupé de son séjour jusqu'à son départ. »

Je lui demande comment il le sait.

« Eh bien, autant vous le dire, je suis responsable des opérations aériennes dans le secteur ; donc, comme pour

222

le général, vous êtes sous mon aile jusqu'au départ. J'ai, comme ça, un certain nombre de relais qui s'occupent de caser mes voyageurs jusqu'à leur envol. » Il se tourne vers Favier. « Où les logez-vous, ces deux-là ?

– Chez Jean Boyat et sa femme. Je les connais bien, ils sont aussi modestes que courageux. Ils ont deux enfants déjà grands, en âge de comprendre et de se taire. Ils y coucheront ce soir, mais pour dîner ils sont nos hôtes. Vous restez, Charles-Henri, la patronne a mis les petits plats dans les grands. »

Sur la longue table de vieux bois, un plateau avec quatre flûtes de cristal taillé attire mon regard.

« Votre arrivée mérite bien le champagne ! dit le maître de maison en souriant.

– Je ne sais pas comment fait ce diable d'homme, remarque Charles-Henri. Mais tous les gens qui passent chez lui sont magnifiquement reçus. En 1940, il devait avoir une cave du tonnerre pour qu'elle soit encore fournie fin 1943. »

Le champagne mousse dans les verres ; il a fait sauter le bouchon selon la tradition, à grand bruit.

« C'est meilleur que la flotte de Montluc », dit Favier, en trinquant avec Raymond. Il m'entoure les épaules : « Une femme comme ça, on n'en trouve pas tous les jours sous le pas d'une mule. »

Je me rends compte ainsi que Charles-Henri l'a affranchi et qu'il est au courant de nos aventures. Jean-Pierre, habitué à de nombreux changements, est parfaitement à l'aise ; il circule dans la pièce, joue avec les chats, et brusquement réclame : « Pipi ! »

« Les femmes ! appelle Favier, occupez-vous du petit, faites-lui manger la soupe et, s'il a sommeil, couchez-le. Nous le porterons quand nous partirons chez Jean. »

Je me lève pour obéir.

« Pas vous ! Je parlais à mes femmes. Vous êtes un homme, vous ! Vous vous battez comme un homme ! Restez avec nous. »

Je regarde mon ventre en repensant à mes démarches

auprès de la Gestapo, avec la rengaine de ma grossesse illégale. Est-ce que tout ça a l'air masculin ? Pourquoi faut-il que le plus grand compliment qu'un homme puisse faire à une femme, c'est de lui dire : vous écrivez, vous travaillez, vous agissez comme un homme ! Quand je préparais l'agrégation d'histoire en Sorbonne, mon maître Guignebert m'avait dit : « Vous devriez présenter l'agrégation masculine, vous avez la puissance intellectuelle d'un homme. » J'avais été profondément vexée de ce jugement qui me classait par rapport à un stéréotype.

A cet homme qui nous accueille et me regarde avec tant de bonté, je réplique vertement :

« Moi, je me sens très bien dans ma peau de femme, vous savez ; ce que j'ai fait, c'est un boulot de femme, et de femme enceinte, en plus ; ce qui ne vous arrivera jamais à vous ! »

Un silence.

Charles-Henri et Raymond bourrent avec soin leur pipe, comme si le sort du monde en dépendait. Favier reste interloqué, puis tout son visage se plisse et il éclate d'un grand rire :

« Sacrée bonne femme ! Elle n'a peur de rien. Je comprends, mon garçon, qu'elle t'ait sorti du trou, dit-il, en tapant sur l'épaule de Raymond.

– Trois fois, lui répond Raymond ; je vous le raconterai un jour. »

Le petit garçon a promptement avalé une épaisse soupe de légumes à la crème. Il lèche, maintenant, la coupelle où était la compote de pommes. Il est prêt à s'endormir.

A nous maintenant. Avec Mme Favier et sa fille, nous achevons la bouteille de champagne. A table, nous sommes comblés. Une soupe saine, un vrai chapon de Bresse, de vrais fromages de chèvre, et avec la compote de pommes, des œufs à la neige, le dessert des jours fastes de mon enfance. Mais c'est un tour de force aujourd'hui. Il faut des œufs, du lait, du sucre. Raymond n'en revient pas et marque son étonnement.

« La Bresse c'est un pays de Cocagne, dit Favier ; il y

a de tout, sauf du vin. Il faut traverser la Saône pour en avoir. Je suis bien placé d'ailleurs entre le viré blanc et les beaujolais rouges.

– Mais les réquisitions ?

– On se débrouille, les contrôleurs se laissent bien souvent graisser la patte. Eux aussi ont une famille à nourrir. D'ailleurs, ils ne contrôlent que ce qu'on veut bien leur montrer.

– Et les Allemands ?

– On n'en voit pour ainsi dire jamais. Sur leurs cartes routières, la nationale est de l'autre côté de la Saône, les grandes villes aussi, comme Chalon, Tournus, Mâcon. L'hiver, la Bresse a les pieds dans l'eau. Ils ne s'y hasardent pas. Et puis leurs forces, ils les concentrent dans les villes ou au pied des montagnes pour surveiller les maquis. Pour le moment, nous avons à peu près la paix.

– Mais les dénonciations, la police de Vichy, la Milice ?

– A Pont-de-Vaux, nous n'avons pas de police à proprement parler, mais une brigade de gendarmerie. Ce sont des gars du pays, pour la plupart ; beaucoup pensent comme nous et nous aident. Les autres, "pas d'histoires", ils ne bougent pas. Pourquoi faire du zèle quand on est peinard. C'est à la brigade qu'arrivent les dénonciations quand le receveur des PTT et les deux factrices ne les ont pas interceptées avant. Jusqu'à maintenant, ça n'a jamais été plus loin.

» Ainsi, moi, poursuit-il, j'étais maire avant 1940, franc-maçon notoire, anticlérical connu, j'ai été révoqué de mes fonctions administratives en novembre 40, et remplacé par le président de la légion des Anciens Combattants de 14-18. Je lui ai dit : "Mon vieux, nous avons été troufions ensemble, te voilà du mauvais côté. Alors, ce que je dis et ce que je fais, tu n'as pas à le savoir et tu ne veux pas le savoir. On te le revaudra après la victoire." Il se l'est tenu pour dit. Ce qui m'ennuie maintenant, c'est que cet idiot sent le vent et veut démissionner. Il faut chaque jour que je lui remonte le moral et que je le persuade de rester à son poste. On ne peut pas savoir qui serait désigné pour le remplacer, vous comprenez. »

Nous rions de ces curieux rapports inversés. Favier est content de son numéro. Mille petites rides plissent les coins de ses yeux, il caresse sa barbe rousse mêlée de poils blancs. Quel âge a-t-il ? Celui de mon père, peut-être, auquel il me fait tant penser avec son côté épicurien, heureux de vivre, et le cœur sur la main.

Avant de nous séparer, nous contrôlons encore une fois nos cartes d'identité. Nous sommes, excusez du peu, M. et Mme Saint-André du Plessis. Raymond et Lucie comme prénoms. Je ne sais pas où Pierre-des-faux-papiers a été pêcher ce nom. Mais, comme je le connais, je suis sûre que c'est une identité très solide. Nous nous amusons de cette particule, tandis que Charles-Henri dit : « Pour nous tous, vous êtes et vous resterez Aubrac. »

Voilà donc rendu définitif le dernier nom de Résistance de Raymond, son pseudo en somme. Comme les écrivains ont un nom de plume, les acteurs un nom de scène, les résistants ont un nom de clandestinité. Rien à voir avec une fausse carte.

« Avez-vous des liens avec le Massif central, demande Favier, pour avoir choisi ce nom de volcan ? Savez-vous, Lucie, qu'il vous va bien, ce nom ?

– Il n'est pas à moi, ce nom. Moi, je n'ai jamais eu qu'un prénom : "Catherine", et c'est comme ça que j'appellerai ma fille. Oui, dans la Résistance, je n'avais qu'un prénom, comme toutes les filles. Il y en a tant de filles que nous étions plusieurs "Catherine", alors on ajoutait notre fonction : moi, c'était Catherine des Groupes-Francs. Bien entendu, maintenant on va m'appeler Mme Aubrac, puisque je suis sa femme. Je ne m'en plains pas. Mais ce nom, nous le porterons à part entière. Je ne serai pas Mme Raymond Aubrac, je serai Lucie Aubrac. »

Raymond, qui sent venir l'orage, intervient : « Peut-être qu'un jour, on m'appellera M. Lucie Aubrac ! Ou M. L. Aubrac ! Mais ce nom n'a rien à voir avec la géographie, monsieur Favier. »

Il raconte : « Début mars, quand les décrets pour le STO ont été opérationnels, de nombreux jeunes ont refusé de partir en Allemagne. Ceux des villes n'avaient pas toujours des familles d'accueil en province pour les cacher. Il nous a donc fallu organiser rapidement des lieux de rassemblement pour ces réfractaires. Nous nous sommes réunis chez moi, avenue Esquirol, à quelques responsables de l'Armée secrète des MUR. Lucie nous avait fait des galettes.

– Oui, j'avais écrasé du blé dans le moulin à café, délayé avec un peu de lait étendu d'eau, rissolé à la graisse de bœuf, c'était mangeable.

– Et comment ! Tous t'ont félicitée. Ils aimaient bien venir chez nous, tous ces gars sans vie familiale. Nous avions encore une adresse légale, avec une boîte aux lettres, une vraie maison avec des livres, quelques réserves de charbon et de vivres, des lits pour les copains, nous étions un couple avec un enfant. Ils aimaient bien, les copains, voir que ça existait encore, un foyer. Bien sûr, à certains moments, c'était le plongeon dans les logis loués sous un autre nom, où nous retrouvions d'autres identités, d'autres vêtements. Nous devenions nos doubles, ou plutôt il fallait nous dédoubler, ne plus avoir de mari, d'épouse, d'enfant, rejoindre la cohorte des solitaires clandestins. Pas toujours commode, n'est-ce pas, Charles-Henri ?

– C'est un autre genre de famille, répondit-il, où on se fait tuer les uns pour les autres. »

Mme Favier frissonne. Elle entrevoit cette vie de mensonges où cache-cache n'est pas un jeu d'enfant.

Raymond s'aperçoit du trouble de notre hôtesse : « Nous avons donc décidé, ce jour-là, d'envoyer des enquêteurs dans le Jura et la Savoie, avec pour mission d'alerter les responsables de la Résistance. "Pour les contacts, a demandé Yves Farges, comment t'appellera-t-on ? Balmont commence à être trop connu." Il a feuilleté un roman policier qui traînait par là. "Tiens, voilà un commissaire Aubrac. Ça t'irait bien." Va pour Aubrac.

C'est le nom que j'ai gardé dans la Résistance, après ma sortie de l'Antiquaille. Il n'était pas grillé, la police ne l'a jamais connu. Pour l'Armée secrète et le boulot que je faisais, il n'y avait pas de remplaçant disponible, alors j'ai repris mes responsabilités. Maintenant, à cause de celui qui nous a vendus, la Gestapo sait qu'Aubrac était inspecteur général de l'Armée secrète de la zone Sud. Un blanc qu'elle a pu remplir sur l'organigramme de la Résistance ! »

Bientôt, nous nous quittons. Charles-Henri s'en va de son côté. Il n'est pas en peine de logement. Depuis plus d'un an il circule dans le coin, et toutes les maisons, ici, s'ouvrent pour lui.

Favier nous accompagne chez Jean Boyat, une petite maison à la limite du bourg voisin. Il a l'air d'un géant en face du couple qui nous attend. Avec eux, il est un brin protecteur, mais de façon amicale.

« Montrez-leur la chambre. Ils sont fatigués, vous ferez mieux connaissance demain. Tenez, voilà du beurre et un pot de confiture que la patronne vous envoie pour vos gosses et le leur. »

La petite Mme Boyat le remercie et nous conduit à notre chambre, une vraie chambre, comme chez mes parents. Le bois de lit assorti à l'armoire à glace et à la table de nuit. Un lit haut, sur son sommier à ressorts et son matelas de laine, avec des draps à jours, en toile métisse. La couverture piquée en satinette rouge d'un côté, verte de l'autre, est surmontée d'un gros édredon rouge. Jean-Pierre, qui s'est réveillé, plonge dedans avec volupté.

Nous nous souhaitons bonsoir. Boubou est vite endormi. Je lui ai fait une couche avec une serviette de toilette. Depuis le retour du Vercors, il fait pipi au lit. Une façon sans doute d'exiger nos soins et notre présence.

« Crois-tu, Raymond, que c'est parce qu'il y a un autre enfant en route, ou est-ce une façon de dire : vous voyez bien que je suis trop petit pour que vous vous sépariez de moi ?

– Bah, dit Raymond, il ne faut pas toujours chercher une cause psychologique.

– Tu as raison, mais ça compte. Regarde, pour toi, j'ai constaté que, depuis que tu es passé par la Gestapo, tu n'as plus d'asthme la nuit. »

Il ricane : « Ainsi, tu vois, Montluc avait du bon... »

Je n'aurais pas dû évoquer la prison. Il est encore écorché vif chaque fois qu'on en parle. Dans le pot de faïence, sur la cuvette de la table de toilette, il y a de l'eau ; assez pour se laver les dents. Il faut cracher dans le seau. J'en ai la nausée. Je me laverai les dents demain, dans le jardin.

Lundi 18 novembre 1943.

Nous nous sentons encombrants chez ces braves gens qui nous regardent un peu comme des Martiens. Je comprends ce que représente, pour une famille modeste, sans histoires, l'hébergement de deux inconnus dont on dit qu'ils ont fait des choses héroïques. Quel trouble dans leurs habitudes ! Si nous sommes pris, ils le seront aussi, eux qui partagent avec des gens venus d'ailleurs la maigre pitance qu'ils doivent soigneusement répartir sur la semaine. Est-ce que, plus tard, on reconnaîtra leur mérite ? Moi, je parlerai bien fort d'héroïsme à leur propos. L'abnégation quotidienne vaut bien une action d'éclat ! Ils gâtent Jean-Pierre. Pour lui, Mme Boyat a fait fondre un morceau de sucre avec un peu de beurre, le tout collé à chaud sur un petit bâton, et c'est une sucette. Le gosse est aux anges. Raymond ne doit pas se montrer. Je suis censée être une parente venue avec son gamin chercher un peu de ravitaillement. Étant donné mon état – j'aborde le septième mois –, ce sont mes cousins qui vont prospecter à ma place. Nous avons même donné de l'argent à M. Boyat pour que l'alibi soit valable.

Le soir, il rentre avec quelques œufs, cinq kilos de

pommes de terre et un saucisson. Il apporte aussi deux pelotes de laine blanche. « J'ai pensé que ce serait utile pour la layette », dit-il, timidement.

C'est un homme réservé, qui ne sait comment s'y prendre pour être le plus utile possible. Il s'en ouvre à Favier qui arrive avec une brioche toute chaude faite par ses femmes, et lui répond que ce qu'il fait est déjà énorme, qu'il prend de gros risques. Il ajoute : « Demain soir, tu me les amèneras une fois la nuit tombée, ils souperont avec nous, le gosse aussi, ma fille a une surprise pour lui. »

Le soir, dans notre lit, à voix basse pour ne pas réveiller Boubou, nous commentons cette journée. Le repas de midi avec le civet de lapin était une fête autant pour eux que pour nous. Ils étaient heureux de nous voir satisfaits, et confus de nos remerciements. Nous avons fait bien attention de nous limiter à une tartine de pain, nous mangeons peut-être leur ration, car ils n'ont pas dû oser utiliser les cartes que nous leur avions remises. Il faudra en parler à Favier. A part le repas, rien ne s'est passé. Raymond, fourni en tabac, a fumé ses pipes à tour de rôle, en lisant un almanach. J'ai fait un petit tour avec le gosse, regardé les devoirs du gamin de la maison, commencé une brassière. Le temps a coulé lentement. Nos hôtes ont leurs occupations, discrets ils ne questionnent pas ; leur intérieur ordonné, astiqué, l'atmosphère un peu feutrée dans l'automne brumeux n'invitent pas aux conversations. Après dîner, un moment de vie :

C'est l'heure de la radio de Londres. Autour du poste de TSF, nous sommes tous réunis. M. Boyat règle les boutons. Par chance, il y a de l'électricité. D'abord, c'est la ritournelle du brouillage, puis, bien en face de la longueur d'onde, les trois coups : « Ici Londres, aujourd'hui, énième jour de la lutte du peuple français pour sa libération ; les Français parlent aux Français. » Nous nous regardons, attentifs et complices, d'un coup redressés sur nos chaises. Dix fois, vingt fois, Jean Boyat manie les boutons pour retrouver les voix qui viennent de Londres. Quelle situation insensée ! Les nouvelles de France nous sont connues *via* la BBC, nous apprenons le sabotage d'un barrage sur la Saône, à moins de cent kilomètres d'ici, le déraillement d'un train d'essence près de Fontaines, à une trentaine de kilomètres, les exécutions d'otages à Bordeaux, au mont Valérien près de Paris, les abandons successifs du gouvernement de Vichy. Viennent ensuite les nouvelles d'Alger. De Gaulle, enfin seul chef du gouvernement provisoire, après les essais de bipartisme avec Giraud que soutenaient les Américains. On écoute en jubilant la narration de la mise en place d'un préfet de la France libre dans la Corse libérée. Demain ce sera notre tour !

Finalement, arrivent les nouvelles des différents fronts. Les Alliés reprennent l'offensive dans le Pacifique, leur marine s'impose dans l'Atlantique. Les Soviétiques résistent et attaquent victorieusement autour de Moscou et de Stalingrad. C'est certain, l'hiver 1943-1944 sera fatal aux nazis, là-bas dans les neiges. En Italie aussi, la Résistance aide les troupes alliées qui comptent maintenant parmi elles des soldats français.

Nous commentons longuement ces bonnes nouvelles. Heureusement qu'il y a la BBC ! On achète les journaux seulement pour se tenir au courant des distributions auxquelles donnent droit les tickets de multiples cartes de rationnement. Tout ce qui est imprimé passe par la censure allemande et vichyste. Aucune information défavorable aux Allemands sur le plan militaire. Quand ils reculent, c'est pour prendre leur élan ! Une chanson court les rues sur la défense élastique en Ukraine. Même les avis nécrologiques sont faussés. On ne meurt pas dans les prisons de France. Il n'y a pas de résistants fusillés, il n'y a que de dangereux terroristes judéo-marxistes abattus. Les massacres des populations civiles, les otages exterminés : une leçon dure mais nécessaire pour faire comprendre que force doit rester à la loi et qu'il faut respecter l'occupant. Ce sont des Français qui le disent ! Chacun se sent réconforté quand la BBC diffuse, sur un air connu :

Radio-Paris ment
Radio-Paris ment
Radio-Paris est allemand.

Après chaque émission, il y a une liste de « messages personnels », phrases sibyllines qui ne sont comprises que des destinataires : annonces de parachutages, opérations sur les côtes, arrivée d'un avion clandestin. Un jeu encore ! Absurde dans un monde absurde. Si « Jérôme a pêché seize truites », c'est peut-être que seize conteneurs remplis d'armes vont tomber la nuit prochaine sur une prairie du Limousin.

Jeudi 11 novembre 1943.

Il y a quatre jours déjà que nous sommes ici. Voilà Favier encore une fois. Il accompagne Jeanne, ma sœur. Le seul être qui ait vraiment compté dans ma vie, avant que je connaisse Raymond. Nous sommes restées très proches l'une de l'autre. Je ne sais comment elle a fait pour retrouver notre trace, et obtenir qu'on lui communique le lieu de notre refuge. Elle sait que nous devons nous envoler vers l'Angleterre dans quelques jours et vient pour un au revoir. Elle m'apporte un peu de layette. Elle a pour moi un souvenir, une bague en argent, avec une pierre dure, genre œil de tigre : « Jeannot, je la porterai jusqu'à ce que nous nous retrouvions. As-tu des nouvelles de Pierrot ? »

Son mari, Pierre, l'ami de nos jeunes années, avait pu revenir de son Stalag grâce aux Ausweis que lui avait fabriqués Jeanssen, notre génial faussaire du début de « Libération ». Journaliste à Vichy, dans un service technique de la radio, Pierre avait été en contact avec le milieu résistant de la presse, grâce à Georges Bidault dont il avait été le collaborateur au journal *l'Aube* avant la guerre. Des imprudences ? Peut-être. Nous en faisions tous. Des bavardages et des jalousies sûrement, dans ce panier de crabes qu'est Vichy, et le voilà, avec d'autres journalistes, arrêté au petit matin et emmené à Montluc. Pendant notre séjour chez le docteur Joie, Raymond m'avait raconté sa stupéfaction quand, un matin de septembre, il avait rencontré son beau-frère, tous deux portant la tinette de leur cellule dans la cour de la prison, sous la surveillance de soldats allemands. Aux lavabos collectifs, dans un coin de la cour, ils avaient réussi à échanger quelques mots.

« J'ai su, m'a dit Raymond, que les deux sœurs étaient libres, les gosses à l'abri, et que ma Lucie, dont je ne savais rien depuis le colis du 22 juin, était en piste pour essayer de me sortir de là. »

Après l'arrestation de Pierre, ma sœur vint souvent à Lyon. Maurice l'aidait à préparer des colis qu'elle pouvait déposer à Montluc, car il semblait que son mari avait réussi à minimiser son cas, et sa femme n'était pas soupçonnée.

Bien entendu, toutes les deux nous parlions sans arrêt de nos prisonniers. Par un détenu libéré, Jeannot savait quelle était la cellule de Pierre, et nous avions décidé, un jour, de lui faire signe. Une partie des cellules avaient leurs lucarnes qui donnaient, en deçà des murs bordant le chemin de ronde, sur une petite ruelle habitée du côté opposé à la prison. Fort surveillées par les rondes allemandes, on ne pouvait pas entrer dans les maisons qui la bordaient. Les habitants avaient été recensés, menacés et refusaient tout contact.

Alors, tenant par la main les deux petites filles de ma sœur, comme des jeunes mères insouciantes, nous avions chanté à pleine voix, en faisant danser les enfants sur le trottoir :

> *Ne pleure pas Jeannette, on te mariera,*
> *Avec ton ami Pierre, celui qu'est en prison.*

La comptine était jolie, et l'idée nous paraissait magnifique, romantique à souhait et transparente pour nos hommes, car nous ne doutions pas qu'ils nous entendraient. La cellule de Raymond donnait sur la cour. Seul Pierre nous a entendues, pas longtemps d'ailleurs car une patrouille allemande eut vite fait de nous éloigner.

Puis le soir du 21 octobre, Raymond n'est pas rentré à Montluc. La camionnette qui amenait son lot de détenus n'est pas arrivée. Dans la prison, on a dû savoir quelque chose de ce coup de main, et Pierre a sûrement compris d'où venait l'opération.

Depuis octobre, ma sœur a casé ses petites filles dans une pension. Encouragée par ma réussite, elle est restée sur le sentier de la guerre, et cherchait un moyen pour libérer son Pierre. Il vient de lui faire savoir que cela s'arrangeait pour lui, qu'elle devait prendre ses filles et s'installer tranquillement dans la famille Norgeu à Haute-Épine. La voilà pleine d'espoir. Pendant sa courte visite, elle nous rassure sur le sort de mes beaux-parents qui ont trouvé un hôtel tranquille à Tassin-la-Demi-Lune, sur les bords de la Saône, dans un quartier populaire hors du centre de Lyon. C'est un endroit que ne fréquente pas la Milice.

Sa venue nous a fait du bien. Nous avons l'impression d'être quand même encore rattachés à un monde familier, à un environnement qui nous reconnaît pour ce que nous étions dans les temps ordinaires : pour Jeannot, sa grande sœur, pour les parents de Raymond, leur fils aîné. Des gens comme les autres.

Dimanche 14 novembre 1943.

Charles-Henri est revenu. Je me demande où est sa base à celui-là ! Peut-être circule-t-il sans arrêt ?

« Il est probable, dit-il, que le départ aura lieu ce soir. Ici, vous êtes trop loin du terrain. On ne peut pas prendre le risque de vous faire circuler à la dernière minute. Mémé viendra vous chercher en fin d'après-midi, si le message passe à une heure. »

En effet, vers cinq heures, la petite camionnette, avec sur sa bâche « Boucherie de Manziat » peint en rouge, s'arrête devant la porte des Boyat. Favier, au courant de tout, arrive de son côté, une bouteille sous le bras. « Le coup de l'étrier », dit-il.

Mémé le boucher est un homme de mon âge, tout rond, les cheveux clairs et drus, le teint d'un rouge éclatant. Est-ce le grand air ou la nourriture carnée ? Il presse le mouvement, fourrage un moment dans le foyer de son gazogène dans lequel se consument lentement, à l'abri de l'air, des petits rondins de bois dont il a un plein sac arrimé sur le marchepied.

« On ne sait jamais si ça marche ce truc-là, dit-il. Allons-y pendant qu'il est d'accord. Il nous faut le temps de manger un morceau avant de partir sur le terrain. »

Toujours pris en charge, nous voilà une fois de plus emportés tous les trois vers une nouvelle destination.

« Bon voyage, disent les Boyat. Couvrez-vous bien cette nuit, ajoute Mme Boyat, en larmes. N'allez pas attraper froid par ce temps-là, et dans votre état. »

Son souci maternel nous fait sourire.

« Elle en a vu d'autres, dit Favier, en nous donnant l'accolade. Allez, Lucie, montrez-leur, aux Anglais, que nous savons faire de beaux bébés ! »

Dans le logement de Mémé, Charles-Henri nous attend. Toujours son sourire rassurant. Si j'étais croyante, et s'il était curé, j'en ferais mon directeur de conscience. Il y a là trois autres hommes, de ces Bressans courts et larges, au teint clair, au parler lent, un peu traînant et rocailleux, bien différent de la langue alerte et chantante de mes Mâconnais. Il ne manquait que nous pour se mettre à table : pot-au-feu, rôti, saucisses et fromage.

« Mangez, ma petite dame, pour vous tenir chaud sur le terrain. Nous partons tout de suite après le message de neuf heures. »

Je ne peux avaler ce bouillon gras, il me soulève le cœur, comme à Jean-Pierre qui n'en avait jamais goûté.

« Attendez, on va vous mettre une petite goutte de vin dedans, ça le fera glisser. »

Où sont les « chabrots » de mon enfance ? J'aimais ce fond d'assiette tiède et vineux que ma grand-mère me permettait de boire, comme un grand privilège. Charles-Henri, amusé, vient à mon secours : « C'est son état, vous savez, il vaut mieux ne pas la forcer ! »

Alors, Mémé, dans un gros rire, affirme que j'aurai une fille. « Il n'y a que les pisseuses pour faire tant d'histoires avant même de voir le jour ! »

J'en ai marre, je suis fatiguée, mon ventre est une tempête ; la fumée, le bruit, les odeurs, tout m'écœure, et je n'ai pas le courage de me lancer dans une tirade féministe, au grand soulagement de Raymond qui redoute un éclat, lequel serait sûrement moins bien reçu que chez Favier. A neuf heures, le message passe : « Ils partiront dans l'ivresse ; nous répétons : ils partiront dans l'ivresse. »

« On y va. »

Dans le village endormi, ou qui fait semblant, le gazogène gronde et ronfle comme une locomotive. Une demi-heure après, la camionnette dissimulée entre deux buissons épais, nous allons à pied jusqu'à la prairie. Le « terrain », comme ils disent. La lune est levée. Il fait clair comme en plein jour, l'équipe de balisage est là et prend les ordres de Charles-Henri qui dispose son monde et donne les consignes : « Personne ne fume, parlez à voix basse ; les autres, installez-vous à l'ombre de la haie. »

Que je suis mal ! Assise par terre, les jambes étendues devant moi. Le bébé n'aime pas. J'ai mal aux reins. Je prends appui sur mes bras tendus en arrière pour le soulager, mais ça me donne des crampes aux mollets, et le froid monte le long de mon dos.

« Les autres », c'est-à-dire l'équipe de protection, et ceux qui partent avec nous, ainsi que ceux qui sont chargés des valises du courrier de la Résistance, sont à croupetons sur leurs talons. Ils ont déjà ouvert leurs musettes et commencent à mastiquer et boire comme s'ils étaient en pique-nique. Raymond, près de moi, est nerveux. Il a son revolver dans la poche de son manteau, et sa main le tâte souvent. Boubou dort, allongé sur un sac, sous une couverture qui le cache complètement. L'avion arrivera au plus tôt à onze heures et demie. Le temps passe lentement. La lune est là, et voilà que la terre se met à fumer. Une petite brume monte au niveau des herbes puis stagne à un mètre du sol. Je n'en peux plus de fatigue et de crispation. Charles-Henri vient me voir : « Ça va ? » Je réponds « oui » d'une si petite voix qu'il s'en alarme : « Qu'est-ce qui ne va pas ?

— Je ne supporte plus cette immobilité, j'ai mal partout, je voudrais me lever.

— Eh bien, levez-vous, détendez-vous, marchez jusqu'au chemin, restez le plus possible dans l'ombre, les silhouettes sont visibles de loin par cette lune. J'ai bien peur de vous avoir amenés ici pour rien. Avec cette brume au sol, ils ne verront pas nos signaux. »

Raymond se lève en même temps que moi. Il ne me lâche pas. Au deuxième retour vers le groupe, je m'assois sur une valise. Au bout d'un moment : « Planquons-nous, chuchote un des hommes sous le buisson. C'est peut-être un avion boche. »

Au-dessus de nous, un ronronnement de plus en plus précis. Le voilà. Nous voyons très bien l'avion. Charles-Henri, avec sa torche, envoie le code convenu, et l'équipe a mis en place les feux de balisage. Je suis tout d'un coup extraordinairement calme. Raymond me tient la main. L'avion tourne une fois, deux fois, en se rapprochant du sol. Il reprend de l'altitude et amorce un troisième virage.

Mais qu'est-ce qu'il attend pour se poser ? Un nouveau cercle plus large, puis il s'éloigne.

« Éteignez, dit Charles-Henri, c'est raté pour cette nuit, le pilote ne nous a pas vus. La brume a étouffé nos lumières. »

Le ronron, de plus en plus faible, devient imperceptible. C'est fini !

« Effacez les traces, commande Charles-Henri, et déblayez vite. »

Quelqu'un porte l'enfant qui ne s'est pas réveillé. Je suis pendue au bras de Raymond. On s'entasse, avec le courrier, dans la voiture de Mémé. Les autres partent en vélo. Par des chemins creux, nous regagnons Manziat. Pas besoin de phares, le brouillard blanc n'arrive pas à la hauteur du chauffeur, et Mémé connaît par cœur son itinéraire. La dispersion a été rapide. Si les Allemands arrivent de Mâcon ou de Chalon, ils ne trouveront qu'un village qui dort. Mémé nous cache, pour le reste de la nuit, dans une espèce de hangar fermé, bas de plafond. Personne ne viendra nous chercher là. Une bonne couche de paille, des couvertures, Jean-Pierre entre nous. Ça grogne de l'autre côté de la cloison. A l'odeur, je devine la porcherie. Il fait bien chaud dans ce réduit et je m'endors aussitôt.

Lundi 15 novembre 1943.

Raymond me dit qu'il m'a veillée toute la nuit.

Après un bol de vrai lait chaud et une belle tartine beurrée, un gars de l'équipe nous emmène pas très loin de là, chez un facteur dont le jardin donne sur un petit bois.

« Si une patrouille allemande fouine dans les parages, explique-t-il, nous viendrons vous chercher à temps par le bois. » Mais il pense qu'il n'y a pas grand risque. L'avion ne s'est pas posé et, par cette pleine lune, les observateurs allemands ont pu voir qu'il n'y avait pas eu de parachutage. Il laisse à nos nouveaux hôtes un bon morceau de lard et un petit bifteck pour l'enfant.

Nous commençons à nous clochardiser. Pas lavés, crottés par la boue de la prairie et la paille du hangar, nous employons notre journée à nous nettoyer, à brosser nos manteaux. A défaut d'initiative, on peut toujours soigner les apparences !

Mercredi 17 novembre 1943.

Deux jours d'attente. Nous avons pris l'habitude de voir arriver Charles-Henri avec une nouvelle consigne.

« Demain vous partirez à Cuiseaux. Une voiture de livraison de la Maison Morey viendra vous chercher. Comme Raymond parle anglais, vous aurez un compagnon. John était mitrailleur de queue sur une forteresse volante qui a été abattue au retour d'un raid sur Turin. Il a sauté en parachute pas loin d'ici. Il a la priorité absolue pour le départ. Les aviateurs de sa qualité sont rares et précieux. Il a des papiers d'identité de sourd et muet, car il ne parle pas un mot de français. Il ne risque donc pas de faire d'impair en cas de contrôle. D'ailleurs, les gendarmes, par ici, sont presque tous avec nous. »

Jeudi 18 novembre 1943.

Nous voilà de nouveau nomades, de nouveau largués chez des inconnus. Nous arrivons dans une ferme. Pour le voisinage : la fable préparée des parents lointains qui viennent se reposer. Très vite, je me rends compte que c'est une simple convention, et que personne n'est dupe. Le premier jour, nous sommes accueillis avec discrétion, puis, jour après jour, l'atmosphère change. Un voisin a tué le cochon, il passe avec un rôti et un saucisson qu'il veut faire goûter. Comme par hasard, une voisine a cuit un grand clafoutis : « Puisque tu as de la visite, dit-elle à notre hôtesse, ça te fera un supplément. » Toute une solidarité pudique et discrète qui réchauffe le cœur. Bien entendu, mon état éveille compassion et questions : « Ma

239

pauvre dame, avec bientôt deux petits, il serait temps qu'ils viennent vous chercher ! » « Ils », ce sont les Anglais. On leur accorde tous les pouvoirs et on fonde sur eux toutes nos espérances d'évasion. Leur radio est notre seul lien avec le monde libre, cette radio qui rythme nos journées : messages, nouvelles, consignes. Nous engrangeons tout cela pour le partager ensuite et en parler sans fin avec ceux qui nous hébergent.

Lundi 29 novembre 1943.

Charles-Henri, le maître de nos destinées, nous fait transporter ainsi que John, l'aviateur anglais, dans le Jura.

Dans la vieille Simca à gazogène qui peine à démarrer, nous écoutons une dernière fois les conseils de sécurité de notre mentor : « En principe, vous ne risquez rien. En cas de contrôle, vous avez pris John en stop, vous ne le connaissez pas, vous avez d'ailleurs l'impression qu'il est sourd et muet. Vous, tout simplement, vous faites une tournée de ravitaillement. Voilà le nom d'un hameau où vous devez trouver au moins cent kilos de pommes de terre. C'est votre alibi, la fermière est prévenue. Au besoin, Lucie détournera l'attention par un évanouissement. »

Avant de partir, Bernard Morey, le responsable local, nous traite somptueusement. C'est un homme jeune, plein d'entrain, sa sœur est universitaire, agrégée de lettres, il dirige une grosse affaire de salaisons et s'est complètement engagé dans la Résistance. Tout son personnel, ou presque, est constitué de gens camouflés pour une raison ou pour une autre : raciale, politique, STO surtout. Tout le monde l'adore à Cuiseaux. Il prend des risques énormes, dit ouvertement ce qu'il pense, partout et toujours, sorte d'outrance dont il dit qu'elle est sa meilleure protection. Jusqu'à quand cette attitude le préservera-t-elle ? Il est si sensible qu'il se rend bien compte de ce que représente pour nous tout ce temps passé à obéir aux consignes de prudence, à nous faire transporter d'un lieu à l'autre, à rester passifs, sans initiative. Il s'applique à nous demander conseil pour des actions qui se feront sans nous. Il nous parle aussi de l'importance de notre témoignage pour les gens de Londres. Il sait si bien nous regonfler que, le bon repas aidant, nous le quittons avec l'impression de partir non pas pour un nouveau refuge mais pour une mission de première importance.

A Bletterans, John est emmené seul chez un habitant isolé où il sera facile à camoufler. Notre petite famille est confiée à un gendarme. M. et Mme Roblin habitent en plein bourg une jolie petite maison avec un jardin. Ce sont des gens près de la retraite, qui ouvrent pour nous la porte de leur logis et acceptent du même coup de rompre avec une vie sans histoire. Je repense aux garçons de mon Groupe-Franc, certains avaient été membres du Parti communiste, d'autres avaient milité à la CGT. Pour eux, le chemin de la désobéissance était relativement aisé : jeunes, habitués aux luttes politiques ou syndicales, la Résistance était dans la continuité de leurs actions passées. Mais pour un gendarme presque en fin de carrière, dont la vie a été consacrée au respect de l'ordre, quel problème de conscience que cette décision de basculer dans la Résistance, le mensonge, la clandestinité !

Nous sommes émus quand il nous dit, le soir au dîner : « Je considère qu'il est de mon devoir de militaire de ne pas accepter la défaite et l'Occupation, donc il est tout à fait normal que je vous cache chez moi, je deviens receleur. »

Un receleur ! M. Roblin ne trouve pas un autre mot pour se qualifier.

« Vous n'êtes pas des bandits après tout. Si vous êtes des hors-la-loi, c'est parce que la loi est faussée, ce n'est pas ma loi, celle que j'ai fait respecter pendant toute ma carrière. Vous êtes des gens honorables. »

Il ne sait comment se justifier et ajoute : « Ça va peut-

241

être nous coûter cher, à ma femme et à moi, mais je suis content de vous avoir chez nous. »

Comme d'habitude, c'est le soir, dans la solitude de notre lit, l'enfant étant endormi, que nous commentons longuement, Raymond et moi, les péripéties de la journée. Nous avons quitté à Cuiseaux un bourgeois respecté, bien installé dans sa vie provinciale, qui est responsable de l'Armée secrète locale, qui prend, en plus, le risque de camoufler dans son entreprise des jeunes refusant le STO. Nous nous retrouvons chez un modeste fonctionnaire d'autorité, encore moins préparé à cette vie, comme il dit, de « hors-la-loi ». Après la guerre, il faudra témoigner de cette diversité dans les engagements des résistants. Les discours du lieutenant de la Gestapo, « Tous des judéo-marxistes », rejoignent la propagande de Paul Marion, à la radio de Paris, et les légitimations des assassins de la Milice de Darnand. Il y a des Juifs et des communistes dans la Résistance, en somme c'est leur place, mais il y a aussi des gens qui pourraient attendre, tranquilles, que la guerre se termine. Qui oserait le leur reprocher plus tard ?

« Il suffit d'un déclic, dit Raymond. Quand l'éditeur de Pétain, Lardanchet, est arrivé dans ma cellule à Montluc, il n'avait aucune sympathie pour la Résistance. Il croyait rester une nuit. Il a croupi deux semaines. Un jour, on nous a fait descendre dans la cour, en rang. On nous a amenés devant le corps d'un homme qui venait d'être fusillé. Un interprète nous a traduit le discours du chef de la prison : "Cet homme a essayé de faire passer un message à l'extérieur. C'est strictement interdit et puni de mort. Tout à l'heure, vous remettrez au Feldwebel de votre couloir tous les papiers et tout ce qui sert à écrire. Ensuite, il y aura une fouille dans les cellules. Celui qui aura gardé papier ou crayon sera immédiatement fusillé." De nouveau dans notre cellule de 2 m sur 2 m 50, j'ai bien vu que mon compagnon était bouleversé. Il a préparé son stylo, son carnet. Pendant ce temps, j'ai ouvert en deux mon crayon, j'ai extrait la mine. J'ai joint un morceau de journal et le crayon reconstitué au petit tas que le soldat est venu prendre. Où planquer ma petite mine ? Pas une cachette dans cette cellule nue. Finalement, je l'ai glissée sous le ruban du chapeau que Lardanchet avait en arrivant. Un jour que nous peinions à nous souvenir d'un poème, j'ai pris la mine pour noter un vers sur le montant de la porte. J'ai compris qu'il n'était plus le même homme qu'à son arrivée, car il a trouvé la ruse excellente. C'est alors que j'ai décidé de lui faire confiance, de lui donner mon alliance et ton identité. La cohabitation avait déjà modifié son jugement sur les terroristes dont parlait la propagande de Vichy. Mais le déclic, chez lui, ce fut la vue de cet homme abattu pour un crayon. »

Début décembre.

Les journées sont longues dans ce village. De temps en temps, nous sommes invités dans d'autres familles. Pascal Copeau est venu nous voir, et avec lui nous déjeunons à la brigade même. Nous apprenons ainsi que tous les gendarmes sont de notre côté. C'est un repas pantagruélique. Le vin est abondant, tous sont optimistes. Je ne peux pas rester plus longtemps. A table, je me fatigue. Je ne peux plus manger beaucoup à la fois, et à cause du bébé je refuse le vin.

Le 4 décembre, Maurice est arrivé jusqu'à nous. Il est porteur de très mauvaises nouvelles. A Lyon, la Milice a arrêté une partie de la famille et l'a livrée aux Allemands. Maurice a échappé à la rafle. Il s'en va vers Paris, puis Fougères en Bretagne où il a un ami. Mes beaux-parents sont à Montluc. Le soir, Raymond pleure dans mes bras. Il sait ce qu'est la misère, la crasse, l'horreur de cette prison. Je n'ai que ma présence et mon amour pour essayer de l'apaiser. Nous n'arrivons pas à dire un mot. Tous les deux, dans ce lit, accrochés l'un à l'autre, nous mesurons notre impuissance et notre désespoir.

Dimanche 5 décembre 1943.

Le matin, nos hôtes et les voisins sont attentifs à notre chagrin, ils savent bien qu'il n'y a pas de condoléances à nous exprimer. Alors, ils viennent nous raconter les derniers événements : l'université de Strasbourg, qui fonctionnait à Clermont-Ferrand, a été cernée par la Milice et la Gestapo. Professeurs et étudiants, garçons et filles, sont arrêtés. Certains ont été abattus sur place. Nous ne sommes plus seuls dans cette répression. Notre drame familial s'inscrit dans celui de la France entière.

Mercredi 8 décembre 1943.

Dans l'après-midi, Charles-Henri passe nous prévenir que nous changeons encore de refuge. John, notre Anglais, devient enragé dans la ferme isolée où il est depuis dix jours. Personne ne parle anglais, et lui n'arrive pas à apprendre un mot de français. Charles-Henri espère qu'à cette lune de décembre un vol pourra nous enlever pour Londres. En attendant, il va nous installer, avec John, dans une maison, un château plutôt, avec un grand parc clos où les hommes pourront bouger et parler anglais sans danger.

Nous voilà à Villevieux. Nous arrivons de nuit et laissons la voiture dans un chemin creux. Une petite porte en bois ouvre sur un parc mal entretenu. Sous de grands arbres, les feuilles mortes en épais tapis étouffent nos pas. Un chien jappe à notre arrivée, sûrement un vieux roquet

avec cette voix hargneuse et éraillée : « Tais-toi, Maréchal. » C'est la première phrase que nous entendons, avant
d'entrer dans une vaste pièce chaude, aux contours incertains. L'énorme suspension à un mètre au-dessus de la
table est équipée d'une seule ampoule. Trois dames nous
accueillent, trois sœurs parfaitement à l'aise devant les
inconnus que nous sommes. Boubou, endormi, pèse lourd
dans les bras de son père.

« Couchez-le dans ce fauteuil, dit l'aînée. Accrochez
vos manteaux à côté, ne mettez rien sur ce lit, les chiens
y dorment, sauf Maréchal. Il est trop vieux pour y grimper.
La pauvre bête a quelques incontinences et ne sait plus
trop ce qu'elle fait. »

Le sous-entendu est clair. Nous nous regardons un peu
ahuris. Charles-Henri sourit de notre étonnement, tend sa
blague de tabac à Raymond : « Ces demoiselles n'aiment
pas le maréchal Pétain, et en plus elles ne craignent pas
la fumée. »

Tous deux bourrent leur pipe tandis que nos hôtesses
nous accompagnent dans nos chambres. Au premier étage,
un couloir immense. Au bout, la chambre de John, trois
portes avant, la nôtre. Il y a un poêle. Le froid me saisit.
On fera une flambée tout à l'heure et on me promet une
bouillotte pour la nuit. Le lit à baldaquin occupe une
grande alcôve dans laquelle s'ouvrent deux petits réduits :
dans l'un, une cuvette et un broc pour la toilette, dans
l'autre, une jolie table-coiffeuse Napoléon III, avec son
miroir, un fauteuil enjuponné, souvenir d'une coquette du
siècle dernier.

Au dîner, servi sur une nappe brodée, nous apprenons
l'essentiel sur nos hôtesses. Elles ont subi durement la
guerre de 14-18, y ont perdu leur père, général de carrière,
leur frère saint-cyrien, l'aînée son jeune mari, les deux
autres tout espoir de se marier un jour. Elles ont vu fondre
ensuite leurs revenus, et vivent avec la pension de veuve
de guerre de l'aînée qui s'appelle Louise. Dans la cuisine,
domaine de Jeanne, une énorme cuisinière de fonte occupe
tout un côté. C'est là qu'en permanence mijote la pâtée

des chiens et qu'on met à réchauffer, sur le bord du four ouvert, les épluchures et les herbes glacées pour les lapins. Le grand bain-marie fournit l'eau chaude pour les toilettes. Cécile, la plus jeune, s'occupe du ménage, des plus gros travaux, de l'entretien des poêles. Un couple de fermiers-jardiniers, avec une abondante progéniture, vient chaque matin recevoir les ordres de l'aînée.

En 1941, avec leur franc-parler, leur patriotisme affiché, elles ont interpellé un dimanche le curé qui, en chaire, prêchait pour l'État nouveau et la collaboration. Quand elles ont baptisé Maréchal le plus vieux de leurs chiens, le gérant de la coopérative fromagère, responsable de la Résistance locale, est venu leur faire visite. Elles l'ont reçu cérémonieusement. Lui, gêné devant ses châtelaines, a commencé à parler de Résistance. Louise l'a très vite interrompu : « Nous nous demandions quand vous vous décideriez à nous contacter. Très bien, à partir de maintenant, vous êtes notre chef. Nous vous obéirons. Qu'attendez-vous de nous ? »

Le « fromager », comme elles l'appellent, a raconté son entrevue à Charles-Henri qui venait homologuer un terrain pour des parachutages et des opérations clandestines de ramassage. Celui-ci a compris tout de suite l'aubaine que représentait ce château isolé, entouré d'un grand parc et d'un mur continu. Dès qu'il les a vues, il a apprécié le courage, la simplicité et la détermination de ces trois demoiselles, comme on dit dans le pays.

Le couple, à leur service, a été bien entendu mis au courant et engagé d'autorité dans le groupe de Résistance. Jean sera agent de liaison, courrier, membre des équipes de réception. Petit à petit, il travaillera à plein temps pour le Mouvement, ce qui explique en partie l'état négligé du parc.

9 au 20 décembre 1943

John et Raymond sont ravis de se rendre utiles, de nettoyer les bassins, ratisser les allées, scier le bois mort. Ils discutent tous les deux en travaillant. John a trouvé en Raymond un interlocuteur pas mécontent de se réhabituer à la langue anglaise. Cécile a sorti, pour mon petit garçon, les jouets de son neveu né en 1914, trois mois après que fut connue la mort du père en Alsace. Enfant calme, trop calme, il joue paisiblement, une partie de la journée, avec les chiens qu'il adore, parle peu, s'installe sur les genoux de Raymond dès que celui-ci s'assied. Il s'accroche à lui, l'exige chaque soir à son chevet pour s'endormir, l'appelle dès qu'il se réveille.

Moi, j'entame le huitième mois et trouve le temps long. Encore deux mois pleins ! C'est la période la plus pénible, peut-être parce que je n'ai rien à faire, peut-être aussi parce que je ne sais rien de mon avenir. J'ai perdu le goût et l'envie de préparer cette naissance. C'est un peu comme si ce bébé, tant désiré et qui m'a tant aidée tout l'été, était devenu une entrave, une menace pour ma liberté. Quelle liberté ? Je suis de plus en plus végétative ! Les journées coulent, ternes et lentes. Tout recommence chaque matin et je sais qu'il en sera ainsi jusqu'à la lune de janvier, puisque, Charles-Henri nous en a prévenus, il n'y aura pas d'opération ce mois-ci.

Chaque matin, dans ma chambre, je ravive le feu de bois en sommeil pendant la nuit. Sur le poêle tiédit un broc d'eau que j'ai pris à la fontaine au bout du couloir. Il faut laver Jean-Pierre qui régresse en ce moment et fait pipi toutes les nuits, façon de montrer qu'il a besoin de nous, ou jalousie inconsciente envers le bébé à venir. Il faut rincer les serviettes de toilette qui servent de couches. Chaque matin je mets un peu de linge à tremper,

le mien, celui de John et de Raymond, chemises ou
caleçons ou chaussettes, et toujours ces innommables
mouchoirs gluants. Je traîne ensuite toute la matinée dans
cette chambre harmonieuse qui se réchauffe peu à peu,
pendant que Raymond occupe l'enfant. J'ai horreur de
faire le ménage, j'ai du mal à me baisser. Je n'ai qu'une
robe de grossesse : celle qui m'avait servi pour Jean-
Pierre. J'en déplace périodiquement les boutons pour
l'élargir à la mesure de mon ventre. Je fantasme ! Et si
c'étaient des jumeaux ? J'en ai toujours rêvé. Les mains
sur le ventre, le soir, je prétends sentir deux séries de
mouvements, tant et si bien que Raymond n'est pas loin
d'y croire. On m'apporte de la layette, des couches, des
langes, à peine si je m'y intéresse. Cécile a lavé et repassé
de ravissantes chemises de linon qu'elle avait brodées en
1914 pour son neveu.

Tous les soirs, nous écoutons la BBC. A leur réaction,
quand elles reconnaissent une voix, un nom, j'apprends
ainsi que les demoiselles Bergerot ont hébergé chez elles
tous les chefs de la Résistance et bien des hommes politiques. Pour chacun d'eux, elles ont une anecdote à raconter, la dent dure et l'ironie à la mesure de leur générosité.

Lundi 20 décembre 1943.

Noël approche. Dans la bibliothèque ouverte à John et
Raymond pour de longues explorations, les demoiselles
Bergerot ont installé la petite crèche traditionnelle. Boubou fait connaissance avec le petit Jésus, et réalise tout
d'un coup que sa maman, elle aussi, va avoir un bébé. Il
devient respectueux de mon ventre, ne se jette plus brutalement contre moi et commence même à parler tendrement d'une petite sœur à venir.

Raymond et John ont décidé de décorer la maison. Ils

ont coupé du houx et John a grimpé dans un pommier pour cueillir une touffe de gui.

Vendredi 24 décembre 1943.

Je vais à la messe de minuit avec mes hôtesses. Dans cette petite église, tout le monde me regarde. D'où sort-elle, celle-là ? Cécile m'appelle cousine, à haute voix, en me tendant son doigt ganté humecté d'eau bénite. Sur les chaises, au premier rang, nous suivons l'office. Je m'agenouille facilement sur le prie-Dieu de paille, mais j'ai du mal à me relever. Je suis si lourde et, à cette heure-ci, j'ai si sommeil. Mes trois voisines sont attentives à l'office. Batailleuses, même un soir de Noël, elles attendent l'homélie conformiste qui leur permettra un esclandre. Je leur dis à voix basse : « A cause de moi, il vaut mieux ne pas se faire remarquer ce soir. » Frustrées, elles regagnent avec moi, dans une nuit d'encre, le château silencieux.

Les deux hommes nous accueillent dans l'un des petits salons où un beau feu crépite dans la cheminée. Un petit sapin avec quelques bougies éclairent gaiement l'angle de la table. John a fabriqué par de savants pliages quatre jolies boîtes : dans trois d'entre elles, il a mis un petit morceau du galon de capitaine qu'il conserve depuis son accident. Un beau présent pour ces femmes, filles, sœurs et veuve d'officiers. Pour moi, il a construit une mitraillette miniature en fil de fer. Le fromager a envoyé un rôti, Jeanne a fait une bûche de Noël avec une vraie crème au beurre. Je ne sais qui a fourni une bouteille de clairette de Die. Illusion de champagne ! John, très vite gai, chante *God save the King*. Où sont mes Noëls lyonnais ? Où sont nos parents, toute notre famille et tous nos copains ? Où serons-nous pour le prochain Noël ? Pour John, cette soirée est un intermède inattendu dans sa vie de soldat. Rien de plus. Moi, je suis lasse, lasse à pleurer. Demain, commencera un nouveau jour tout pareil. Quel vœu puis-je faire en m'endormant ? Simplement, souhaiter pour notre sauvegarde qu'en effet demain soit pareil à aujourd'hui.

Ici, à longueur de journée, nous n'avons pas d'autre sujet de conversation que la guerre, les guerres, la Résistance, ses victoires et la répression. Nous tâchons d'écouter chaque soir la BBC, malgré le brouillage. Le général de Gaulle est à Alger, le gouvernement provisoire fonctionne avec l'Assemblée consultative où siègent, à côté d'anciens parlementaires hostiles à Pétain, nombre de nos camarades de Résistance. Ils sont nos porte-parole et leurs propos aboutissent tous aux mêmes conclusions : de Claudius Petit à Médéric, de D'Astier à Grenier, tous affirment l'importance de la Résistance intérieure, son efficacité pour saboter, pour harceler les troupes ennemies. Tous demandent que des armes arrivent vite pour nous permettre d'agir et réfutent catégoriquement la menace d'une guerre civile en France. « Non, dit Claudius Petit à l'Assemblée consultative, la Résistance ne veut pas des armes pour faire sa petite révolution, mais pour sa libération. »

Jeudi 6 janvier 1944.

C'est le jour des Rois. Cécile a confectionné une magnifique galette avec les largesses des fermiers des environs. Quand nous nous mettons à table, Charles-Henri arrive, calme comme toujours, la pipe à la bouche : « Il y aura probablement une opération de ramassage cette nuit. Nous allons écouter la BBC à une heure pour savoir si notre message passe. »

Je monte dans la chambre pour chercher le linge lavé le matin, l'installer aussitôt à sécher sur des fils tendus au-dessus de la cuisinière. Le message passe : « Ils partiront dans l'ivresse. » Nous attendons sept heures pour une confirmation, puis neuf heures, et en route. Sur le terrain, nous sommes nombreux. La lune n'est pas tout à fait pleine, mais brille d'un éclat exceptionnel dans cette nuit de froid sec ! Jean-Pierre a sommeil, moi aussi ; rester debout me fatigue. Pour attendre l'avion, on nous installe tous les deux dans la voiture qui nous a amenés. Minuit. On vient nous chercher précipitamment. L'enfant, sans se réveiller, dans les bras de son père, moi, avec la valise de layette rassemblée ces mois derniers, nous voilà sur place.

Le balisage est en ordre, Charles-Henri envoie le signal, l'avion répond la lettre convenue. Puis rien. Rien ne se passe, l'avion s'éloigne, s'éloigne et ne revient pas.

Nous sommes sept ou huit passagers à rester en panne : toutes les valises du courrier de la Résistance, deux mois de rapports sont là sur l'herbe. Charles-Henri organise vite le retour, et le responsable local expédie en camionnette les passagers – Raymond et John compris – vers un moulin, à l'opposé du terrain. Ils décident que je rentrerai avec mon gosse au château de Villevieux où les trois demoiselles m'attendent. Elles ont l'habitude des ramassages clandestins, l'oreille fine, et savent déjà que l'avion ne s'est pas posé.

Vendredi 7 janvier 1944.

Le « fromager » me demande de patienter. Il faut attendre maintenant que le calme revienne dans la région. Les Allemands ont cantonné à Lons-le-Saunier, c'est-à-dire à dix kilomètres d'ici, un détachement de Russes de l'armée Vlassov. On dit qu'ils sont féroces. C'est l'équivalent des Waffen SS et de notre Milice.

Jeudi 13 janvier 1944.

La situation est grave. Philippe Henriot a fait ses débuts à Radio-Paris. Il remplace Paul Marion jugé trop mou. C'est un brillant journaliste, polémiste redoutable, complètement acquis au nazisme. Par la menace et la persuasion, il risque d'ébranler plus d'un Français. C'est lui qui claironne, le 11 au soir, la nouvelle du procès, de la condamnation à mort et de l'exécution immédiate du comte Ciano, qui avait contribué à la restauration de la monarchie en Italie au mois de septembre 1943. Mussolini, son beau-père, n'a pas signé sa grâce. « Voilà ce qui arrive aux traîtres », conclut Philippe Henriot.

Charles-Henri nous annonce qu'il n'y aura pas d'autre opération pendant cette lune et que les passagers du 6 ont rejoint Paris. Raymond et John, quant à eux, viennent dîner le soir au château, puis rentrent au moulin pour la nuit. Finalement, ils resteront ici. C'est plus prudent que les aller et retour quotidiens.

Maintenant, je suis devenue le gros sujet de préoccupation. Je commence le neuvième mois et cède de plus en plus au fatalisme végétatif de la femme enceinte. Je suis plus responsable de moi. Je me laisse prendre en charge, et cela depuis trois mois. Ma passivité n'a d'égale que ma confiance. Charles-Henri est maître de mon destin. Il en a conscience. S'il pouvait trouver dès demain une solution, il en serait bien soulagé ! Mais il ne décide pas seul et dépend des services de Londres.

Pour la lune de février, il est prévu que les départs se feront entre le 5 et le 14. « Vous tiendrez jusque-là ? », questionne-t-il. Mon petit garçon est né un peu avant terme ; pour un second bébé, les risques sont accrus. Il y a des mesures à prendre : d'abord se rapprocher de Lons-le-Saunier, ensuite contacter un médecin et avoir une place à la maternité.

« Villevieux a besoin d'être mis au calme, dit Charles-Henri. Tout le monde sait tout. Tout le monde est engagé et bavarde. Comme il n'y a jamais eu de coup dur, personne ne prend plus de précautions. Nous allons, pour quelque temps, couper complètement avec le château et le village. »

Je sais que je regretterai mes habitudes d'ici, la gentillesse et les conversations de mes hôtesses. Jean-Pierre, chouchouté pendant plus d'un mois par trois grands-mères, et qui s'endormait entre les pattes des chiens, trouve ce départ tout naturel. Une seule chose compte pour lui : ne pas perdre de vue ses parents et surtout son père. Je vais pourtant être séparée de Raymond encore une fois.

Jeudi 20 janvier 1944.

On m'installe à Chilly-le-Vignoble, très près de Lons, chez un couple d'instituteurs. Lui, encore légal, est chef d'une unité de maquis. Ils ont une fillette d'une douzaine d'années qui adopte tout de suite mon petit garçon. Raymond et John sont dans une autre famille à l'orée du village, mais nous nous verrons chaque jour.

Mme Cazeau, mon hôtesse, m'accompagne à l'hôpital de Lons. Un médecin, le docteur Michel, qui soigne depuis longtemps les gars de la Résistance, m'examine. « Le bébé est engagé, constate-t-il. Vous n'avez pas même un petit mois devant vous. »

Je lui précise que je suis sûre de la date de conception : le 14 mai. « Alors, dit-il, l'accouchement aura lieu entre le 10 et le 15. »

Il sait que j'attends un départ pour Londres, connaît mes activités passées et le rôle de Raymond. Depuis nos pérégrinations, de cachettes en départs ratés, nous sommes accompagnés d'une espèce de légende : on fait inlassablement raconter à Raymond l'arrestation de Caluire, et moi je suis bien obligée d'enchaîner avec l'attaque de la camionnette allemande. Pendant un de mes rares moments de réflexion, je dis au docteur que c'est ainsi qu'ont dû naître les chansons de gestes. J'arriverai sûrement en Angleterre comme la-femme-à-la-mitraillette-qui-a-sauvé-son-mari, et plus tard, la guerre finie, j'aurai du mal à échapper à ce cliché. Et pourtant, cette évasion qui a sauvé mon amour n'est qu'un fait divers dans la masse des actions héroïques accomplies à travers ces années de Résistance.

« Oui, me répond le docteur, mais ce sont des faits divers comme celui-là qui nous maintiennent le moral. En tout cas, vous aurez un lit ici pour votre accouchement. Si vous partez en février, venez me voir la veille. Vous serez à peu près à terme et je vous donnerai des conseils pour le voyage. »

Le voyage ! Le 7 février, Charles-Henri est là, encore une fois.

« C'est pour demain, affirme-t-il. Je suis prêt et l'équipe aussi. J'ai reçu l'accord de Londres aux trois émissions d'hier. Il a été renouvelé aujourd'hui. Mon indicatif est "De Carnaval à Mardi gras" et le message d'accord "Mon père caresse un espoir". C'est pour demain. Écoutez bien les trois émissions. Quand vous entendrez après mon indicatif "Nous partirons dans l'ivresse", préparez-vous. Vous serez nombreux cette fois-ci ; au moins huit. Pour la première fois, les Anglais envoient un bimoteur, un Hudson. Le terrain n'est pas loin d'ici, il est grand, bien dégagé, le sol est gelé en profondeur. Pas de problème. C'est si près de Lons que les Allemands n'auront pas le temps de réaliser notre audace. A demain soir, Lucie. »

Mardi 8 février 1944.

A midi et demi, nous nous installons devant le poste de TSF. Pas question de manquer l'émission d'une heure. Malgré le brouillage, nous entendons la kyrielle de messages personnels. Tout à coup : « De Carnaval à Mardi gras ; nous partirons dans l'ivresse ! » Le message est passé. Nous nous regardons, Raymond et moi, sans un mot. Nous sommes sûrs que tout se passera bien ce soir et que nous partirons. Pleins d'ivresse ? C'est autre chose ! Trois, bientôt quatre de sauvés ! Et tous ceux qui restent, les parents, les copains clandestins. Notre France pillée, torturée qui se battra sans nous. Nous décidons d'aller voir, à Lons-le-Saunier, le docteur Michel ; il m'examine rapidement : « C'est pour bientôt, pour très bientôt ; je vais vous préparer une solution à base de laudanum. Sur le terrain, avant le départ, vous vous l'administrerez avec cette poire à lavement. Ainsi, on empêchera que le travail se déclenche pendant le voyage, l'effet est d'à peu près quarante-huit heures. Ne vous attardez pas à Lons. Il y a, au repos, les pires SS, avec un groupe de Russes de l'armée Vlassov. Tout le monde a peur. Ils ont envahi l'internat du lycée, avant-hier. Ça n'a pas été beau ! Je crains qu'ils ne visent l'hôpital maintenant. Retournez vite à Chilly, et bon voyage. »

A sept heures, le message repasse. Dans le village, M. Cazeau a prévenu les hommes de son groupe. Ils assureront la protection du terrain, sous les ordres du « fromager » de Bletterans. Charles-Henri a son équipe de réception toute prête. Elle s'emploie à rassembler les passagers à proximité du terrain. Ma valise est prête. Raymond a démonté, graissé, chargé son revolver. Pessimiste, il redoute un nouveau départ raté et s'inquiète pour moi.

En janvier, après l'échec du 6, il avait voulu reprendre

contact avec la Résistance active. Je n'avais pas pu l'empêcher de prendre le train pour Paris. Il avait trouvé à dormir
place des Vosges, chez une de mes amies de jeunesse.
Puis chez un médecin oto-rhino, dans le XVe arrondissement. Il avait vainement essayé de savoir quelque chose
au sujet de ses parents, et quand il avait rencontré nos
camarades de Résistance, il leur avait proposé de reprendre une activité. Heureusement, le sage Copeau l'avait
convaincu de revenir dans le Jura : « Tu ne peux pas laisser Lucie en ce moment, à son tour elle a besoin de toi.
On t'attend à Alger. On compte sur des hommes comme
toi, qui connaissent la Résistance de l'intérieur, pour épau-
ler d'Astier. Tu es désigné comme membre de l'Assemblée consultative, ne l'oublie pas, tu n'as donc pas le droit
de te dérober. »

Raymond avait cédé. Depuis son retour, il ne tient plus
en place ; il suit avec passion l'avance des troupes alliées
en Italie, et se maudit d'être hors du combat. Moi, je suis
protégée de cette impatience par ma grossesse. J'étais certaine, depuis l'évasion de Raymond le 21 octobre 1943,
que ma fille naîtrait à Londres et, aujourd'hui, je dis au
revoir pour de bon à tous ceux qui m'entourent.

Une traction vient nous chercher après le message de
neuf heures et quart. Charles-Henri contrôle notre équi-
pement : notre petit garçon est couvert de lainages, il est
enveloppé dans un manteau de peaux de lapin tannées et
cousues par les fermières voisines du château de Villevieux. Un peu raide, un peu malodorante, cette grande
pelisse était déjà prête pour le départ manqué du 6 janvier.
Charles-Henri conseille de la retourner et de mettre les
poils à l'intérieur. Il ne fait pas chaud dans l'avion, pré-
cise-t-il. Pour chacun des passagers, il a répété les mêmes
recommandations : plusieurs pelures superposées et, sous
le manteau, un bon matelas de journaux, le meilleur iso-
lant pour ce genre d'expédition.

Transformés en « bibendum », nous embarquons dans
une traction vénérable qu'un fermier a sortie de la grange
où elle était camouflée sous le foin. Il a gonflé les pneus

avec une pompe au pied, et sacrifié un peu de sa réserve d'essence. Il y a une dizaine de kilomètres avant d'arriver au terrain. Au bout de sept ou huit kilomètres, une espèce de fumée sort du capot, le moteur hoquette et se tait. Catastrophe ! Le fermier a oublié de mettre de l'eau dans le réservoir ! Nous terminons la route à pied, par des petits chemins de terre. John porte ma valise de layette, Raymond porte Boubou bien réveillé, heureux sur les épaules de son père. Je me traîne, essoufflée, avec mon sac qui contient la poire à lavement et la fiole de solution au laudanum.

Ce n'est pas le moment de lâcher, mais j'ai grand-peur pour cette procession sous la lune, escortée par un groupe de protection. S'il y a une alerte, je suis incapable de courir, et cette marche risque de déclencher le travail d'accouchement. Je décide de m'administrer sans attendre le lavement au laudanum. Le chef de groupe est stupéfait quand je lui demande de me laisser cinq minutes à l'écart, à l'abri d'un buisson. Je n'entre pas dans les détails. Il propose de me porter. Je le rassure et lui affirme que tout ira bien. Quand je reprends ma place, le groupe entier me regarde avec inquiétude. C'est tout juste s'ils ne s'attendent pas à me voir un poupon dans les bras ! Il faut se presser, l'avion est prévu à partir de onze heures.

Il y a foule sur le terrain où j'arrive en nage. Parmi les passagers, un médecin. On l'appelle « Trompette », il est responsable du service de santé clandestin et rompt le climat d'appréhension en expliquant qu'un accouchement est l'acte le plus naturel du monde. Il est d'ailleurs muni d'une paire de ciseaux et d'une bobine de fil pour le cordon ombilical, dit-il en riant. Il assure que tout se passera bien. L'équipe au sol, en place, installe le balisage. Le temps s'est radouci, mais reste clair. Onze heures, l'avion arrive. Il a l'air énorme et fait un bruit terrifiant. Il touche le sol, passe à toute vitesse devant nous, ralentit en bout de course, débarque ses passagers qu'un groupe emmène tout de suite. Ses deux moteurs en marche, il regagne ensuite son point de décollage, mais nous le voyons, petit à petit, peiner puis stopper. Il est en train de s'enliser. Le dégel subit a ramolli la terre.

L'équipe au sol, les passagers, tout le monde doit s'y mettre pour pousser l'avion jusqu'à son point de départ. L'embarquement est rapide. Il reste à décharger les caisses d'armes et de munitions, et à les remplacer par les valises du courrier. Avant cette opération, le pilote décide de faire d'abord un essai de départ. Les moteurs tournent, l'avion ne bouge pas et s'enfonce un peu plus. Tout le monde descend. On me dit de rester à l'intérieur avec l'enfant. J'entends le navigateur coordonner les efforts des hommes : « go, hop, hop ». Rien ne se passe. Malgré ses responsabilités, Charles-Henri vient me renseigner. Son adjoint est parti dans les villages voisins chercher des hommes, des bœufs et des chevaux. Par le hublot, je vois une foule s'affairer en silence. Les hommes se placent sous les ailes, chevaux et bœufs sont attelés à l'avant. Au signal « hop », les animaux tirent, les hommes soulèvent de leurs épaules les ailes de l'appareil. Quel cortège dans la nuit ! Les Allemands sont à moins de dix kilomètres.

Les gendarmes de Bletterans sont tous sur les routes alentour. Ils détourneront une éventuelle curiosité et protégeront la manœuvre en cas de coup dur.

Je vois Charles-Henri parlementer avec le pilote. Raymond, à la porte de l'avion, me dit que l'équipage a l'intention de détruire l'appareil et de partir rapidement en direction de l'Espagne. Charles-Henri discute, discute et vient jusqu'à moi avec le pilote. Celui-ci me serre la main et Charles-Henri me traduit : « Il dit qu'il vous félicite de ce que vous avez fait et que, pour vous, il va tenter un nouvel essai, le dernier. Il a déjà dépassé les marges de sécurité pour le retour ; John et Raymond partiront avec vous, votre mari exige que le courrier soit embarqué lui aussi. Alors nous déchargeons les caisses, vous vous installez tous les trois avec les valises du courrier, et à la grâce de Dieu ! »

L'avion est ramené à son point de départ, les bêtes et les hommes s'éloignent. Après les échanges des caisses et des valises, John, Raymond, le pilote et le navigateur montent. Avant que la porte ne se referme, Raymond abandonne enfin son revolver et le donne à l'un de ces hommes qui restent sur le terrain. Devant les roues, à coups de pioche et de pelle, les équipes au sol ont tracé un profond sillon où les gens des villages ont entassé des branches et des fagots. Charles-Henri est à sa place pour commander la manœuvre. Les moteurs tournent à nouveau, l'avion s'ébranle, roule, fait un formidable bond sur une bosse en bout du terrain, et s'envole. Un dernier regard. Charles-Henri, debout, les deux bras levés, les pouces en l'air, est imité par toute l'équipe. Je me sens lancée dans le ciel, en route vers la liberté.

Il est deux heures dix du matin.

John, en grande conversation avec le navigateur, est déjà chez lui. Boueux, gelés, assourdis par le bruit des moteurs, inquiets de ces grincements de tôle, assis à même la carlingue, nous sommes tous les trois des émigrants pleins d'espérance, anxieux de la terre qui nous accueillera. Jean-Pierre dort, paisible, allongé sur le sol, la tête sur la cuisse de son père. Je suis abrutie de fatigue, le laudanum m'a mise dans un état second et je ne peux réprimer d'effroyables nausées. L'avion vole tantôt haut, tantôt bas. Ses zigzags m'étourdissent. Ils sont indispensables pour échapper à la détection ennemie dans un sens, à la DCA dans l'autre. C'est un voyage de cauchemar.

Par le hublot, près de moi, je vois la Loire, l'embouchure de la Seine puis la Manche. Le pilote est inquiet. Au cours des travaux sur le terrain boueux, les antennes de radio ont cassé. Il n'a aucun moyen de se faire reconnaître par les défenses aériennes de Grande-Bretagne. Il sera encore plus inquiet de s'apercevoir qu'il a pu passer sans contrôle !

Il est presque sept heures du matin quand nous atterrissons. Notre arrivée déclenche un fameux enthousiasme. On ne nous attendait plus : trois heures de retard. Aucune liaison radio. Je descends péniblement l'échelle qui me sort de l'avion. Jean-Pierre se réveille avec peine. Raymond est gris de fatigue. John, tout guilleret, est redevenu capitaine de l'armée britannique. A la base, une ovation salue notre pilote que son chef félicite. On nous emmène dans une grande salle d'accueil, sorte de mess où circulent du café chaud et de merveilleux petits pains. Le commandant de base vient me saluer, et me demande si je croyais encore, hier, à un départ réussi.

« Bien sûr, il y a un proverbe en France qui dit : jamais deux sans trois, et le troisième est toujours bon. »

Il parle assez bien français et me traduit la dernière inquiétude de notre pilote : pendant le vol, il a normalement rentré le train d'atterrissage, puis, au moment de le sortir, il a pensé que la boue humide qui recouvrait les roues avait dû geler en route, et qu'il devait se préparer à atterrir sur le ventre. Heureusement, il n'en a rien été.

J'ai épuisé toutes mes possibilités d'inquiétude, je réponds avec insouciance : « Bah, on a vu pire. » Stupéfaction !

Le pilote a quelque chose à me demander : il voudrait bien avoir les sabots de bois que notre petit bonhomme a aux pieds. « Ce sera notre mascotte », dit-il. Je les lui donne de bon cœur, et c'est ainsi que Jean-Pierre arrive en chaussettes à Londres. Bien réveillé, lesté d'un bon déjeuner, dans l'autocar qui nous transporte Jean-Pierre est curieux de tout et babille sans arrêt. « Maman, regarde, dans ce pays les poissons nagent dans le ciel ! » Au-dessus de nous, des ballons de la Défense aérienne, qui ont la forme allongée d'une grosse baleine, montent la garde autour de la ville, en se balançant au bout du filin qui les retient captifs.

Raymond est pris en charge au premier arrêt, et déposé à « Patriotic School », cet hôtel-prison où séjourne obligatoirement, pour être interrogé par l'IS [1], tout étranger

1. IS : « Intelligence Service », Service de renseignements en Grande-Bretagne.

venant du continent. Je suis si manifestement proche d'accoucher que j'en suis dispensée. On me conduit à « Hill Street » qui est à Londres le siège du commissariat à l'Intérieur du Gouvernement de la France libre. D'Astier, notre Bernard, chef de « Libération », était là et bien d'autres : son adjoint, Georges Boris, directeur du journal *la Lumière* avant guerre ; François Coulet, qui avait des états de guerre impressionnants ; Crémieux-Brilhac, qui vient de réussir une invraisemblable évasion d'un Oflag par l'URSS.

Tout le monde m'entoure. Jean-Pierre prend possession des lieux, tripote les machines à écrire, croque les bonbons et les biscuits sur les tables des secrétaires qui fondent d'attendrissement. Je suis misérable, avec mon vieux manteau plein de boue, mes longs cheveux ternes, mon visage gonflé par une nuit d'insomnie. Je ne sais plus où je suis, dans quel monde, sur quelle planète. Autour de moi, des gens en civil, en uniforme, sourient, tendres et attentifs, et parlent sans prudence des secrets de notre vie clandestine. Je suis libre, au milieu d'hommes et de femmes libres qui veulent tout savoir. J'ai l'impression de venir d'un lieu où quelqu'un est gravement malade. On me questionne pour que je donne des nouvelles de celle qu'ils chérissent tous : la France. C'est bouleversant. Je suis là, précédée de cette légende d'évasion et de coup de main. Ils attendent que je raconte. Je n'en peux plus, sur cette chaise malcommode, avec tous ces visages, avec cette fumée de tabac blond qui m'écœure. Je crois bien que je vais m'évanouir. Une des secrétaires s'en aperçoit. Une voiture officielle m'enlève avec mon fils et ma valise. Le chauffeur est une femme en uniforme. Je la regarde avec respect.

« Je m'appelle Lucie, comme vous, me dit-elle. Je me suis engagée dans les Forces françaises libres, et j'espère bien terminer la guerre en France. »

Elle me conduit dans un hôtel de luxe, le Savoy, où m'attendent une bonne chambre et une salle de bains, avec de l'eau bien chaude. Quel délice ! Se laver avec un vrai savon qui sent bon et qui mousse. Nous barbotons pendant un long moment, Jean-Pierre et moi. Je lui apprends à faire des bulles, en soufflant dans son poing savonné, à demi fermé. Nous sommes heureux. Il y a, dans la cheminée, un bon feu de boulets qui brûle sans flamme, œufs incandescents que nous retrouvons aussi rouges après quatre à cinq heures de sommeil. Nous avons laissé passer l'heure du repas de midi. Je n'ose pas sortir de la chambre. Une femme de chambre m'apporte un plateau avec du thé, du lait et des beignets.

Il y a aussi une lettre : d'Astier m'écrit qu'une nurse s'occupera de Jean-Pierre ce soir, que lui viendra me chercher pour m'emmener dîner avec Frenay et Kessel. Je ne suis guère présentable, mais je ne peux pas refuser. Il viendra à huit heures, sauf si un bombardement arrête la circulation. Les bombardements sont fréquents, surtout les nuits de pleine lune. La lune a rythmé ma vie. Elle m'encourageait quand j'étais seule le soir, avenue Esquirol, à Lyon. Elle était promesse de départ pendant les vagabondages de nos mois d'hiver. Ici, à Londres, la lune, c'est le signal que les bombardements allemands seront plus précis, plus destructeurs. Nous irons donc, à cause de ce risque, dans un restaurant en sous-sol, fréquenté surtout par des francophones. Le vestiaire est en bas de l'escalier. J'enlève mon vieux manteau de l'hiver jurassien, des petits morceaux de journaux restés collés à la doublure quand je m'étais débarrassée de mon capitonnage dans le hall de la RAF s'éparpillent sur le sol, comme des confetti. Tout le monde est surpris. Sur la tablette, devant la dame du vestiaire, un cendrier déborde, non de mégots mais de cigarettes éteintes, à peine allumées. Instinctivement, je m'apprête à récupérer ce trésor. Je m'arrête à temps. J'ai encore bien des gestes à oublier, et je comprends déjà mieux l'effort inverse que devaient faire nos camarades parachutés en France.

Laide, lourde, lasse, je ne sais que répondre aux propos affectueux de Frenay, de Kessel et de D'Astier. On pose devant chacun de nous une assiette garnie d'une côte de porc accompagnée d'une belle portion de nouilles. Quel festin ! Je mange de bon cœur. Je m'aperçois vite que les trois hommes chipotent, grignotent la noix de leur côtelette et ne touchent guère aux nouilles. Mon assiette à moi est vide et bien torchée. Je regarde partir avec regret et envie les pâtes dans leur sauce, ce bon gras bien grillé et toute cette viande qui reste autour de l'os.

Dans la salle, Anna Marly est la chanteuse attraction. Tous les trois la connaissent bien, et nous présentent l'une à l'autre. Elle vient de composer la musique du *Chant des Partisans* que d'Astier et Kessel ont écrit, que la BBC nous a fait connaître en janvier ; toute la Résistance l'a immédiatement adopté. Elle va le chanter pour nous. Dans le brouhaha des conversations aux autres tables, j'écoute de toute mon âme. Je suis là, noyée de larmes, pensant à ceux que j'ai laissés en France. Pitoyable dans ma robe usée, déformée, fatiguée, avec ce ventre omniprésent. Aux tables voisines, les dîneurs, des officiers canadiens, se sont tus et me regardent, gênés. Anna Marly, à peine plaqué sur sa guitare le dernier accord qui clôt le dernier couplet, virevolte entre les tables, dans sa longue robe noire, et entame gaiement : « Alouette, gentille alouette... »

Je suis crucifiée. Kessel ne me quitte pas des yeux, il me prend aux épaules : « Mon petit, c'est la vie ! Ne pleurez plus. Je vais vous montrer quelque chose. » Il prend son verre, le vide, puis mord le bord, mâche et avale. A peine revenue de ma stupéfaction, je vois arriver Raymond. Il est accompagné d'un officier anglais, mi-guide, mi-gardien. Il a obtenu de venir me retrouver pour quelques instants malgré la rigueur du règlement de « Patriotic School ».

A l'hôtel, Jean-Pierre dort. Je suis de nouveau seule dans une chambre de passage. Raymond, une fois de plus, est retenu de force loin de moi. Mais sa prison est dorée et l'interrogatoire une formalité.

Il y a vingt-quatre heures j'étais sur un terrain du Jura. Des ombres avaient quitté furtivement un avion venu d'Angleterre. D'autres ombres attendaient que les habitants d'un village voisin viennent dégager l'avion enlisé dans la prairie détrempée. Pas besoin de se parler. Du pilote anglais au fermier avec ses bœufs, du saboteur qui arrivait au responsable du service de santé qui partait, de notre famille pourchassée à Charles-Henri avec son équipe, un même combat nous unissait, avec la même conscience des risques, des échecs et des succès.

Hier, clandestine en danger, angoissée pour ce bébé prêt à naître ; aujourd'hui, mon combat est fini. Avec Raymond, nous sommes à Londres, en sécurité, héros d'une histoire qui connut jusqu'au bout des rebondissements imprévus. Le départ laborieux de ce gros Hudson, arraché à la boue du Jura par la solidarité de tout un village, en est le point final.

Pas tout à fait pour moi. Avec mes camarades de Résistance, nous avons délivré Raymond. Nous sommes aujourd'hui, 11 février 1944, en Angleterre parce que des Français et un équipage anglais ont pris des risques inouïs. Il me reste encore à terminer un travail que je peux seule achever : mettre au monde le bébé de l'amour et de l'espoir.

N'était-ce pas la promesse du message de la Royal Air Force à Charles-Henri : « Le père caresse un espoir » ?

Quarante ans après...

Au début de 1983, la France a obtenu l'extradition puis le transfert à Lyon, pour y être jugé, de Klaus Barbie, qui fut chef de la Gestapo dans cette ville pendant l'Occupation.

L'émotion en France n'a pas été sans mélange. Certains collaborateurs et indicateurs de Barbie ont pu craindre que celui qu'on appelle « le boucher de Lyon » ne se mette à table et révèle les noms de ceux qui l'avaient aidé.

Quelle erreur ! La cause essentielle de sa triste notoriété, ce fut l'arrestation, le 21 juin 1943, puis la torture et la mort de Jean Moulin. Or, le droit français ne permet pas de le juger sur la répression contre la Résistance. Il y a prescription pour tout ce qui touche aux crimes de guerre. Le procès portera donc sur les crimes contre l'humanité, qui sont imprescriptibles, sur l'anéantissement sauvage d'otages et d'enfants innocents.

Dès lors, le système de défense de Barbie est simple. Il lui faut occuper l'opinion par une stratégie qui laisse les assassinats dans l'ombre, puisqu'il ne peut les nier. La défense s'y emploie. Barbie a gardé les mêmes ennemis : ceux et celles qui prenaient part à la Résistance. Il a trouvé de nouveaux alliés, avec lesquels il s'applique à projeter de la boue partout où il croit pouvoir salir les résistants. Si sa défense arrive à semer le doute dans l'opinion, à suggérer que Jean Moulin, arrêté, mis en face d'un complot pour le livrer à la Gestapo, n'a eu d'autre échappatoire que le suicide, Barbie aura une fois de plus gagné. Il aura camouflé le fait que Jean Moulin s'est battu jusqu'à la mort pour taire les secrets de la lutte clandestine, que les résistants, quelle que fût leur appartenance politique, étaient solidaires devant l'ennemi. Il aura réussi à faire – lui, le nazi, le tortionnaire – le procès de la Résistance.

Parce que j'ai connu les hommes des premiers jours, ceux qui nous ont rejoints, beaucoup de ceux qui manquent aujourd'hui à l'appel, je ne veux pas que Barbie et ses amis les insultent, nous insultent, ou banalisent par la calomnie ce que fut l'histoire glorieuse et tragique de la Résistance.

GROUPE CPI

Achevé d'imprimer en mai 2001 par
BUSSIÈRE CAMEDAN IMPRIMERIES
à Saint-Amand-Montrond (Cher)
N° d'édition : 31654-8. - N° d'impression : 012234/1.
Dépôt légal : mai 2001.
Imprimé en France
COMPOSITION : I.G.S. CHARENTE-PHOTOGRAVURE À L'ISLE-D'ESPAGNAC

Collection Points